Christoph Delp

THAI boxen Training.

Solotraining, Techniken, Programme

pietsch

Titelbild: Nopphadol Viwatkamolwat/Bildnachweis: Colin Anderson Productions pty ltd/Getty Images

Bildnachweis:
Alle Fotos von Christoph Delp.

Ausnahme:
Siam Sport Syndicate, Bangkok Seite 6, 46, 72 und 131.

ISBN 978-3-613-50966-5

Ein Unternehmen der Paul Pietsch Verlage GmbH & Co. KG
1. Auflage 2024

Sie finden uns im Internet unter www.pietsch-verlag.de

Lektorat: Ulrike Ruh/Niko Schmidt
Einbandgestaltung: Kornelia Erlewein
Innengestaltung: Sabine Ufer
Druck und Bindung: Graspo CZ, 76302 Zlín
Printed in Czech Republic

Inhalt

TEIL 1:
Hintergründe zum Training

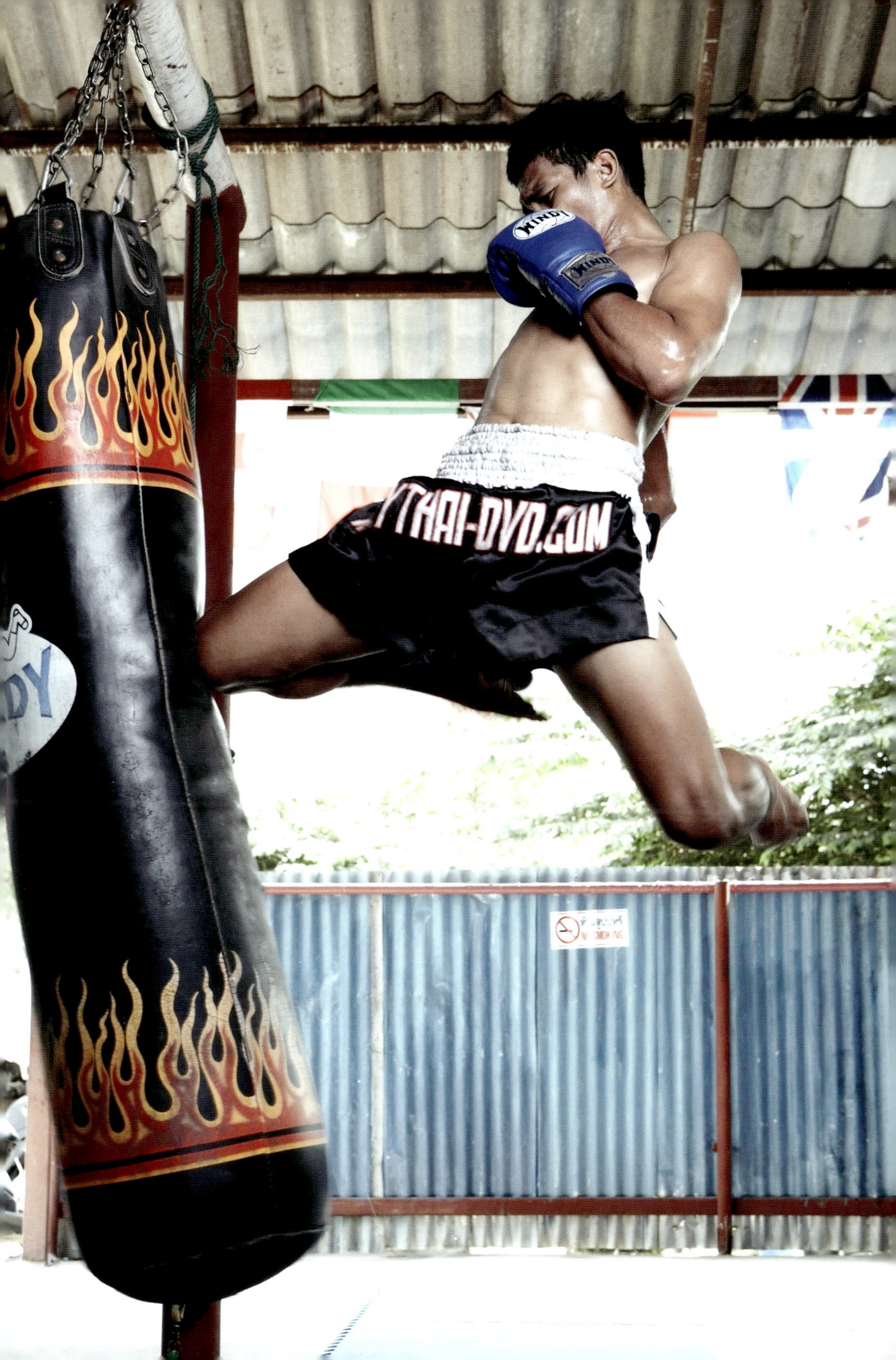
WINDY
YTHAI-DVD.COM

Grundlegendes

Die Wettkämpfer im Muay Thai, dem auch als Thai-Boxen bekannten Kampfsport, begeistern die Zuschauer mit spannenden Darbietungen. Fünf Runden attackieren sie sich mit herausragender Athletik und Einsatzwillen.
Um ebenfalls im Wettkampf bestehen zu können, musst du ein umfangreiches Technikrepertoire verinnerlicht haben: Explosive Angriffstechniken sowie die wichtigsten Verteidigungs- und Kontertechniken. Zudem musst du in allen Facetten der körperlichen Fitness perfekt trainiert und mental vollständig auf den Kampf eingestellt sein. Bestehen hingegen Schwachstellen bei einem Kämpfer wird der Gegner diese gnadenlos ausnutzen.

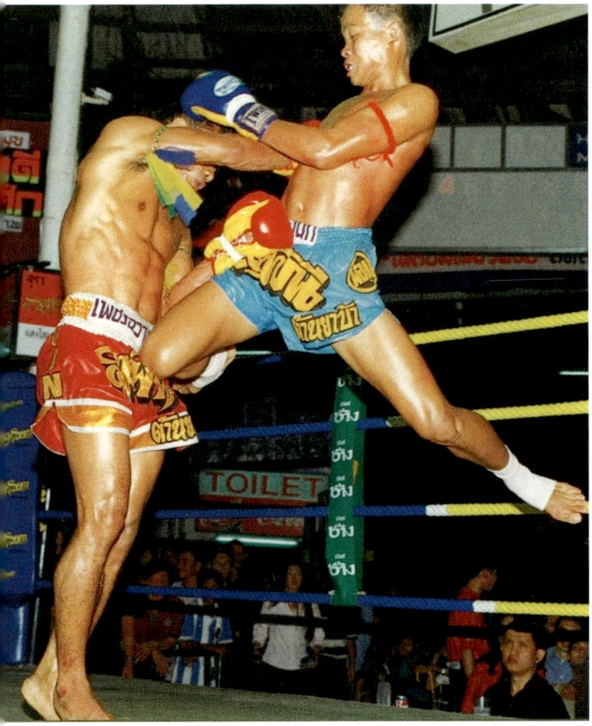

Khow Loy, der gesprungene Kniestoß im Wettkampf.

Das Niveau der besten Wettkämpfer zu erreichen, erfordert intensivstes Training und einen Lebensstil, der den Anforderungen des Kampfsports angemessen ist. Mit dem richtigen Training steht einem begeisterten Nachwuchssportler jedoch nichts im Wege, um den großen Idolen nachzueifern.
Auch für Fitnesssportler ist das Thai-Box-Training eine hervorragende Methode, um den Körper in Form zu bringen. Ausdauer, Kraft, Beweglichkeit und Koordination werden intensiv gefördert. Das Training macht Spaß, hilft, Selbstsicherheit aufzubauen und Aggressionen abzubauen. Außerdem ist das Training aus Selbstverteidigungsaspekten sehr zu empfehlen. Für viele Erfahrene gilt Muay Thai als effektivste Form im Stand zu kämpfen und sich zu verteidigen.
Unabhängig von den Beweggründen, warum du Muay Thai trainierst, in diesem Buch lernst du, was du über das Training wissen musst. Es zeigt dir, wie du dich zu einem fortgeschrittenen Thai-Boxer entwickelst.
Im ersten Buchteil erfolgt ein Überblick über Grundlagen, Zielsetzung und Motivation.
Im zweiten Teil bekommst du Informationen zu den Trainingsinhalten. Hier stellen die beiden Weltmeister Saiyok und Kem ihr Training vor und geben Tipps.
Im dritten Teil wird gezeigt, wie du ein effektives Training selbstständig aufbaust. Im Verein aktive Thai-Boxer erfahren, wie sie mit eigenständigen Trainingseinheiten die Leistungsfähigkeit verbessern, und Fitnesssportler lernen, wie sie sich mit dem Training daheim fit halten.
Der vierte Teil widmet sich dem Techniktraining. Es werden zuerst Kombinationen aus Angriffstechniken vorgestellt, die du im Trai-

ning einsetzen kannst. Dann zeigen Saiyok und Kem ihre besten Konter. Auch die Finten sind wichtiger Bestandteil im Muay Thai. Trainiere die Techniken, um den Gegner zu überraschen und wirkungsvoll zu kontern. So wirst du ein Könner im Muay Thai und kannst die Zuschauer im Wettkampf ebenso wie die Sportkameraden im Training mit deinem Stil faszinieren.

Im fünften Teil werden Trainingspläne für alle Leistungsstufen angeboten. Fitnesseinsteiger, Amateursportler und professionelle Thai-Boxer erhalten Pläne zur Anregung, die an individuelle Bedürfnisse angepasst werden können. Lass dich von Trainingsmethoden und Techniken von einigen der besten thailändischen Wettkämpfer inspirieren. Viel Spaß und Erfolg mit deinem Training!

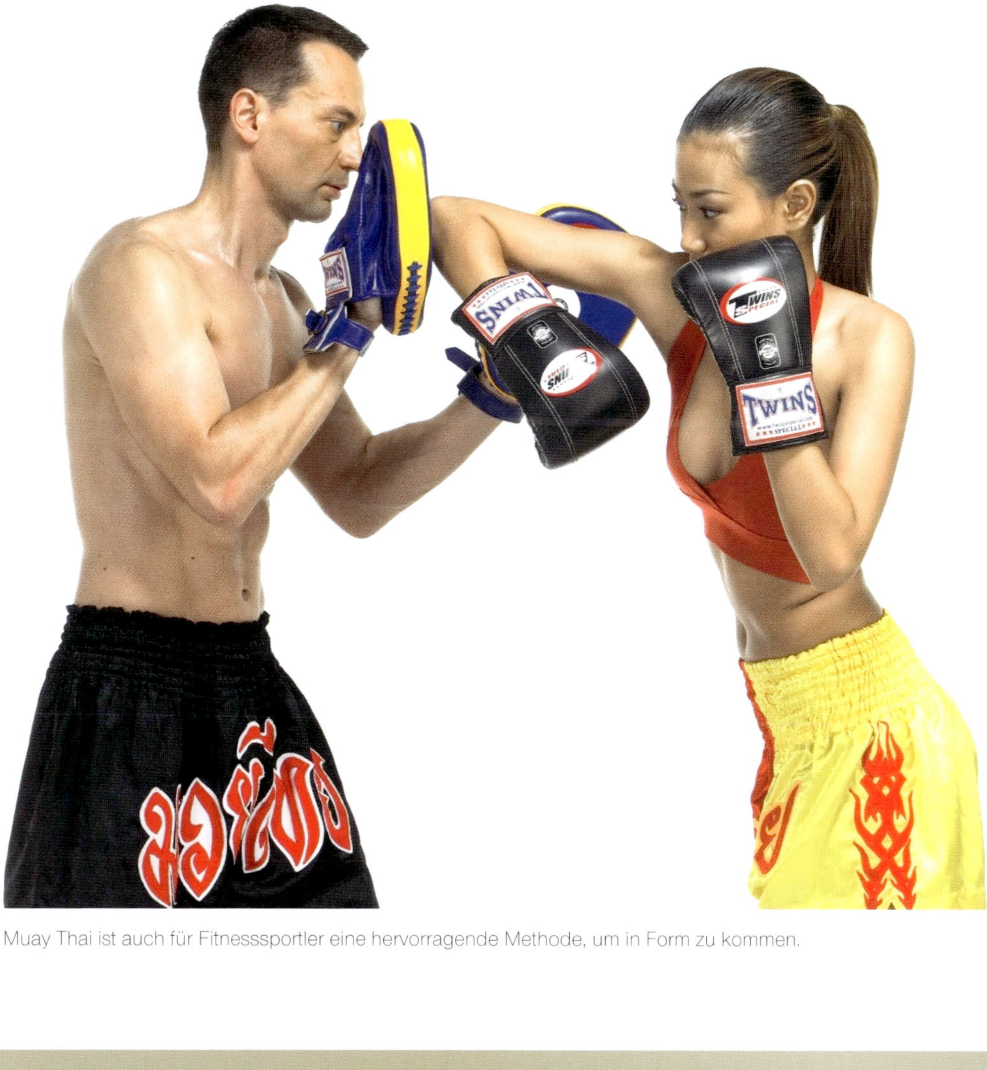

Muay Thai ist auch für Fitnesssportler eine hervorragende Methode, um in Form zu kommen.

INTERVIEW mit Kem

(DURCHGEFÜHRT IN BANGKOK, 2012)

Kem Sitsongpeenong ist einer der erfolgreichsten Thai-Boxer letzten Jahre. Er hat mehrere Weltmeister- und Thailand-Titel erkämpft und wurde zum besten Wettkämpfer 2012 gewählt. Auch hat er das Thai-Fight Turnier bis 67 kg gewonnen, von dem das thailändische Fernsehen umfangreich berichtet hat. Kem besitzt eine sehr gut entwickelte Grundtechnik, kämpft überlegt und wartet jederzeit auf die Möglichkeit eine K.o.-Technik einzusetzen. Er vermeidet möglichst defensive Verteidigungspositionen und setzt stattdessen viele direkte Kontertechniken ein, um den Gegner zuerst zu treffen. Die Gegner fürchten insbesondere seine Ellbogentechniken, mit denen er zahlreiche Kampfabbrüche erwirken konnte.

Wo bist du aufgewachsen und wie bist du zum Training gekommen?
Ich habe meine ersten Lebensjahre in der Provinz Maha Sarakham (Nordosten Thailands) verbracht. Danach bin ich meinem Vater nach Bangkok gefolgt, der dort seine Arbeitsstelle hatte. Ich war schon immer begeistert von Muay Thai. Mein Vater hat davon gewusst und mich in ein Camp zum Training gebracht.

Was bedeutet Muay Thai für dich und dein Leben?
Muay Thai ist eine wichtige Lebenserfahrung für mich und ist außerdem mein Beruf, mit dem ich mein Einkommen verdiene.

Wann hast du mit dem Training begonnen?
Wie war dein erster professioneller Kampf und wie hat sich deine Karriere entwickelt?
Ich habe mit regelmäßigem Training im Alter von 13 Jahren begonnen. In meinem ersten Wettkampf hatte ich noch wenige Fähigkeiten und habe diesen verloren. Mein Gegner hat mir geraten, noch mehr zu trainieren. Das folgende Jahr habe ich keine Kämpfe bestritten, sondern hart trainiert. Danach war ich bereit für meine Wettkampfkarriere. Nach meinen ersten 10 Kämpfen bin ich in das Sor Ploenjit Camp gewechselt.

Wer hat großen Einfluss auf deine Wettkampfkarriere?
Kaensak Sor Ploenjit hat große Bedeutung für meine sportliche Entwicklung. Er war mein Vorbild als junger Sportler und ist es auch heute noch. Seine Technik ist gut, er ist körperlich stark und kann Kampfsituationen gut einschätzen. Ich habe ihn beim Training beobachtet, um von ihm zu lernen und ähnliche Fähigkeiten zu entwickeln.

Was für Erfahrungen hast du im Ausland gemacht?
Wie war dein erster Kampf mit einem Ausländer?
Die Reisen ins Ausland sind für mich sehr interessant. Ich kann etwas Englisch sprechen und komme so ganz gut zurecht. Meine Heimatland Thailand liebe ich sehr und fühle mich deshalb hier am wohlsten. Mein erster Kampf im Ausland war in Surinam. Ich war sehr müde von der Reise und musste auch eine Menge Gewicht reduzieren, um in der vereinbarten Gewichtsklasse 66 kg anzutreten. Ich habe trotzdem gewonnen.

Was ist unterschiedlich, wenn du gegen Ausländer statt gegen Thais kämpfst?
Für einen Kampf gegen einen thailändischen Sportler muss ich mich mit sehr intensivem Training vorbereiten, insbesondere muss ich Knietechniken und Clinch üben.
Ausländische Kämpfer sind körperlich stark. Sie sorgen sich aber manchmal vor technischen Fähigkeiten, insbesondere vor Ellbogentechniken, und sie kämpfen etwas nervös.

Wie planst du die Zukunft im Muay Thai und in deinem Leben?
Ich werde noch einige wichtige Kämpfe machen, bevor ich meine sportliche Karriere beende. In 2–3 Jahren möchte ich ein eigenes Gym leiten, gerne im Ausland zusammen mit meinem Manager. Ich besitze

einige Wohnräume, die ich vermiete. Ich plane in dem Gebäude auch einen kleinen Supermarkt zu eröffnen. (Anmerkung: Mittlerweile hat er ein eigenes Gym eröffnet.)

Was ist wichtig, um ein erfolgreicher Wettkämpfer zu werden?
Man muss voller Energie sein, sein Training immer fortführen und Neues dazulernen, um sich zu verbessern. Man darf nicht an seinen Zielen zweifeln und sich davon abbringen lassen. Außerdem ist es sehr wichtig, dass man ein Vorbild im Muay Thai hat, wie das Kaensak für mich ist, und ihm folgt und dessen Stil kopiert.

Möchtest du noch einige Worte an deine Fans und die Leser des Buches richten?
Ich möchte mich sehr bei meinen Fans bedanken, dafür dass sie meinen Wettkämpfen folgen. Ich werde immer mein Bestes geben. Ich rate dieses Buch sorgfältig zu lesen, denn es wird eine große Trainingshilfe sein. Ich wünsche viel Erfolg beim Training.

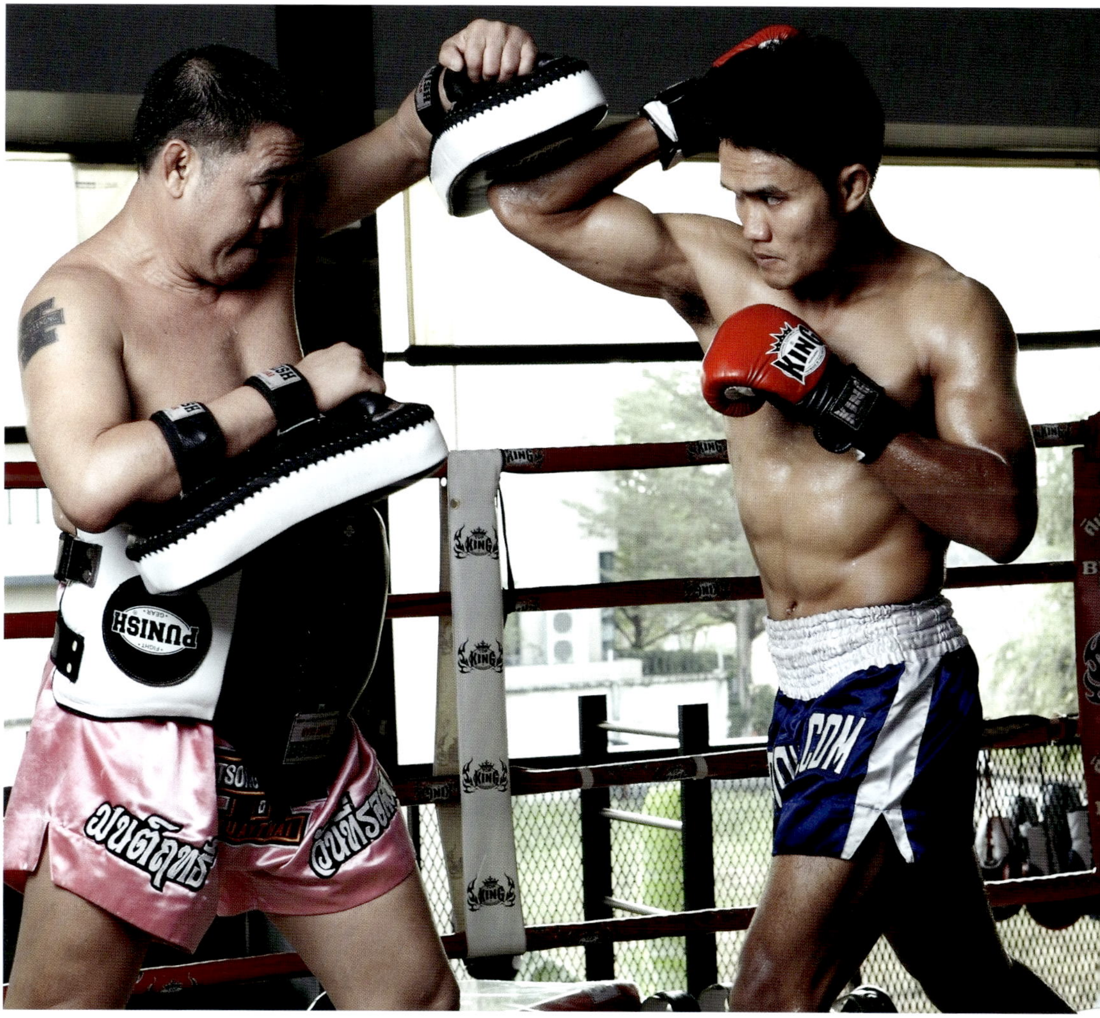

Kem trainiert den Aufwärtsellbogen, Bangkok 2012.

Trainingsziele

Jeder körperlich gesunde Mensch kann sich mit einem sinnvoll geplanten Trainingsplan zu einem guten Thai-Boxer entwickeln. Damit dies gelingt, musst du auf Zielsetzung, Trainingsprogramm, Regenerationsgestaltung sowie auf deine Ernährung achten. Falls dir eine geplante Trainingsgestaltung überzogen erscheint, dann mache dir bewusst, wie motivierend sich das Erreichen von Trainingszielen sowie deutlich erkennbare Leistungsverbesserungen auswirken.

• Klare Zielsetzung

Zuerst musst du dir die Ausgangssituation verdeutlichen, also den Istzustand von Körper und Leistungsfähigkeit. Überlege dir genau, was du mit dem Thai-Box-Training erreichen willst, und definiere deine Trainingsziele. Eine klare Zielsetzung ist die Voraussetzung, um mit dem Training zu starten und es kontinuierlich fortzuführen. Wenn du dir deiner Ziele bewusst bist und dich auf die Umsetzung konzentrierst, wirst du bald deutliche Erfolge erreichen. Du kannst beispielsweise innerhalb von 6 Monaten die Grundtechniken erlernt haben, sowie deinen Fitnesszustand und deine Körperproportionen erheblich verbessern.

• Leistungsgerechtes Trainingsprogramm

Es ist wichtig, dass du nach einem Wochenplan und mit Intensitäten trainierst, die für deinen Leistungsstand angemessen sind. Diese Form des geplanten Trainings führt zu den besten Ergebnissen. Du kannst beispielsweise bestimmen, wie oft du wöchentlich Muay Thai trainierst und wie oft du zusätzliche Fitnesseinheiten ausführst. Auf die Gestaltung der Trainingseinheiten im Vereinstraining kannst du insoweit einwirken, dass du dich mit dem Trainer besprichst, wenn du dich unter- oder überfordert fühlst. Nutze die im fünften Buchteil vorgestellten Programme als Anregung für deine Trainingsgestaltung.

• Regeneration und bedarfsgerechte Ernährung

Leistungsfortschritte erreichst du, indem du den Körper mit steigenden Trainingsreizen forderst. Nach einer Belastung benötigst du eine Pause, damit sich der Körper regeneriert und in der nächsten Trainingseinheit eine größere Leistung bereitstellen kann. Für eine zügige Regeneration ist auch genügend Schlaf notwendig. Als Faustregel gilt, dass man eine Stunde mehr schlafen soll als man ohne Training benötigt.
In diesem Buch erfährst du auch die Ernährungsprinzipien, um als Sportler leistungsfähig zu sein und bei Bedarf auch Körperfett reduzieren zu können (Seite 37–41). Grundsätzlich ist es nicht notwendig, der Ernährung erhöhte Aufmerksamkeit zu widmen, solange du die wichtigsten Ernährungsprinzipien beachtest. Wenn du allerdings Defizite in deiner Ernährung hast, wirst du verletzungsanfällig und kannst kein optimales Leistungsvermögen abrufen.

Trainingsdokumentation

Damit du deine Ziele im Muay Thai zügig erreichst, empfiehlt es sich, dass du ein Trainingsbuch führst. Mit dem Buch kannst du die Entwicklung deiner sportlichen Fähigkeiten langfristig mitverfolgen und überwachen. Eine Trainingsdokumentation ist bei vielen Thai-Boxern noch nicht üblich, doch sollte man alle Möglichkeiten nutzen, um die besten Trainingsergebnisse zu erreichen. Ich habe ein solches Buch geführt, als ich in den Camps im Nordosten Thailands trainiert habe. In dem Buch habe ich Intensitäten, Programme und Technikdetails notiert. Diese Aufzeichnungen waren später eine große Hilfe bei der Ausarbeitung meiner Thai-Box-Bücher.

Am besten beginnst du gleichzeitig zur Aufnahme des Trainings mit den Aufzeichnungen. Nach jeder Trainingseinheit empfiehlt es sich, Informationen über die erbrachte Leistung zu sammeln. Notiere den Schwerpunkt im Techniktraining oder die Leistung im Fitnesstraining. Dazu sind für das Krafttraining die Übungen, Gewichte, Satz- und Wiederholungen/Intervalldauern zu notieren und für das Ausdauertraining die Entfernung, die Trainingszeit und der Durchschnittpuls. Auch sind Anmerkungen über die Rahmenbedingungen des Trainings sinnvoll, da die sportliche Leistungsfähigkeit von Faktoren wie Stress, Ernährung und Schlaf beeinflusst wird. Später werden dir diese Notizen sehr hilfreich sein, da aus diesen die Gründe für Erfolge und Misserfolge hervorgehen. Auch lernst du durch diese Aufzeichnungen, wie dein Körper auf Veränderungen reagiert. Diese Informationen werden dir helfen, zukünftige Trainingsprogramme effektiver zu gestalten.

Du kannst ein Ringbuch als Trainingsbuch nutzen, da Blätter zugeheftet werden können oder lege dir eine Datei auf deinem Computer an, die du deinen Vorstellungen gemäß entwirfst. Du kannst aber auch ein fertiges Trainingsbuch im Handel für einen geringen Betrag erwerben.

Es ist gleich, ob du die Informationen in Stichpunkten oder als ausführliche Aufzeichnungen sammelst. Es muss für dich passen. Wichtig ist, dass du dich mit deinem Training intensiv befasst und dir immer wieder Ziele und Programme bewusst machst und diese überprüfst.

In Thailand hat sich vor 20 Jahren kaum jemand Gedanken über bewusste Trainingsplanung gemacht, heute nutzen die Sportler viele international übliche Fitnessmethoden. Muay Thai ist ein internationaler Sport geworden und wer mit den besten Sportlern mithalten will, benötigt das für ihn individuell bestmögliche Training.

Beispiel einer Trainingsdokumentation

Datum:	**Gewicht:**
Trainingsziel/Trainingsschwerpunkt:	
Trainingsinhalte und -dauer:	
Trainingsgesamtdauer und Belastungsintensität:	
Anmerkung zu Rahmenbedingungen:	
Anmerkungen zur Ernährung:	

Voraussetzungen einer Wettkampfkarriere

Grundsätzlich kann sich jeder gesunde Mensch zu einem guten Thai-Boxer entwickeln. Es müssen allerdings einige Voraussetzungen gegeben sein, um auch an Wettkämpfen antreten zu können und erfolgreich zu sein.

Als Wettkämpfer musst du über eine gute Knochenstruktur und einen belastbaren Bewegungsapparat verfügen. Je besser die körperlichen Voraussetzungen sind, desto einfacher ist es, eine erfolgreiche sportliche Laufbahn einzuschlagen. Der Körper eines Spitzenathleten entwickelt sich aus jahrelangem intensivem Training. Für eine Wettkampfkarriere sind deshalb Energie, Ehrgeiz und Durchhaltevermögen entscheidend. Der Thai-Boxer muss seine körperliche Leistungsfähigkeit optimieren. Dazu gehört es, Kraft- und Ausdauertraining ergänzend zu dem sportartspezifischen Training auszuführen, sowie eine gesunde Lebensführung.

Das Körpergewicht ist hingegen kein Grund, der eine Karriere verhindert. Als Sportler musst du zwar mit einem minimalen Körperfettanteil zu Wettkämpfen antreten, da ansonsten ein austrainierter Gegner mit dem gleichen Gewicht an Körperkraft überlegen wäre, jedoch lässt sich das Körperfett mit Training und bedarfsgerechter Ernährung deutlich verringern. In einem Monat kann beispielsweise ein Körperfettanteil von 12–15 Prozent um bis zu 3–4 Prozent reduziert werden, ohne große Kraft- und Leistungseinbußen hinnehmen zu müssen – eine passende Ernährung vorausgesetzt.

Die Trainer- und Schulwahl sind entscheidend für die Wettkampfkarriere, denn ohne gute Technikschule und geeigneten Trainingsbedingungen lassen sich keine hohen Wettkampfziele erreichen. Doch wenn du bewusst trainierst und deine Kenntnisse immer weiter vertiefst, dann kannst du bei Misserfolg gegensteuern und Veränderungen vornehmen. Auch einige thailändische Spitzenathleten haben ihre Karriere nicht von den Begebenheiten im Gym abhängig gemacht. Der mehrfache thailändische Champion Terdkiat hat beispielsweise nur zeitweise in den großen Camps in Bangkok trainiert – er hat es vorgezogen, in seinem Heimatort nach eigenen Vorstellungen zu trainieren.

Es ist von Vorteil, aber nicht grundlegend, im Alter von 15–18 Jahren mit Muay Thai zu beginnen. Auch zahlreiche Aktive, die in deutlich höherem Alter ihr Training begonnen haben, konnten noch internationale Wettkampferfolge feiern. Als Richtwert ist festzuhalten, dass der Sportler spätestens nach 2 Jahren intensiven Trainings bereit für Wettkämpfe sein sollte.

Weiterhin ist entscheidend, wie du die sportliche Karriere planst. Wenn die Aufgabe von einem Manager übernommen wird, musst du dich über diesen vorher genau informieren und ihn fortlaufend kontrollieren. Ein Manager kann eine Karriere langfristig aufbauen, aber auch an kurzfristigem Profit interessiert sein.

Als Thai-Boxer musst du an dich selbst glauben und darfst nicht am Ziel zweifeln. Wenn ein Trainer und das persönliche Umfeld nicht die notwendige Unterstützung bieten, kannst du andere Wege versuchen, um dir deinen Traum im Muay Thai zu verwirklichen. Es ist wichtig, dass du immer dein Bestes gibst. Als Sportler weißt du nie, wann die Karriere endet, denn eine langfristige Verletzung kann jederzeit eintreten. Auch ich habe mich so schwer verletzt, dass ich danach keine Wettkämpfe mehr machen konnte. Gibt man immer sein Bestes, kann man auch, falls es dazu kommen sollte, ein ungeplantes Ende der Wettkampfkarriere für sich selbst besser akzeptieren.

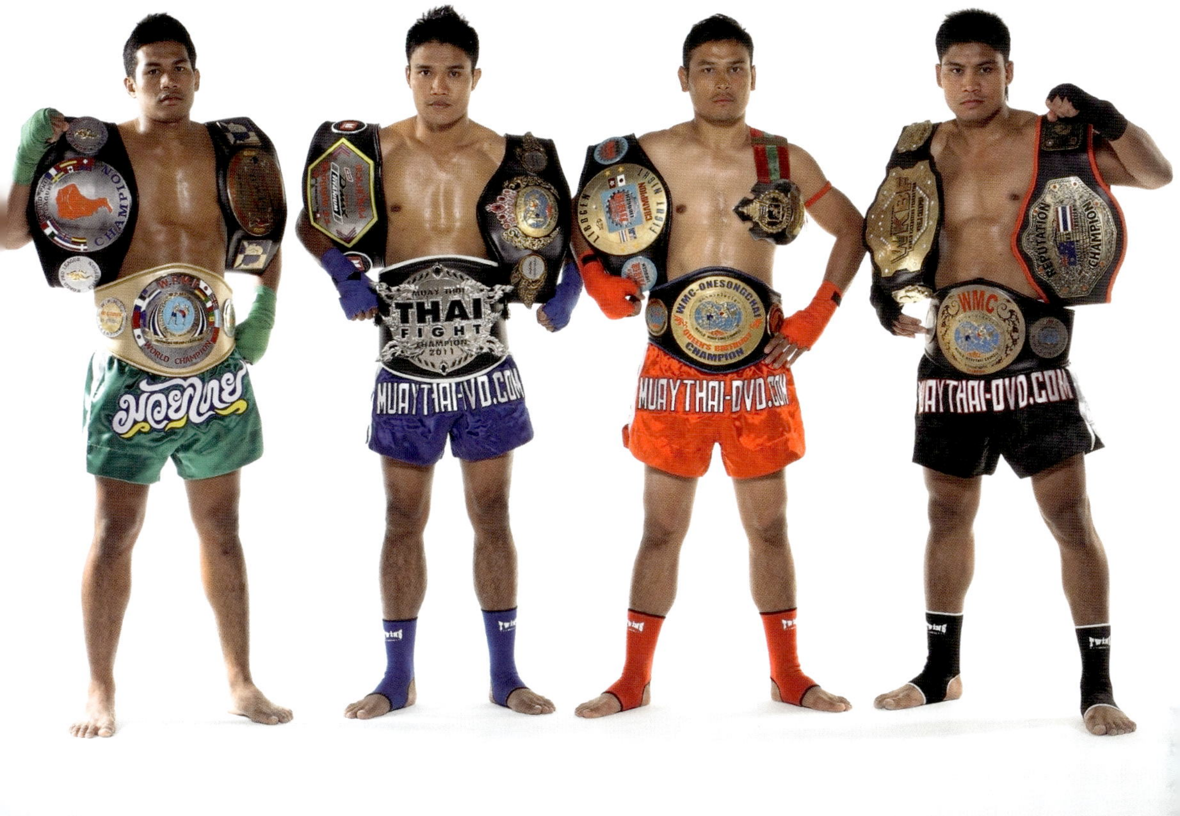

Die Champions Armin, Kem, Saiyok und Nonsai.

Wenn du den Traum hast, zu einem Spitzenkämpfer im Muay Thai zu werden und vollständig von diesem Weg überzeugt bist, dann verfolge das Ziel mit all deinem Ehrgeiz und lass dich nicht von anderen Menschen davon abbringen. Verschiebe das Ziel nicht auf die Zukunft mit dem Gedanken, dass im Moment etwas anderes Vorrang hat. Denn du weißt nie, welche Schwierigkeiten später auftreten können, die ein intensives Training verhindern. Auch kann der Körper ab einem gewissen Alter kein intensives Wettkampftraining mehr leisten. Der körperliche Verschleiß stellt sich zwar bei jedem Menschen etwas anders dar, aber ab 35 Jahren ist es sehr schwer, mit einer hohen Intensität zu trainieren, die für eine Wettkampfteilnahme notwendig ist.

INTERVIEW mit Trainer Pit (DURCHGEFÜHRT IN BANGKOK, 2012)

Khru Pit war 10 Jahre lang als professioneller Kämpfer aktiv. Er hat über 100 Kämpfe bestritten und den Titel der Provinz Ubon Ratchathani erkämpft. Er war als technisch versierter Wettkämpfer bekannt, der überlegt kämpft und viele Vorwärtstritte einsetzt. Er hat das Kampfverhalten des Gegners studiert, um die geeignete Kampfstrategie zu entwickeln und die Schachstellen des Gegners auszunutzen. Etwa 15 Jahre vor dem Interview hat er seine Wettkampfkarriere beendet und seine Trainertätigkeit in Ubon begonnen mit der Motivation seine Erfahrungen zu nutzen, um bessere Sportler als sich selbst auszubilden. Nach einigen Jahren zog er nach Bangkok um und wurde Haupttrainer im Muay Thai Plaza Gym und führte zahlreiche Sportler zu Weltmeistertiteln.

Welche Boxer werden von dir trainiert?
Ich bin seit 3 ½ Jahren der Trainer von Saiyok, seit 2 ½ Jahren von Armin und seit 3 Jahren von Jaochalam. Nonsai trainiere ich manchmal und überwache auch sein Training. (Anmerkung: Das war Stand 2012, mittlerweile hat er weitere Weltmeister ausgebildet.)

Was bedeutet Muay Thai für dich und dein Leben?
Muay Thai ist ein kulturelles Gut für uns Thailänder und bedeutet für mich Respekt.

Bitte beschreibe den Kampfstil von Saiyok? Worauf achtest du bei seinem Training?
Der Kampfstil von Saiyok zeichnet sich durch schnelle Aktionen mit zahlreichen Kombinationen aus. Oft setzt er kraftvolle Techniken wie Beinkick, Ellbogenstoß oder Gerade ein, um durch K.o. zu gewinnen. Saiyok ist bereits sehr schnell und kraftvoll. Er muss lernen nicht nur in seinem Stil zu agieren, sondern auch besser auf den Stil der Gegner zu reagieren. Verbessern muss er insbesondere sein Wissen über ausländische Kämpfer und seine Fähigkeiten gegen deren Stil zu agieren.

Bitte beschreibe den Kampfstil von Nonsai? Worauf achtest du bei seinem Training?
Nonsai zeichnet sich als Kämpfer mit kraftvollem Schlag und Beinkick aus und er besitzt einen sehr kräftigen Körperbau. Er muss viel Lauftraining ausführen, damit seine Beinmuskulatur kräftig ist. Wir achten darauf, dass er seine Schläge und Kicks so trainiert, dass sie möglichst hart sind. Unser Ziel ist es, seine Schnelligkeit zu verbessern, da er in diesem Bereich noch Potential hat.

Bitte beschreibe den Kampfstil von Armin? Worauf achtest du bei seinem Training?
Armin kämpft spektakulär und nutzt viele traditionelle Techniken aus dem Muay Boran. Es ist nicht schwer, Armin zu trainieren. Wichtig ist, seine Technik und sein Distanzgefühl zu verbessern. Außerdem muss er immer weiter an seinem Markenzeichen, den gesprungenen Techniken, üben.

Wie lässt du die Boxer die letzten Tage vor einem Wettkampf gestalten?
Ich lasse sie zuerst noch mal 2 Tage sehr hart trainieren, bevor dann in der letzten Woche die Intensität reduziert wird. Die Sportler trainieren zuerst 4 Tage leicht und in den letzten 3 Tagen machen sie nur lockeres Schattenboxen, um sich die Kampftaktiken noch mal bewusst zu machen. Außerdem nutzen die Sportler die Zeit zur Gewichtsreduktion und für erholende Massagen.

Was empfiehlst du den Sportlern für eine Ernährung?
Was ist deine Meinung zu Nahrungsergänzungsmitteln?
Bei der Ernährung achte ich darauf, dass meine Sportler täglich Rindfleisch, Reis und Gemüse essen. Rindfleisch ist wichtig, da es den Körper kräftig macht. Soja-Milch kann als ergänzende Proteinquelle genutzt werden. Die Sportler müssen viel Wasser trinken. Alkohol dürfen sie hingegen nur sehr wenig trinken, die letzten 3 Wochen vor einem Wettkampf gar keinen mehr. Mineralgetränke sind in Ordnung, da sie die Sportler erfrischen. Von Steroiden hingegen halte ich gar nichts.

Was planst du für die Zukunft im Muay Thai?

Ich will, dass meine Sportler noch stärker werden und sich die gesamte Wettkampfgruppe in unserem Gym verbessert. Die Sportler kämpfen in zahlreichen Ländern, besuchen viele Gyms und bekommen neue Ideen, die wir hier im Training einbauen können. Ich möchte das Technikrepertoire der Sportler immer weiter verbessern. Es sollen Techniken aus dem Muay Boran, ebenso wie aus dem europäischen Kampfstil ergänzt werden. Ich will den Kampfstil meiner Boxer variabel machen. Sie sollen ihren Stil jederzeit verändern können und so den Gegner überraschen und verunsichern. Die nächsten 10–20 Jahre möchte ich in Bangkok sein und Kämpfer ausbilden. Danach will ich in meine Heimatprovinz Ubon zurückkehren und dort ein kleines Gym führen, um Nachwuchskämpfer auszubilden. (Anmerkung: Er hat mittlerweile ein Gym in Ubon.) Muay Thai bedeutet mir sehr viel und deshalb will ich immer mit Muay Thai verbunden bleiben.

Was ist wichtig, um ein erfolgreicher Kämpfer zu werden?

Das Wichtigste ist Durchhaltevermögen und die Motivation, intensiv zu trainieren. Man muss an sich glauben und seine Karriere durchziehen. Man darf sich niemals von seinem Ziel abbringen lassen. Wenn man die Möglichkeit hat, wie ein thailändischer Schüler zu trainieren, dann ist dies von großem Vorteil. Ich empfehle den Lesern nach Thailand zum Training zu kommen und den thailändischen Trainings- und Lebensstil kennen zu lernen. Am besten man ernährt sich wie die thailändischen Kämpfer, trainiert ebenso intensiv und nimmt sich genügend Zeit zur Regeneration.

Möchtest du noch einige Worte an die Leser des Buches richten?

Ich rate, das Buch sorgfältig zu lesen und immer wieder darin nachzulesen. Man muss sich Zeit für das Erlernen von Muay Thai nehmen. Es ist kein Problem, wenn das Lernen 5–10 Jahre dauert. Es gibt Menschen, die benötigen 1 Jahr, andere 5 Jahre und andere 10 Jahre, um gut im Muay Thai zu werden. Jeder Mensch ist unterschiedlich und hat andere Anlagen und Voraussetzungen. Man soll das Training nicht übertreiben, sondern Spaß haben, ohne jedoch sein Ziel aus den Augen zu verlieren.

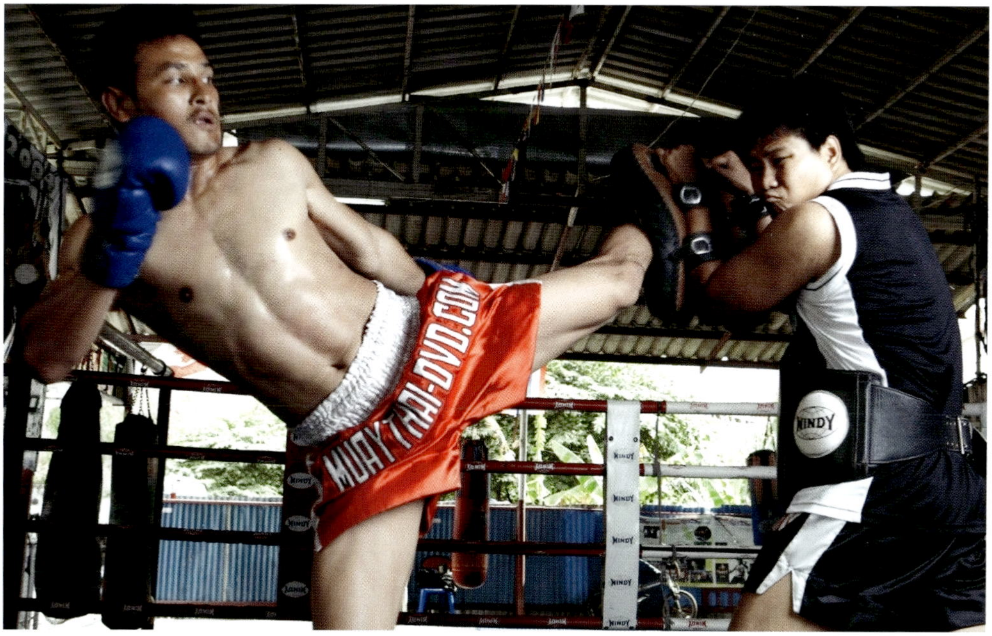

Khru Pit trainierte Saiyok viele Jahre und zusammen erreichten sie große internationale Erfolge.

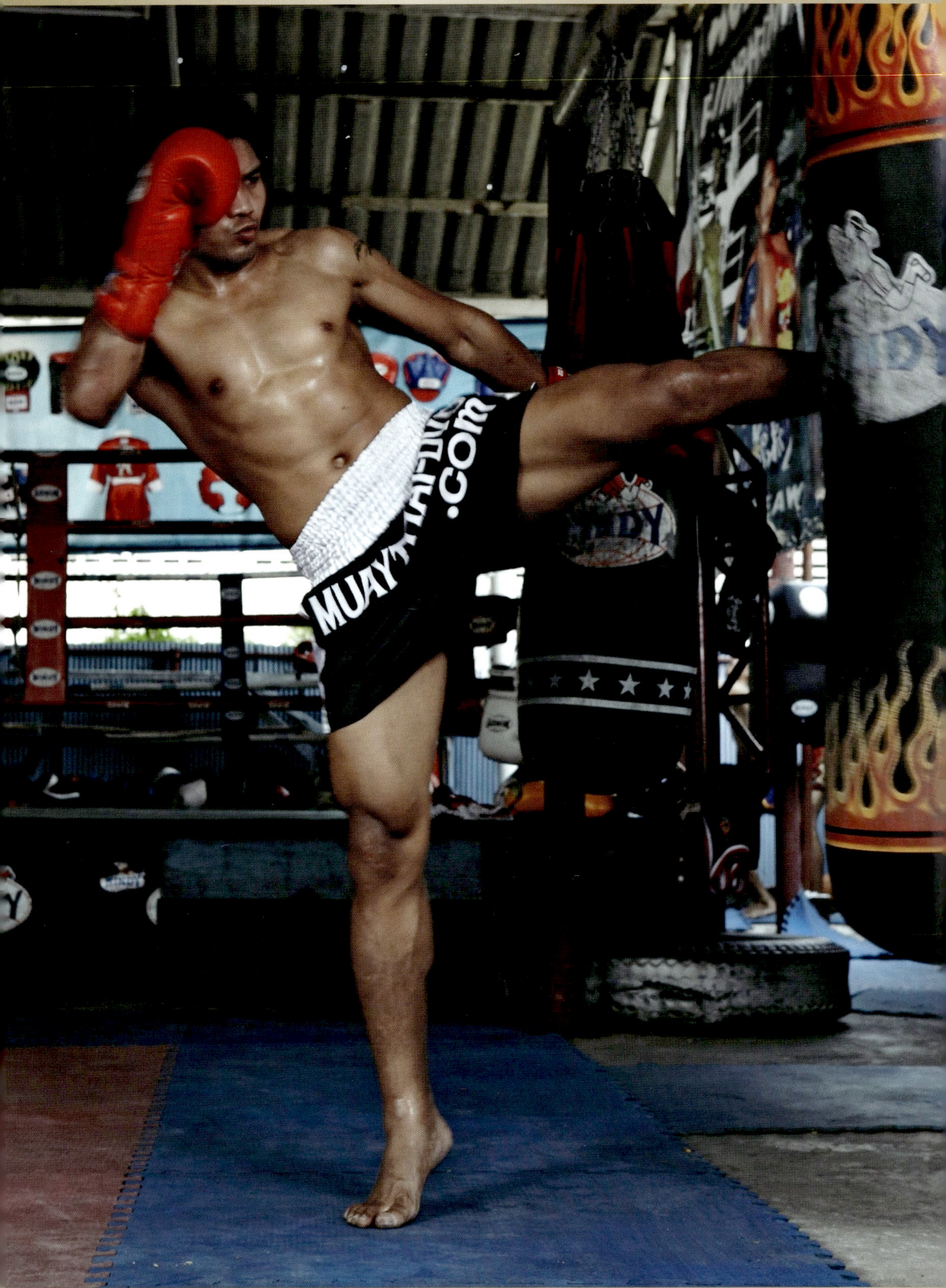
MUAY
.COM

WICHTIGE TIPPS: Abhärten des Körpers

Der Körper muss sich an den Kontakt im Muay Thai gewöhnen. Die Abhärtung insbesondere von Schienbeinen, Knien und Ellbogen entwickelst du durch das Training an Boxsack, Pratzen und mit Partner. Wenn du die Abhärtungseffekte beschleunigen willst, dann mache das, indem du dir einen Boxsack selbst füllst und die Füllung kontinuierlich verhärtest. Es ist hingegen nicht ratsam, dass man zum Abhärten gegen harte, nicht nachgebende Gegenstände schlägt, stößt und tritt. Auch darf man nicht mit heißem Wasser versuchen, die Nervenempfindungen zu reduzieren. Ein solches Vorgehen führt letztlich nur zu schwerwiegenden Verletzungen.

Als Boxsackfüllung kannst du dir Holzspäne von einem Schreiner besorgen. Es werden 2–3 Müllsäcke mit Spänen benötigt, wofür ein Schreiner etwa 5 EUR pro Sack verlangt. Während den ersten Trainingswochen musst du nach jeder Trainingseinheit Späne nachfüllen, da sich die Späne nach unten senken. Nach einigen Monaten kannst du dann regelmäßig etwas feinen, trockenen Sand einfüllen. Durch dieses Vorgehen verhärtet sich der Sack immer mehr und dein Körper gewöhnt sich an die Härte. Nach längerer Zeit regelmäßigen Trainings kannst du einen Teil der Holzspäne herausnehmen und den Sack mit noch mehr Sand füllen. An einem komplett mit Sand gefüllten Sack trainieren jedoch nur wenige thailändische Wettkämpfer, wovon auch abzuraten ist, da bei falscher Technikausführung große Verletzungsgefahr besteht. Eine Alternative zum Füllen mit Holzspänen ist die Nutzung von zerkleinertem Gummimaterial z. B. von Autoreifen, das ist jedoch schwierig zu erwerben.

Nonsai trainiert den runden Kick zum Körper,
Bangkok 2012.

TEIL 2:
Effektives Training

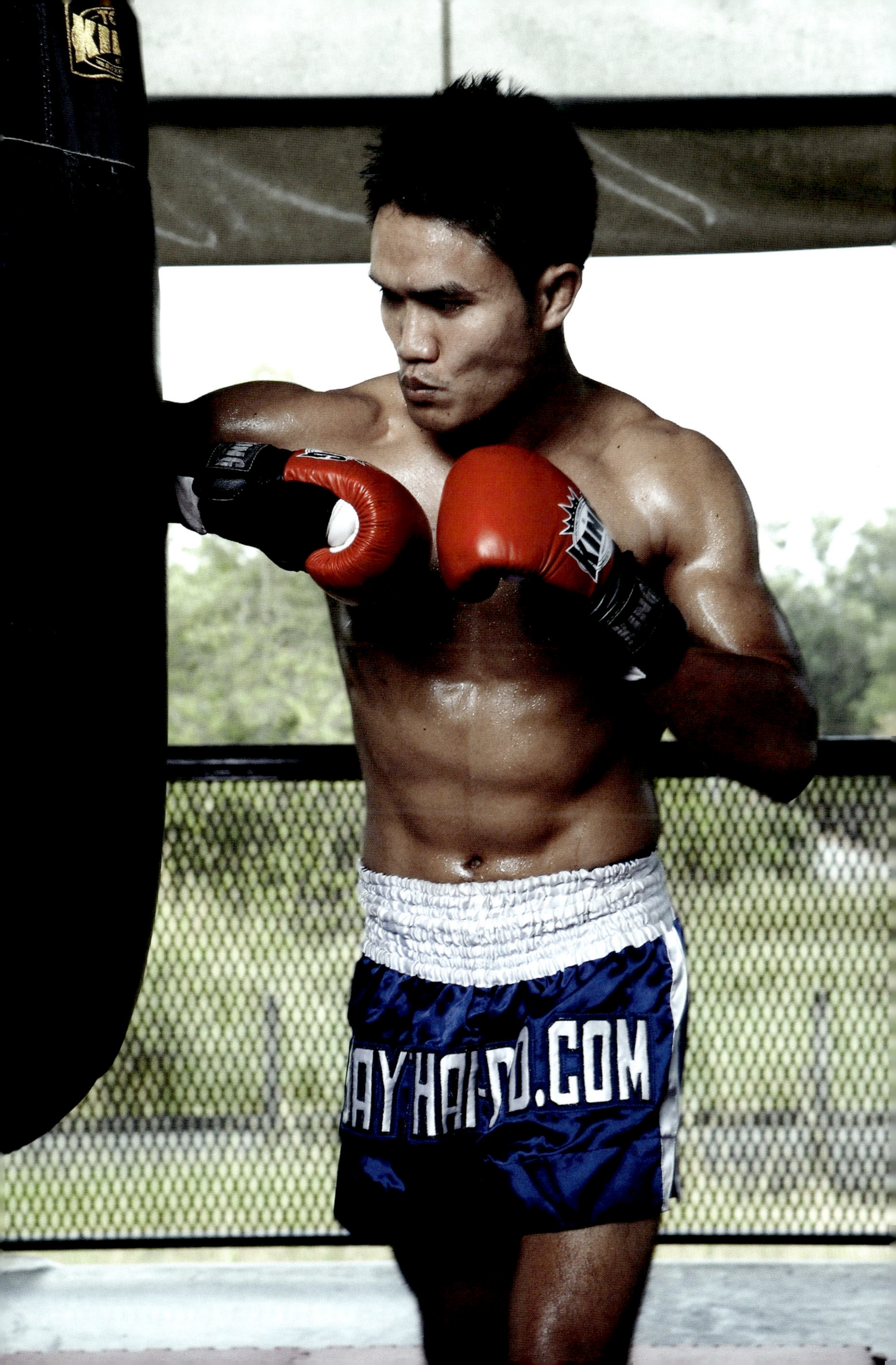

Grundlagen

Hier bekommst du einen Überblick über die Trainingsinhalte. Das Thai-Box-Training ist in jedem Verein nach einem ähnlichen Muster aufgebaut. Die Dauer, Intensität und Reihenfolge der einzelnen Inhalte sind von Zielen, Leistungsstand und Kampfstil abhängig. Um dich zu einem fortgeschrittenen Thai-Boxer zu entwickeln, musst du alle Inhalte üben. Zum Vergleich wird beschrieben wie Kem und Saiyok, zwei der ehemals weltbesten Thai-Boxer, die Inhalte und Intensitäten an ihre Bedürfnisse angepasst haben.

Das Training lässt sich in »Aufwärmphase«, »Hauptteil« und »Abwärmphase« einteilen. Die Aufwärmphase hat zum Ziel, deinen Körper auf das Training vorbereiten. Hierzu machst du eine Übung zum Aufwärmen z. B. lockeres Seilspringen oder Laufen, dann mobilisierst du und/oder dehnst deinen Körper.

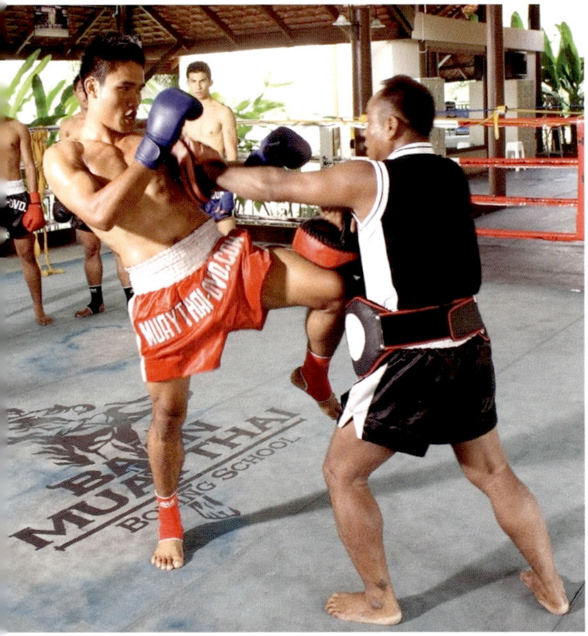

Kem beim Pratzentraining mit Kru Suwit.

Im Hauptteil des Trainings studierst du Angriffstechniken, sowie Verteidigungs- und Kontertechniken. Übe die Techniken beim Schattenboxen, an Trainingsgeräten und mit Partner. Fortgeschrittene üben sich zudem im Sparring.

Die Abwärmphase kann mit einigen Kraftübungen begonnen werden, z. B. für den Rumpf, was jedoch nicht zwingend ist. Eine Abwärmübung kann enthalten sein, einige Dehnübungen sind empfehlenswert.

Die im Schaubild angebotenen Zeitvorschläge dienen als Orientierungshilfe. Jeder Trainer hat sein eigenes Programm entwickelt, das jedoch ähnlich sein muss, sodass es alle wichtigen Inhalte umfasst. Wenn du selbstständig trainierst, dann passe die Angaben an deine Bedürfnisse und an deinen Leistungsstand an. Möchtest du beispielsweise die Beweglichkeit gezielt verbessern, dann intensiviere das Dehnprogramm. Wenn du ohne Partner übst, dann kannst du das Schattenboxen und das Boxsacktraining verlängern.

Aufwärmphase: 15–30 min
Aufwärmübung: 10–20 min
Mobilisieren und/oder Dehnen: 5–10 min

Techniktraining: 50–90 min
Schattenboxen: 2–3 Runden á 3–5 min
Pratzentraining: 3–5 Runden á 3–5 min
Boxsacktraining: 3–5 Runden á 3–5 min
Partnertraining: 10–20 min
Sparring: 10–20 min
(Nur Fortgeschrittene und nicht in jeder Trainingseinheit.)
Clinch-Training: 5–10 min

Abwärmphase: 5–15 min
Optional: Krafttraining: 5–10 min
Optional: Abwärmübung: 5 min
Dehnen: 5–10 min

Saiyok und Kem

Hier siehst du, wie Saiyok und Kem das Programm angepasst haben. Dies dient als Anregung und um zu zeigen, was mit langfristigem Training erreichbar ist. Ein Training mit dieser Intensität kann nur von professionellen Sportlern durchgeführt werden, ansonsten würde es zur Überlastung führen. Wie die beiden Sportler die Trainingsinhalte ausführen, kannst du in »Muay Thai DVD – Training mit Weltmeistern« (2023) und auf www.youtube.com/muaythaidvd ansehen.

Beide Sportler trainieren zweimal täglich. **Saiyok** trainiert etwa 2 ½ Stunden vormittags und 3 ½ Stunden nachmittags. Sonntags reduziert er sein Pensum. **Kem** trainiert morgens und nachmittags jeweils etwa 3 Stunden. Sonntags trainiert er nur, wenn er sich in der Vorbereitung auf einen Wettkampf befindet. Beide Sportler reduzieren 3 Tage vor einem Wettkampf die Trainingsintensität, um den Körper zu erholen und das Gewicht zu reduzieren. Nach dem Kampf pausieren sie etwa eine Woche.

Aufwärmphase

Einreiben mit Massageöl und Lockern.

Laufen
- Saiyok: 5–10 km
- Kem: 60–120 min *(nur vormittags)*

Seilspringen
- Saiyok: 20–30 min
- Kem: 20 min

Dehnen, Lockern und Mobilisieren nach Bedarf

Techniktraining

Schattenboxen
- Saiyok: 3–4 Runden á 4 min
- Kem: 1 Runde á 5 min

Pratzentraining
- Saiyok: 3–5 Runden á 4 min
- Kem: 4–6 Runden á 4 min

Boxsacktraining:
- Saiyok und Kem: 4–5 Runden á 4 min

Partnertraining und Sparring
- Saiyok: 30–60 min
- Kem: 15–20 min

Clinch-Training
- Saiyok: 15–20 min *(Nur viermal pro Woche nachmittags.)*
- Kem: 20–30 min

Abwärmphase

Krafttraining
- Saiyok und Kem: 15–20 min

Abwärmen, Dehnen und Lockern nach Bedarf

INTERVIEW mit Saiyok

(DURCHGEFÜHRT IN BANGKOK, 2012)

Saiyok Pumphanmuang hat zahlreiche Weltmeister- und Thailand-Titel erkämpft, u. a. den Lumpini-Champion in der höchsten Gewichtsklasse. Er hat über 250 professionelle Kämpfe absolviert (Anmerkung: zum Zeitpunkt des Interviews) und wurde zum besten Thai-Boxer im Jahr 2010 gewählt. Er hat in vielen Ländern gekämpft und Seminare gegeben. Seine vielen Fans sind von seinem spektakulären Kampfstil begeistert. Zuerst studiert er das Kampfverhalten des Gegners, dann attackiert er ihn mit explosiven Kombinationen, die er oft mit Beinkick, Ellbogenstoß oder gesprungenem Kniestoß abschließt.

Wo bist du aufgewachsen und wie bist du zum Training gekommen?

Ich bin in Phisanulok aufgewachsen. Als ich 11 Jahre alt war, hat mich mein Vater in ein Gym gebracht und ich habe dort einen Trainingskampf gemacht. Ich hatte keine technischen Fähigkeiten, habe aber den

Kampf gewonnen. Die dortigen Trainer haben gesehen, dass ich Talent habe und haben mich zum Training eingeladen.

Was bedeutet Muay Thai für dich und dein Leben?
Muay Thai ist mein Beruf und wie anderen Berufstätige auch, habe ich Arbeitstage und Freizeit. Mein Lohn ist abhängig von meinen Darbietungen in den Wettkämpfen. Muay Thai hat mir einen besseren Lebensstil ermöglicht. Ich hoffe, dass das thailändische Kulturgut Muay Thai erhalten bleibt, so wie wir uns heutzutage noch an Nai Kanom Tom erinnern. Ich hoffe, dass Muay Thai eine olympische Disziplin wird.

Wann hast du mit dem Training begonnen?
Wie war dein erster Kampf und wie hat sich deine Karriere entwickelt?
Ich habe mit dem Training im Kai Yomarat Camp Sor Payayam (Phisanulok) begonnen, nachdem ich bereits 2 Kämpfe absolviert hatte. In meinem ersten Kampf war ich nervös und aufgeregt und ich habe instinktiv gekämpft. Vorbereitet hatte ich mich mit meinem Bruder nach Ideen, die wir uns von Kämpfen im Fernsehen abgeschaut hatten. Nach 2 Jahren Training in Phisanulok hat mein Trainer mich in das größere Camp Chatanarong in Kantaburi gebracht und dort habe ich im Alter von 13–21 Jahren trainiert. Mittlerweile trainiere ich im Muay Thai Plaza Gym in Bangkok, mein Manager ist Mr. Pong und mein Trainer ist Khru Pit. Ich mag es, in einem Gym mit freundschaftlichen Beziehungen zu sein, wie dies im Muay Thai Plaza Gym gegeben ist. Andere Gyms haben versucht, mich zu verpflichten, aber ich mag es nicht, Verträge zu unterzeichnen.

Wer hat großen Einfluss auf deine Wettkampfkarriere?
Mein erster Trainer, ein Soldat, hat großen Einfluss auf meine Karriere. Er ist wie ein zweiter Vater für mich und hat mir viel ermöglicht. Auch das Muay Thai Plaza Gym ist wichtig für mich, da ich sehr gut betreut werde und in einer erfolgreichen Trainingsgruppe bin, denn Fähigkeiten entwickelt man mit den Partnern und dem Trainer zusammen.
Ich bekomme meine Inspiration von anderen Menschen – von Boxern, Zuschauern und von Ausländern. Auch Manny Pacquiao (Anmerkung: philippinischer Superstar im traditionellen Boxen) inspiriert mich. Seine Boxkämpfe sind immer ausverkauft und sogar Hollywood-Stars reisen an, um ihm beim Kämpfen zu zuschauen. Ich wünsche mir, das Muay Thai auch eine so große Popularität erreicht.

Was für Erfahrungen hast du im Ausland gemacht?
Wie war dein erster Kampf mit einem Ausländer?
Ich habe sehr schöne Reisen gemacht. Ich bin stolz, wenn ich sehe, dass Ausländer Muay Thai trainieren. Sie sind lernen gut und schnell. Mein erster ausländischer Gegner war der Australier Ben Button. Der Kampf war in Hong Kong in der Gewichtsklasse 66 kg. Ich habe durch K.o. in der ersten Runde gewonnen, erzielt durch Beinkick und Ellbogen zum Kopf.

Was ist unterschiedlich, wenn du gegen Ausländer statt gegen Thais kämpfst?
Thailändische Kämpfer beherrschen die Muay Thai-Techniken sehr gut und besitzen Fähigkeiten im Mae Mai Muay Thai (Anmerkung: historische Muay Thai-Techniken). Ausländer sind sehr gut mit den Fausttechniken, aber besitzen meistens weniger Muay Thai-Fähigkeiten. Oft kämpfen Ausländer instinktiv und mischen Kickboxen mit Muay Thai. Sie studieren Filmaufnahmen von unseren Kämpfen, um sich bestmöglich vorzubereiten. Das müssen thailändische Kämpfer in Zukunft auch machen.

Wie planst du die Zukunft im Muay Thai und in deinem Leben?
Ich möchte solange wie möglich im Muay Thai aktiv sein und mehr über Mae Mai Muay Thai lernen. In jedem Training und jedem Wettkampf werde ich mein Bestes geben. Nach meiner Karriere möchte ich ein Trainingscamp für Kinder aufbauen, um sie von Drogen fernzuhalten. Ich hoffe, dass ich dieses Gym eines

Tages mit einem Freund zusammen eröffnen kann. In Ubon Ratchathani (Nordosten von Thailand) habe ich ein Haus gebaut und habe dort eine Plantage zur Gewinnung von Kautschuk. Ich mag eine friedliche Umgebung und ein einfaches Leben. Ich möchte einen Garten haben und mit meiner Frau und meinen Kindern in Ubon Ratchathani leben.

Was ist wichtig, um ein erfolgreicher Kämpfer zu werden?
Man muss ehrlich zu sich selbst sein über die Anforderungen des Berufes und über die eigenen Leistungen. Man muss all seine Energie in seine Karriere einbringen. Beim Training ist es wichtig, besondere das Verteidigungs- und Konterverhalten zu perfektionieren.

Möchtest du noch einige Worte an deine Fans und die Leser des Buches richten?
Ich möchte meinen Fans danken. Ich werde mein Training immer weiter intensivieren, um mich zu verbessern. Ich bin sehr stolz, dass Fans mich bei meinen Wettkämpfen begleiten und mir dabei zusehen. Ich rate den Lesern, dieses Buch sehr sorgsam zu lesen und die Techniken im Training intensiv einzustudieren.

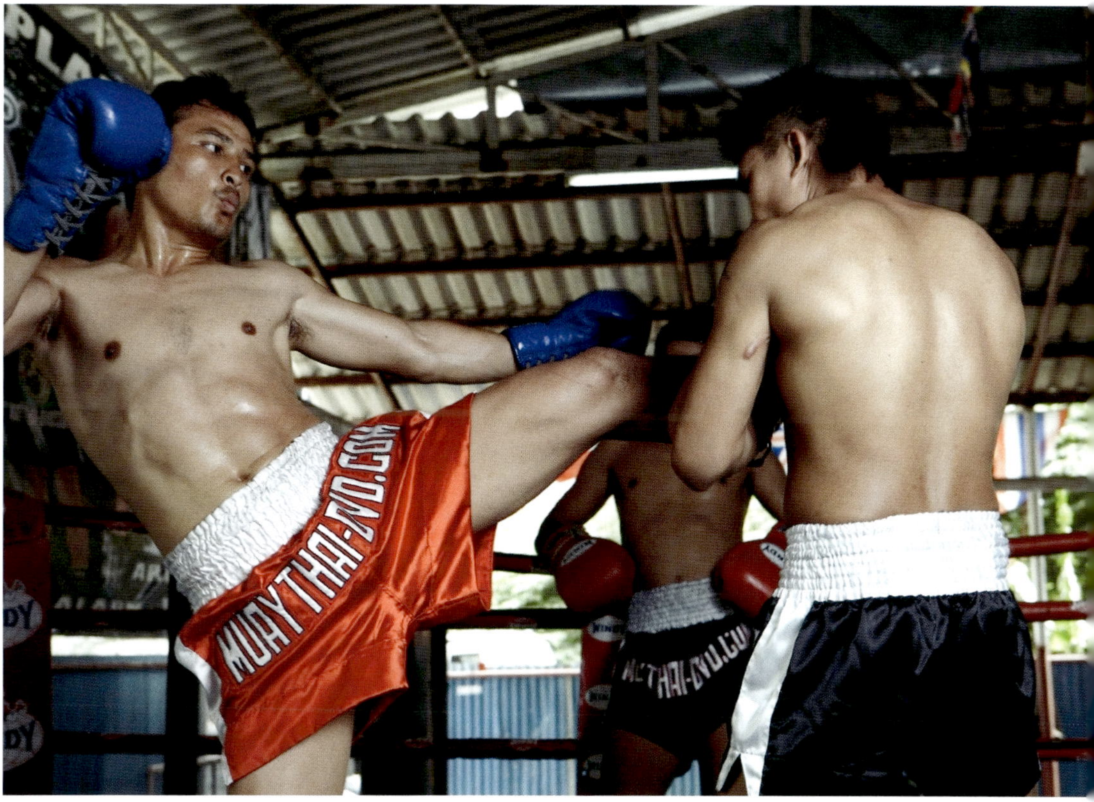

Saiyok und Nonsai beim Techniktraining.

Aufwärmphase

Vor dem Training kannst du dich mit dem thailändischen Liniment (Anmerkung: ein wärmendes Massageöl) einreiben. In der Aufwärmphase bereitest du deinen Körper auf die Beanspruchung im Hauptteil des Trainings vor, um deine optimale Leistungsfähigkeit im Muay Thai abrufen zu können. Zudem verringerst du damit deine Verletzungsgefahr und kannst dich mental auf das Training einstellen.

Im Vereinstraining ist die Aufwärmphase vorgegeben, wenn notwendig kannst du zuvor noch einige vorbereitende Übungen ausführen. Im eigenständigen Training wähle dein Vorgehen abhängig von deinen Erfahrungen und wie sich dein Körper vor der jeweiligen Trainingseinheit anfühlt. Es bestehen viele Möglichkeiten zur Trainingsvorbereitung. Nutze, was sich für deinen Körper gut anfühlt und dir hilft.

Mit einem lockeren Lauf über 10–20 Minuten kannst du die Muskulatur aufwärmen. In einigen thailändischen Gyms beginnen die Sportler mit einer intensiven Laufeinheit von 60–90 Minuten. Das funktioniert, weil die Sportler perfekt austrainiert sind und ihren Körper über viele Jahre an intensives Training gewöhnt haben. Wenn du nicht in einer so guten körperlichen Verfassung bist, dann teile Techniktraining und intensives Lauftraining in 2 Einheiten auf.

Auch Seilspringen ist eine sinnvolle Methode, um sich aufzuwärmen. Wenn du ein schweres Plastikseil nutzt, dann kräftigst du dabei die Hand-, Arm-, Nacken- und Schultermuskulatur. Springe zum Aufwärmen etwa 10 Minuten lang und mache in den Pausen oder im Anschluss daran Mobilisierungen wie Kopfkreisen und Armschwünge. Als Fortgeschrittener kannst du

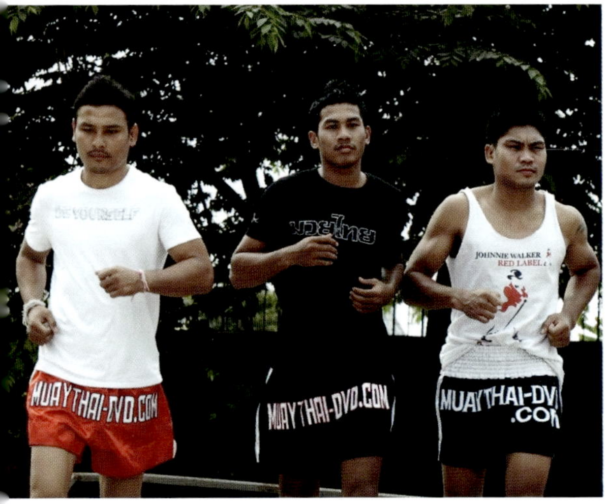

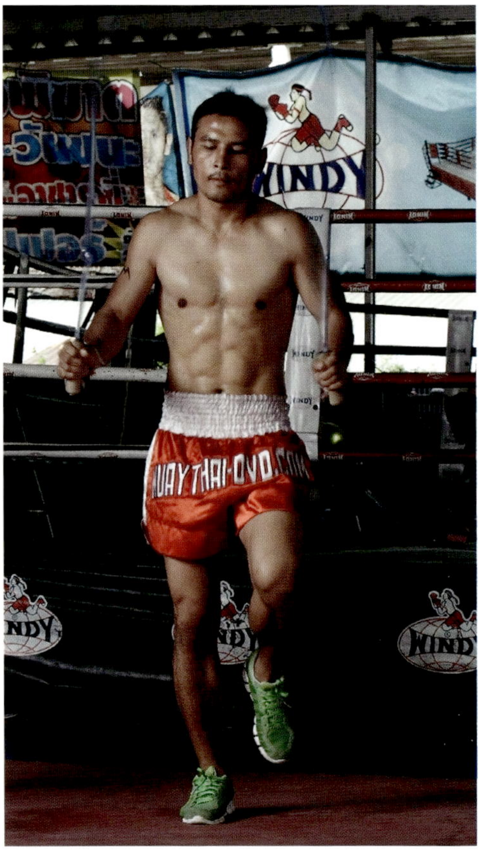

Lockeres Laufen und Seilspringen sind in den thailändischen Gyms üblich.

Saiyok beginnt morgens mit einem lockeren Laufen über 10 km. Dazwischen macht er 10 Sprints von jeweils 100 Metern. Nachmittags macht er einen 5 km Lauf und dazwischen 5 Sprints über 100 Meter. Danach folgt er mit Seilspringen für 20–30 Minuten.
Kem beginnt morgens mit einem Lauf von 1–2 Stunden. Nachmittags wärmt er sich mit Seilspringen auf, was er 20 Minuten lang durchführt.
Danach bandagieren sie ihre Hände. Nun machen beide einige Dehn- und Lockerungsübungen, über deren Auswahl sie abhängig von der momentanen Muskelspannung entscheiden.

das Seilspringen auf 15–20 Minuten ohne Unterbrechung verlängern.
Fühlt sich dein Körper verspannt an, dann kannst du ihn mit der Faszienrolle abrollen. Dazu rollst du eher schnell und wenig hart über die verklebten Körperpartien.
Du kannst Gelenke mobilisieren und/oder verspannte Muskeln »Andehnen«, wobei es gilt, sich auf die Schwachstellen zu konzentrieren. Ziel ist es sicherzustellen, dass du die Muay Thai-Techniken im vollständigen Bewegungsrahmen ausführen kannst und nicht Verspannungen zu Ausweichbewegungen führen.
Für das Mobilisieren bieten sich u. a. Wirbelsäule, Halsgelenk, Handgelenke, Schultergelenke, Kniegelenke und/oder Fußgelenke an. Mobilisiere, was für dich wichtig ist und führe für jede gewählte Übung 5–10 Wiederholungen aus.
Falls du dehnen willst, dann nutze »Andehnen« mit einer Haltedauer von maximal 10 Sekunden. Von einem intensiven Dehnprogramm mit statischem Halten der Positionen von 20 Sekunden und länger ist nach dem aktuellen Stand der Trainingslehre abzuraten. Intensives Dehnen zur Verbesserung der Beweglichkeit machst du nach dem Trainingshauptteil, oder du führst eigenständige Dehneinheiten aus. Informationen zu Dehnmethoden findest du im Buch »Dehnen für Kampfsportler« (2019).
Für das Muay Thai bietet es sich an, wichtige Angriffstechniken einige Male locker in die Luft auszuführen. Beginne langsam und werde dann schneller (Muay Thai-Form, Seite 59).

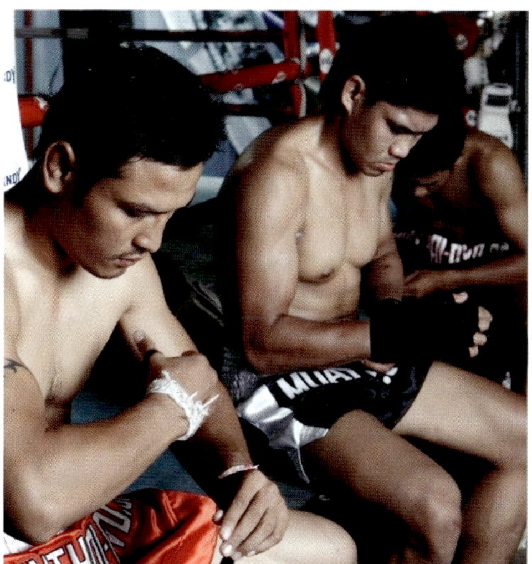

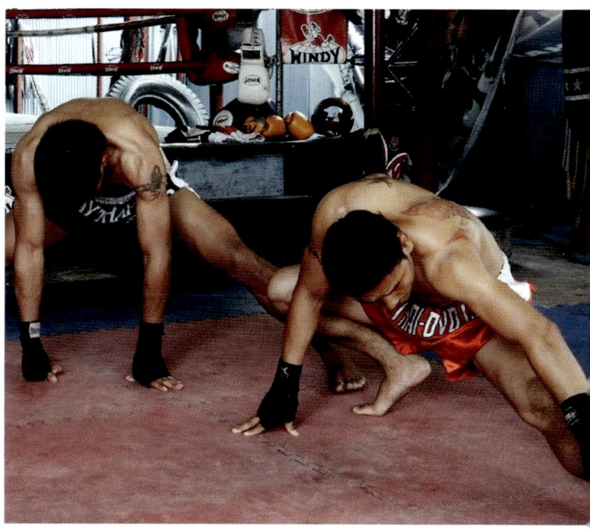

Das Bandagieren der Hände sowie Mobilisieren und Dehnen.

Hauptteil: Techniktraining

Im Hauptteil des Trainings übst du Angriffstechniken und Kombinationen aus diesen, sowie Verteidigungs- und Kontertechniken. Die Übungseinheit umfasst Schattenboxen, Pratzentraining, Boxsacktraining, Partnertraining und Clinchen, wobei die Reihenfolge variieren kann. Fortgeschrittene erweitern ihre Trainingseinheit mit Sparringsrunden.

Schattenboxen

Beim Schattenboxen übst du die Techniken und Taktiken in die Luft. Absolviere die Techniken schnell, wobei du kraftvoll agieren kannst, allerdings nicht mit vollem Krafteinsatz und nicht bis zum vollständigen Bewegungsausschlag, um deine Gelenke zu schonen. Das Schattenboxen kannst du gut vor einem Spiegel üben.

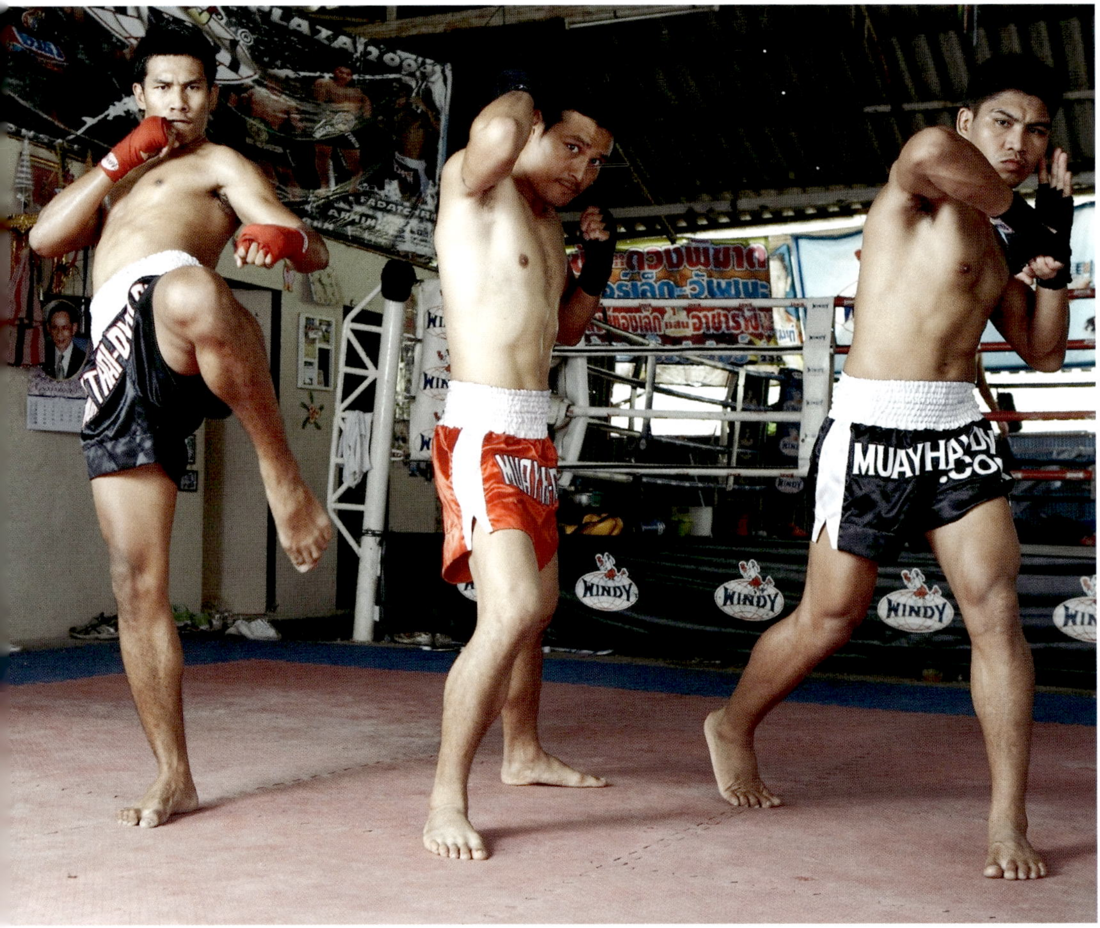

Schattenboxen ist wichtiger Trainingsbestandteil.

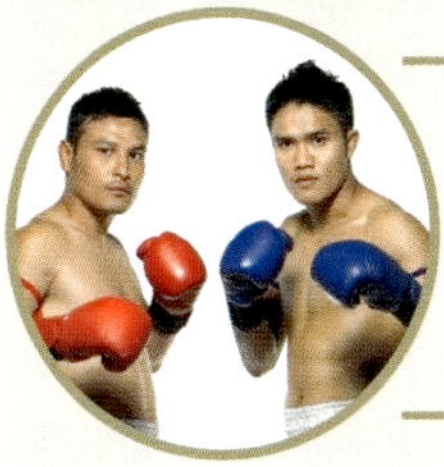

TIPPS von Saiyok und Kem:

- Führe das Schattenboxen wie einen wirklichen Kampf aus.
- Agiere schnell, kraftvoll und konzentriert.
- Setze alle Techniken ein.

Agiere so, als würdest du einem realen Gegner gegenüberstehen. Bewege dich auf ihn zu und weiche ihm aus. Setze Angriffstechniken ein, verteidige dich und kontere gegen Techniken des imaginären Kontrahenten.

Saiyok macht relativ lange Schattenboxen. Er führt in jeder Trainingseinheit 3–4 Runden je 4 Minuten aus. **Kem** genügt eine Runde mit einer Länge von 5 Minuten.

Zur Wettkampfvorbereitung wird das Schattenboxen auf den Kampfstil des nächsten Gegners ausgerichtet. Der Thai-Boxer stellt sich seinen Kontrahenten gemäß dessen üblicher Kampfweise vor und trainiert im Schattenboxen die eigene Kampftaktik. Ist es beispielsweise bekannt, dass der Gegner gute hintere Geraden einsetzt, dann kann der Thai-Boxer immer wieder Kicks zu den Oberarmen und Kniestöße zur hinteren Körperseite üben.

Pratzentraining

Im Pratzentraining übst du die Techniken an einem gehaltenen Widerstand. So entwickelst du Distanzgefühl und Timing für den Einsatz im Wettkampf. Achte auf korrekte Technikausführung, stabilen Stand, Gleichgewicht und auf deine Deckung. Agiere mit Timing und vermeide es, überhastet zu agieren. Der Trainer schult die Verteidigung, indem er mit den Pratzen leicht gegen Deckungslücken schlägt. Krafteinsatz und Tempo sind abhängig von den Anweisungen des Trainers. Zuerst werden die Techniken einzeln und später kombiniert geübt.

Zur Wettkampfvorbereitung kann der Trainer unterschiedliche Situationen und Kampfstile simulieren. Er erzeugt beispielsweise Druck, indem er immer wieder auf den Kämpfer zugeht. Dabei verlangt der Trainer, ihn mit Techniken zu stoppen. Er kann auch Angriffstechniken einsetzen, um mit dem Sportler das Kontern zu üben. So vermittelt er dem Thai-Boxer die Kampftaktik für den nächsten Wettkampf.

Saiyok trainiert an den Pratzen 3–5 Runden und **Kem** 4–6 Runden. Jede Runde führen sie über eine Dauer von 4 Minuten aus. Beide Sportler setzen dabei auch Kombinationen ein und wiederholen diese mehrfach.

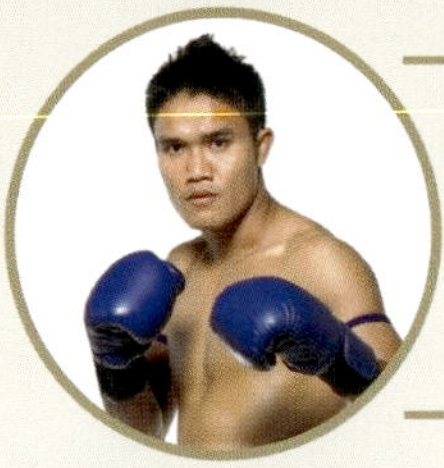

TIPPS von Kem:

- Kopiere das Pratzentraining von Champions.
- Trainiere immer so, als wäre es ein realer Wettkampf.
- Bleibe aktiv und übe mit 100 Prozent Einsatz.

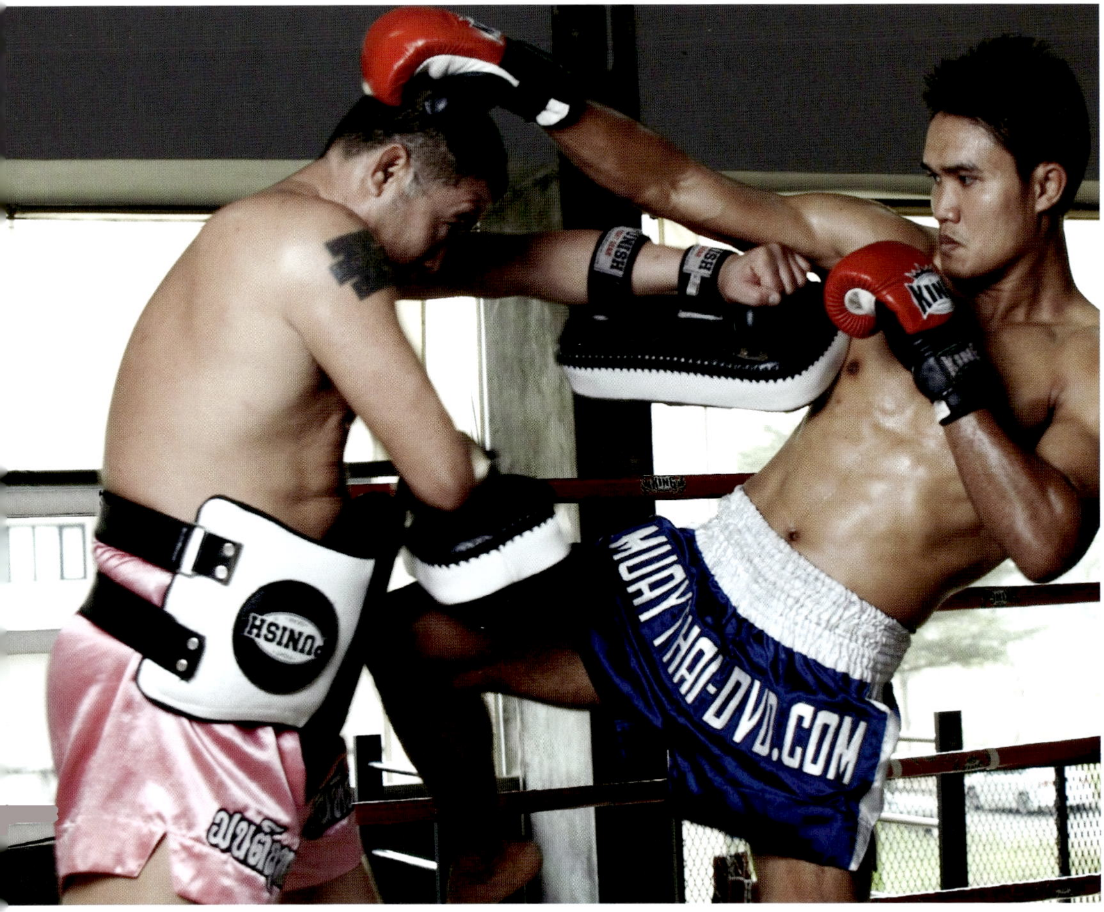

Der Kniestoß in die Pratzen.

Boxsacktraining

Im Boxsacktraining übst du die Techniken an einem Widerstand, um deinen Körper abzuhärten und Ausdauer und Kraft in der Ausführung zu entwickeln. Agiere kraftvoll, aber nicht überhastet, sondern mit Timing und Distanzgefühl. Achte auf die technisch korrekte Ausführung der Techniken und bei Schlagtechniken auf ein gerades und fixiertes Handgelenk zur Vermeidung von Verletzungen.

Trainiere mit Kombinationen, aber auch instinktiv. Der Trainer beobachtet und gibt Anweisungen, wie den Einsatz bestimmter Techniken, um Handlungsmuster zu verändern.

Als Trainingsgerät eignet sich am besten ein großer und schwerer Sack, um alle Techniken kraftvoll ausführen zu können. Ungeübte nutzen zunächst einen Sack mit weicher Füllung, z. B. eine Stofffüllung, da ansonsten Verletzungsgefahr bei fehlerhaft ausgeführten Techniken besteht. Geübte nutzen einen Sack mit harter Füllung, z. B. aus Holzspänen, um beim Training auch den Körper abzuhärten.

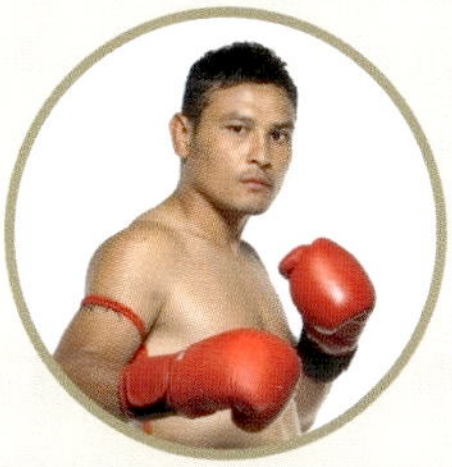

TIPPS von Saiyok:

- Setze alle Techniken ein und nutze Kombinationen.
- Bleibe immer in Bewegung.
- Trainiere mit vollem Krafteinsatz.

Saiyok und Kem üben am Boxsack mit ähnlicher Intensität: 4–5 Runden jeweils 4 Minuten.

Zur Wettkampfvorbereitung legt der Trainer einige Kombinationen fest, die sich gegen den Kampfstil des nächsten Gegners eignen. Diese Technikfolgen muss der Thai-Boxer von nun an immer wieder trainieren, damit er diese im Kampf instinktiv anwendet.

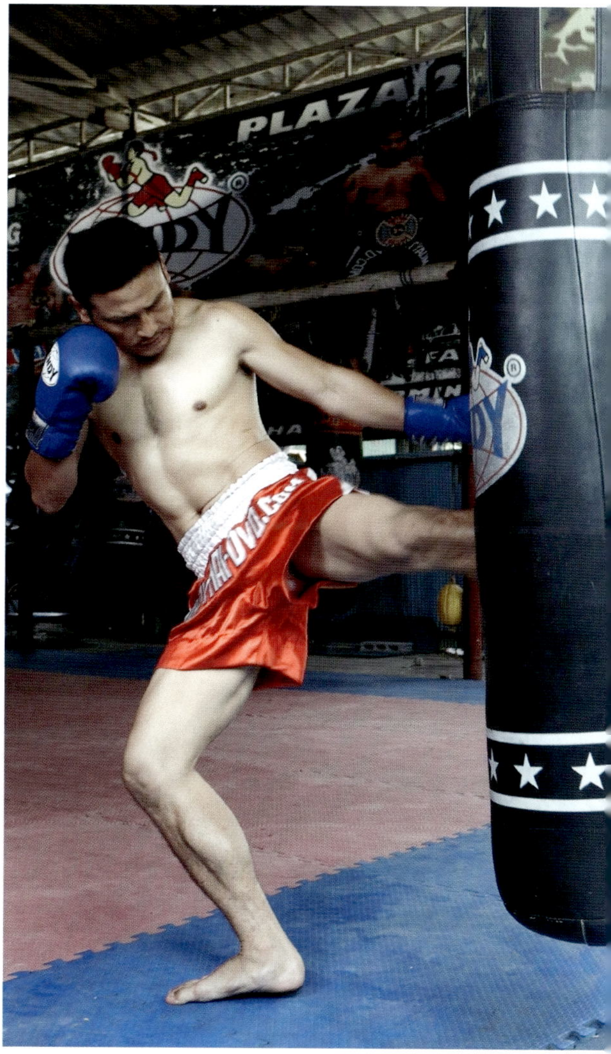

Saiyok zeigt den Low Kick.

Partnertraining und Sparring

Das Partnertraining und das Sparring werden von professionellen thailändischen Sportlern häufig zusammen ausgeführt. In europäischen Gyms hingegen ist eine klare Differenzierung der beiden Trainingsinhalte gegeben.

• Partnertraining

Beim Partnertraining übst du kontrolliertes Angreifen, Verteidigen und Kontern mit dem Trainingspartner. So entwickelst du Distanzgefühl und Timing. Die Techniken und Konter werden abgesprochen und nur mit geringem Krafteinsatz ausgeführt, um Verletzungen zu vermeiden. Der Angreifer schlägt beispielsweise eine vordere Gerade, die der Verteidiger nach innen leitet und auf die er dann kontert. Die Technik wird einige Male wiederholt und dann die Position von Angreifer und Verteidiger gewechselt. Dann wird die nächste Technik einstudiert. Achte beim Partnertraining auf Timing und Koordination. Die Techniken müssen kontrolliert ausgeführt werden, da der Verteidiger ansonsten verkrampft und nur Techniken einsetzt, die er gut beherrscht.
Zur Wettkampfvorbereitung werden speziell die Techniken geübt, mit denen der Kampf gegen den nächsten Kontrahenten gestaltet werden soll. Ist dieser für aggressives Vorgehen bekannt, dann werden vorwiegend Konter trainiert, mit denen Angriffe gestoppt oder zur Seite geleitet werden.

• Sparring

Fortgeschrittene üben sich zusätzlich im freien Sparring. Es werden Angriffstechniken sowie Verteidigungs- und Kontertechniken frei mit einem Partner geübt. So wird eine reale Kampfsituation simuliert. Der Trainer bestimmt zuvor, welche Techniken nicht eingesetzt werden dürfen (z. B. kraftvolle Ellbogentechniken zum Kopf). Manchmal wird auch nur reines Boxsparring praktiziert, um die Kopfdeckung intensiv zu üben.
Führe das Sparring konzentriert aus, aber nicht mit voller Härte, insbesondere dann, wenn der Partner Schwächen offenbart, damit du ihn nicht verletzt. Arbeite mit ihm zusammen und verbessert gemeinsam euer Leistungsniveau. Der Trainer muss dabei überwachen und Fehler mitteilen.
Zur Wettkampfvorbereitung wird ein Trainingspartner ausgewählt, der möglichst viele Ähnlichkeiten mit dem nächsten Gegner aufweist. Der Partner kopiert im Sparring den Kampfstil des Konkurrenten. Der Übende muss entsprechend der vom Trainer festgelegten Kampftaktik agieren.
Trage für intensives Sparring eine Schutzausrüstung. In thailändischen Gyms trainieren die Sportler oftmals mit geringem Kontakt und

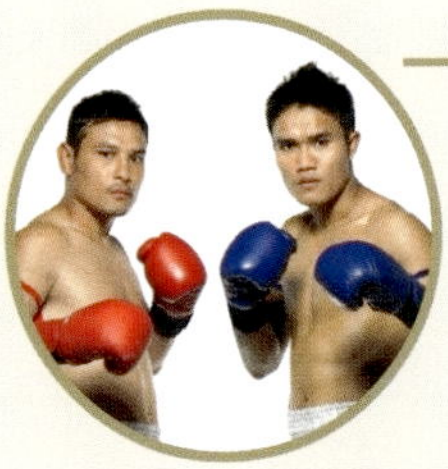

TIPPS von Saiyok und Kem:

- Übe schnell und konzentriert.
- Trainiere mit Sportsgeist und eher wenig Krafteinsatz.
- Nutze das Sparring, um Techniken auszuprobieren.
- Agiere nicht nervös, sondern bleibe deinem Kampfstil treu.

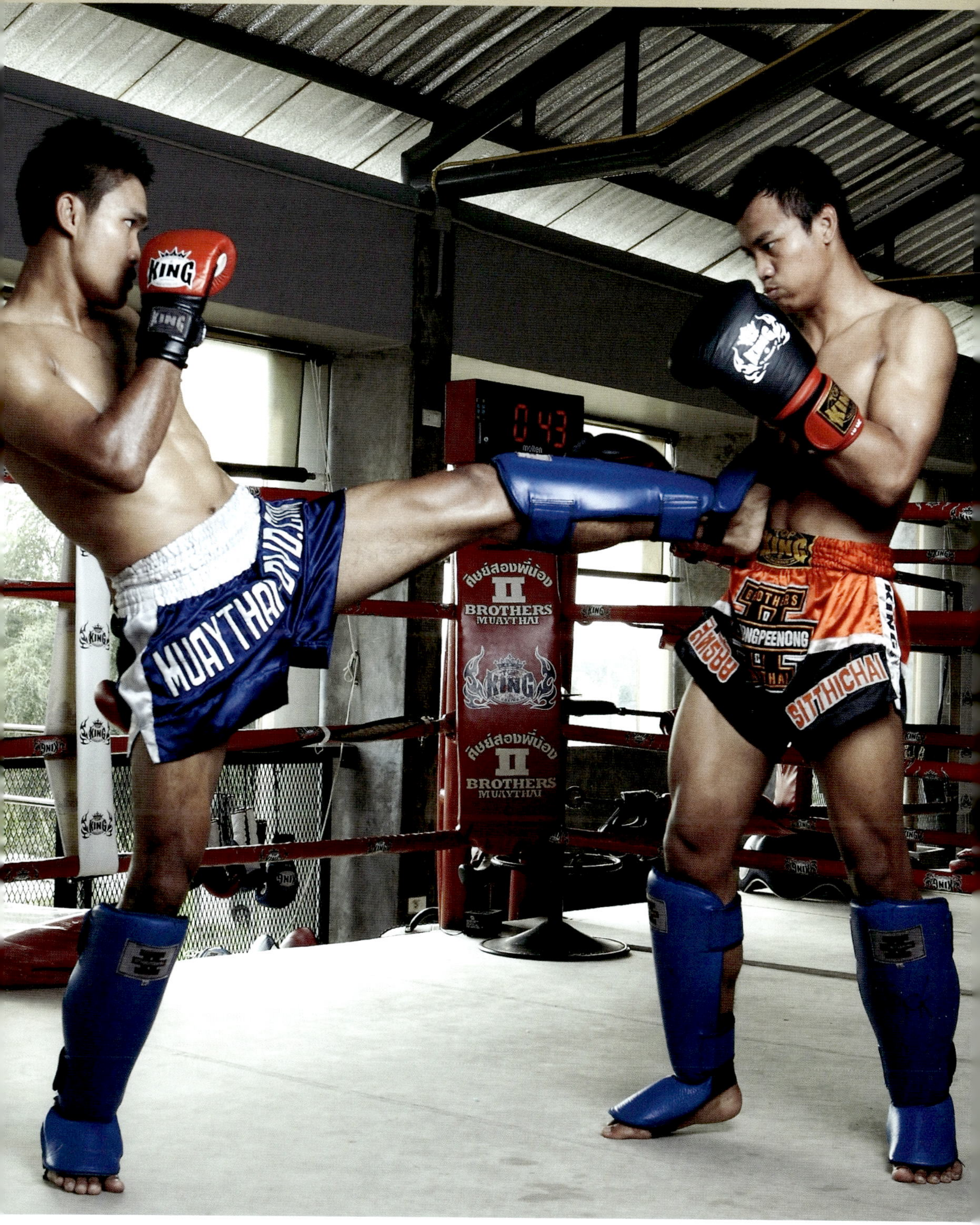

Kem beim Training mit Sitthichai Sitsongpeenong, einem der aktuell besten Kämpfer.

verzichten auf die Schutzausrüstung. Wenn jedoch der Krafteinsatz erhöht wird, nutzen auch thailändische Sportler die Schutzausrüstung. Generell trainieren die thailändischen Sportler das Muay Thai-Sparring nicht mit voller Härte, da die Verletzungsgefahr hoch ist und sie dann möglicherweise nicht zum nächsten Kampf antreten könnten, und somit würden sie keine Kampfbörse erhalten. Das reine Box-Sparring mit Kopfschutz wird auch in Thailand teilweise hart ausgeführt.

Saiyok und Kem machen Partnertraining und Sparring in jeder Trainingseinheit.
Saiyok übt mit Partner morgens 30 Minuten und nachmittags 60 Minuten. Er führt das Sparring mit 50–70 Prozent Krafteinsatz aus. Reines Boxsparring macht er einmal pro Woche. **Kem** übt mit Partner in jeder Einheit 15–20 Minuten. Das Sparring führt er mit 70–80 Prozent Krafteinsatz aus. Reines Boxsparring macht er zweimal pro Woche.

Clinch-Training

Das Clinch-Training wird am Ende des Techniktrainings ausgeführt. Es werden Greifen sowie Halten und Verbessern der Clinchposition geübt. Gleichzeitig werden Knie- und Wurftechniken angedeutet. Dabei werden auch die Ausdauer und die Kraft verbessert, insbesondere die Kraft der Nackenmuskulatur. Für Wettkämpfer ist eine kräftige Nackenmuskulatur von großer Bedeutung, da aus dieser Nehmerqualitäten resultieren.
Achte auf eine aufrechte Körperhaltung und führe die Techniken kontrolliert aus. Als Einsteiger clinchst du mit wenig Krafteinsatz. Konzentriere dich auf das Erlernen der Techniken.
Zur **Wettkampfvorbereitung** wird Halten und Verbessern der Clinchposition mit vollem Krafteinsatz ausgeführt, wobei die Kniestöße nur angedeutet werden. Diese Form des Clinchens ist wichtig und wird in thailändischen Camps recht lange trainiert.

Im Kampfstil von **Kem** ist das Clinchen bedeutender Inhalt. Er trainiert es deshalb in jeder Trainingseinheit 20–30 Minuten. Er übt mit 80–90 Prozent Krafteinsatz und mit 2–3 Partnern. **Saiyok** clincht wenig in seinen Wettkämpfen, da seine Vorteile in anderen Kampfdistanzen größer sind. Er trainiert Clinchen viermal wöchentlich je 15–20 Minuten. Dabei übt er mit etwa 70 Prozent Krafteinsatz und achtet auf den Einsatz zahlreicher Techniken.

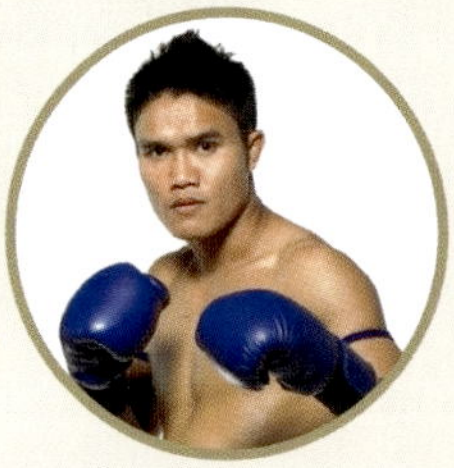

TIPPS von Kem:
- Achte auf eine stabile Standposition.
- Übe das Clinchen intensiv.
- Clinche mit großen, schweren Partnern.

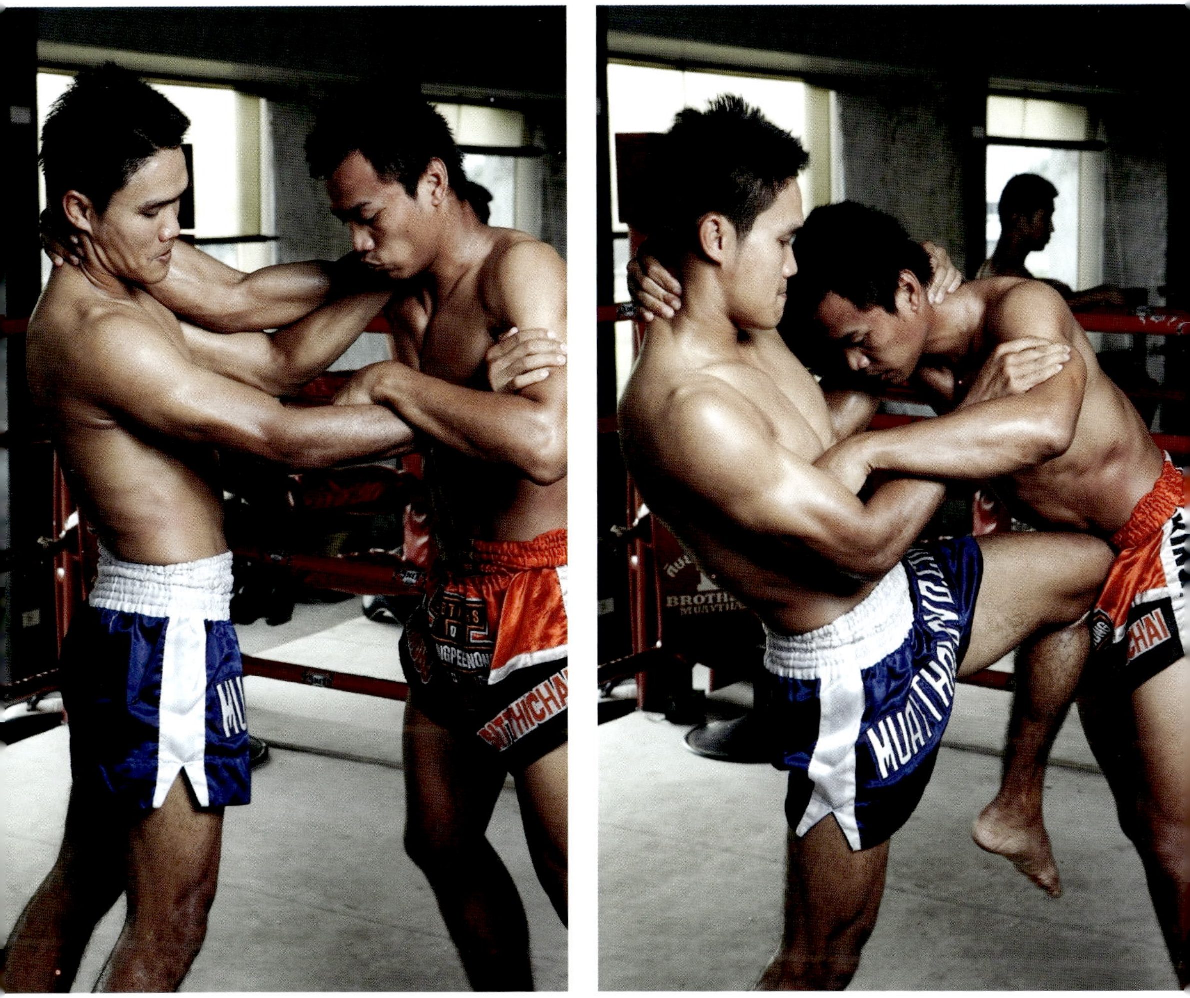

Kem und Sitthichai beim Training im Sitsongpeenong Gym, Bangkok.

Abwärmphase

Die Abwärmphase des Trainings wird von manchen Thai-Boxern mit einigen Kraftübungen z. B. für die Rumpfmuskulatur begonnen. Dies ist jedoch nicht zwingend und du kannst darauf verzichten, insbesondere wenn du regelmäßig an anderen Wochentagen deine Muskulatur kräftigst, am besten mit einem ausgewogenen Ganzkörperprogramm.
Einige Sportler führen nach dem Techniktraining noch ein intensives Krafttraining aus. Davon ist abzuraten, denn der Körper ist müde, und die Energiereserven sind aufgebraucht. Intensives Krafttraining kannst du an Tagen ausführen, an denen du kein Thai-Boxen trainierst. Für Thai-Boxer, die an Wettkämpfen teilnehmen, ist Krafttraining zwingend, jedoch soll das nicht im direkten Anschluss an das Muay Thai-Training im müden Zustand erfolgen.
Die Abwärmphase dient dazu, die Regenerationsprozesse einzuleiten und sicherzustellen, dass die Muskulatur elastisch und beweglich bleibt. Einige Thai-Boxer verzichten zur Zeitersparnis auf die Maßnahmen in der Abwärmphase. Dies kann dazu führen, dass sich die Muskulatur einige Stunden nach dem Training deutlich verspannt anfühlt. Wenn du das Training als sehr intensiv wahrgenommen hast, kannst du lockeres Auslaufen machen, ansonsten ist das überzogen. Führe einige Dehnübungen für die beanspruchte Muskulatur aus, um zu verhindern, dass sich die Muskulatur zusammenzieht und langfristig Muskelverkürzungen entstehen. Nutze eine statische Dehnmethode und mache die Übungen und Haltedauern der Positionen davon abhängig, wie intensiv du im Hauptteil trainiert hast. Wenn du bereits sehr müde bist, dann vermeide extreme Dehnpositionen und langes Halten, da die Muskulatur zu Krämpfen neigt. Ansonsten kannst du dich umfangreich dehnen. Zudem kannst du deine Muskulatur mit der Faszienrolle abrollen, um Verspannungen zu lösen und die Regeneration zu beschleunigen. Dies ist insbesondere nach einer intensiven Trainingseinheit hilfreich und bewirkt ein deutlich angenehmeres Muskelgefühl.

Kem ist der Überzeugung, dass Thai-Boxer ihre Kraft am besten im sportartspezifischen Training entwickeln. Er empfiehlt deshalb, Pratzen- und Boxsacktraining mit größtmöglicher Kraft und viele Lauftrainingseinheiten auszuführen. Auch **Saiyok** fördert vorrangig seine Kraft mit intensivem sportartspezifischem Training. Zusätzlich empfiehlt er Sprinttraining.
Ergänzend machen beide Sportler einige Kraftübungen nach dem Techniktraining. Spezielle Einheiten zum Verbessern der Kraft machen sie jedoch nicht. Sie machen vorrangig Bodyweight-Übungen wie Klimmzüge, Liegestütze und Sit-ups und zudem Nackenziehen. Manchmal nutzen sie auch Hantelübungen, wozu sie viele Wiederholungen mit geringem Gewicht durchführen.

WICHTIGE Kraftübungen

Klimmzug

Saiyok: 4–5 Sätze á 20 Wiederholungen

Kem: 10 Sätze á 15 Wiederholungen

Liegestütz

Saiyok: 10 Sätze á 20 Wiederholungen

(Er macht die Liegestütze in den Pausen beim Training an Pratzen und Boxsack.)

Kem: 1 Satz á 100 Wiederholungen.

Nackenziehen

Keine festen Vorgaben.

Sit-up

Saiyok: 3 Sätze á 100 Wiederholungen.

Kem: 2–3 Sätze á 100 Wiederholungen.

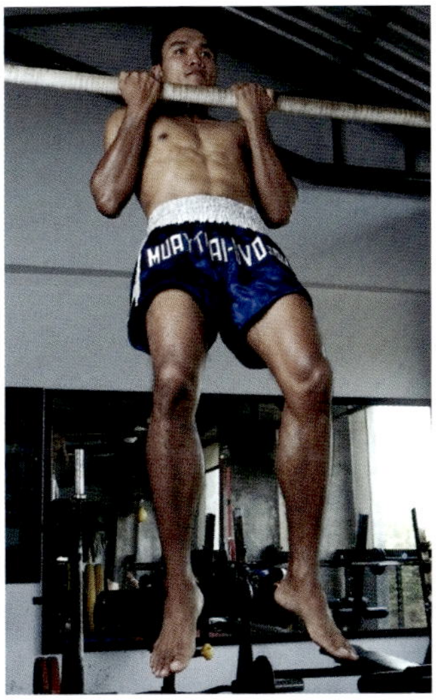
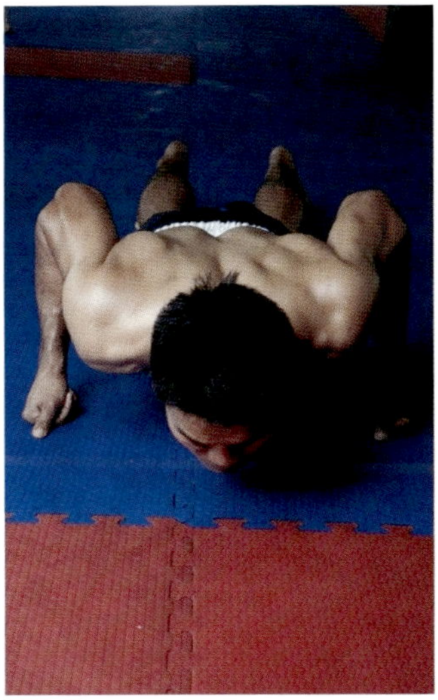
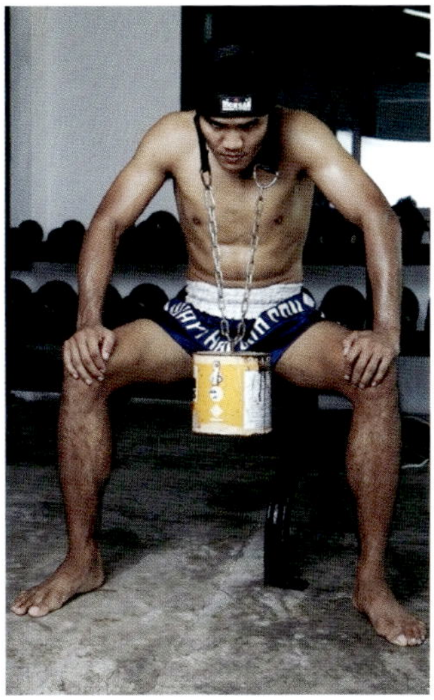
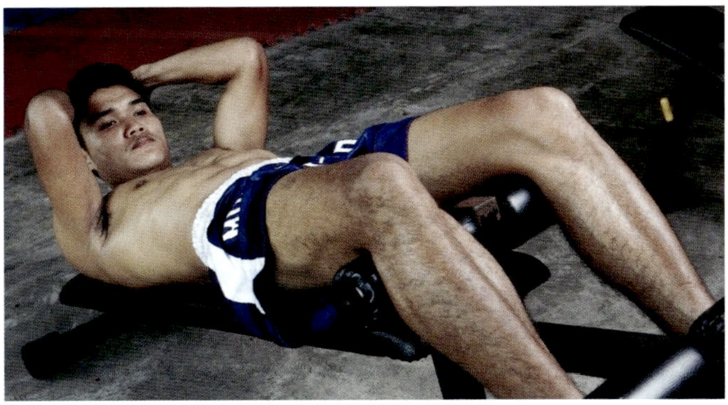

Typische Übungen in thailändischen Gyms: Klimmzug, Liegestütz, Nackenziehen und Sit-up.

Regeneration

Die größtmögliche Leistungssteigerung im Training wird erreicht, wenn das Verhältnis zwischen Belastung und Regenerationszeit optimal gewählt wird. Wie oft es sinnvoll ist, den Körper zu trainieren, und wie lange anschließend mit dem Training pausiert werden muss, ist von vielen Faktoren abhängig, wie Trainingsintensität, Leistungsfortschritt, Gestaltung der regenerativen Maßnahmen und Ernährung. Für Muay Thai ist zu beachten, dass der Körper in zahlreichen Bereichen trainiert wird, u. a. in technischem Leistungsvermögen, Kraft und Ausdauer. Wettkämpfer müssen zusätzlich berücksichtigen, dass sie den Fettanteil reduzieren oder die Muskelmasse aufbauen, um in der optimalen Gewichtsklasse anzutreten.
Als Freizeitsportler solltest du mindestens zweimal und als Amateursportler mindestens dreimal wöchentlich trainieren. Am besten pausierst du einen Tag zwischen zwei Trainingseinheiten. Zudem empfiehlt es sich, dass du nach einer Übungseinheit eine Stunde länger schläfst als sonst üblich. Professionelle Sportler müssen nach individuell abgestimmten Trainingsplänen ihre Leistungsfähigkeit verbessern. Wird zweimal täglich trainiert, dann unterstützt dich eine zusätzliche Mittagsruhe, wie sie in thailändischen Camps üblich ist. Auch Maßnahmen zur Regenerationsbeschleunigung wie Abrollen mit der Faszienrolle, thailändische Heilmassage (Nuat) und warme Bäder sind empfehlenswert. Beachte, wenn du deinen Trainingsplan mit dem von professionellen Sportlern vergleichst, dass die Sportler die Leistungsfähigkeit ihres Körpers kontinuierlich aufgebaut haben. Überforderst du hingegen regelmäßig deinen Körper, wird die Leistung stagnieren und außerdem besteht Überlastungs- und Verletzungsgefahr.

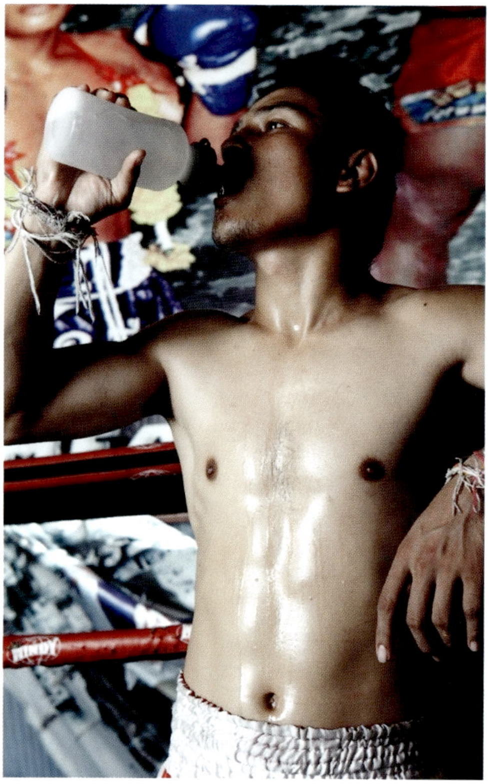

Trinke während der Trainingseinheit, so bleibst du länger leistungsfähig.

Die Kämpfer **Saiyok und Kem** achten sehr auf ihren Körper. Nur so können sie das hohe Trainingspensum absolvieren und topfit bei den Wettkämpfen sein. Beide achten darauf, dass sie genügend schlafen: nachts 6–8 Stunden und mittags 2–3 Stunden. Sie verzichten auf Partys und umfangreiche Freizeitaktivitäten. Sie lassen sich mit der thailändischen Heilmassage behandeln, um die Regenerationszeit des Körpers zu beschleunigen. **Kem** pflegt seinen Körper zusätzlich mit warmen Kräuter-Packungen.

Ernährungsprinzipien

Unsere Leistungsfähigkeit im Thai-Boxen ist nicht nur vom Training abhängig, sondern auch von unserer Ernährung. Als Thai-Boxer wollen wir stark und leistungsfähig sein. Die Wettkämpfer streben außerdem einen möglichst geringen Körperfettanteil an, um in der optimalen Gewichtsklasse starten zu können; ausgenommen davon ist das Super-Schwergewicht.

Ernähre dich richtig, dann bist du leistungsfähig, und kannst, wenn es dein Ziel ist, leicht Muskelmasse aufbauen und Fettdepots verringern. Zudem bist du kaum verletzungsanfällig und verkürzt die Regenerationszeit. Beachte bei der Ernährungszusammenstellung die folgenden Prinzipien.

PRINZIP 1: Genügend Eiweiß

Als Thai-Boxer musst du genügend Eiweiß einnehmen. Als Eiweißlieferanten sind u. a. mageres Fleisch, Fisch, Eier, Magerquark, Hüttenkäse, Tofu und Hülsenfrüchte gut geeignet. Auch Molkeeiweiß (Whey), das in Pulverform im Fachhandel erhältlich ist, hat einen sehr hohen Eiweißanteil und nur einen sehr geringen Fettanteil.

Die Eiweißmenge sollte zwischen 1,5–2,0 g pro Kilo Körpergewicht liegen, die über den Tag verteilt verzehrt wird. Bei dem Ziel »Muskelaufbau« ebenso wie bei einer Diät sollte die Eiweißmenge eher an 2 g liegen; aber nicht über 2,5 g. Wenn du als regelmäßig trainierender Thai-Boxer ein Gewicht von 70 kg besitzt, dann solltest du am Tag 105–140 g Eiweiß einnehmen. Ein Thai-Boxer mit einem Gewicht von 100 kg muss entsprechend 150–200 g Eiweiß verzehren.

Die Angaben sind Orientierungswerte und deren genaues Überprüfen wäre zu aufwendig. Auch besitzen viele Nahrungsmittel, die nicht zu den Eiweißträgern gezählt werden, zumindest eine kleine Menge Eiweiß. Gehe deshalb wie folgt vor: Achte darauf, dass du zumindest bei den 3 Hauptmahlzeiten jeweils eine große Menge Eiweiß verzehrst. Ist das nicht möglich, dann sind Zwischensnacks und Eiweiß-Shakes notwendig, um die benötigte Eiweißmenge sicherzustellen.

PRINZIP 2: Viel Gemüse und Salat, etwas Obst

Iss viel Gemüse, denn dieses liefert wichtige Nährstoffe und ist kalorienarm. Außerdem ist es als Basenträger wichtig, um die säurebildende, eiweißhaltige Nahrung auszugleichen. Besonders wertvoll sind Brokkoli, Blumenkohl, Kraut und Spinat, wovon du möglichst oft und viel essen kannst. Die Gemüsemenge in einer Mahlzeit sollte die zwei- bis dreifache Menge von dem betragen, was du an eiweißhaltiger Nahrung verzehrst. Wähle frisches Gemüse; falls nicht verfügbar, dann ist das Tiefkühlgemüse dem Dosengemüse vorzuziehen.

Auch Salate mit gesundem Öl, wie beispielsweise Olivenöl, zubereitet, sollten du oft verzehren. Es ist empfehlenswert, Salate mit Kräutern und Sprossen anzureichern, und auch Pilze und Nüsse kannst du zufügen.

Eine gute Aufteilung eines Mittagsessen umfasst: ein Viertel Eiweißträger wie Fleisch oder Fisch, mindestens zwei Viertel Gemüse und Salat und höchstens ein Viertel Kohlenhydrate wie Reis oder Nudeln. Wenn du dies so gestaltest, stellst du sicher, dass du dich ausgeglichen ernährst und deinen Körper nicht übersäuerst.
Auch Obst ist ein wichtiges Nahrungsmittel, denn es enthält viele Vitamine, Mineralstoffe und Ballaststoffe und ist somit basenreich. Wähle frisches Obst, da es viel mehr Vitamine enthält als frühzeitiges geerntetes Obst. Du solltest allerdings Obst aufgrund des hohen Fruchtzuckergehaltes nicht zu viel verzehren und es bei einer geplanten Gewichtsabnahme minimieren. Ein bis zwei Portionen in der Größe einer Faust sind pro Tag empfehlenswert.

PRINZIP 3: Hochwertige Fette, aber nicht zu viel

Fette enthalten eine hohe Kalorienmenge und führen, wenn sie zu viel verzehrt werden, zu einem Anstieg von Körperfett. Du darfst allerdings nicht auf wertvolle Fette verzichten, denn einige essenzielle Fette wie Omega-3-Fettsäuren kann der Körper nicht selbst herstellen, das heißt, dass diese Fette dem Körper über die Nahrung zugeführt werden müssen. Fette sind für viele Aktivitäten in unserem Stoffwechsel wichtig und auch ist zu beachten, dass einige Vitamine nur in Verbindung mit Fett gelöst werden können.
Die gesunden Fette befinden sich in beispielsweise in wertvollen Ölen wie Olivenöl und Leinöl, in Avocados und Nüssen sowie in fetten Fischen, die sich von Algen ernähren. Esse diese Nahrungsmittel – jedoch nicht zu viel davon. Verzehre generell mehr Fette aus pflanzlichen als aus tierischen Nahrungsmitteln. Meiden hingegen solltest du möglichst die gehärteten Fette und insbesondere die Transfette, die oft in industriell gefertigten Lebensmitteln wie Fertiggerichten, Kuchen und Gebäck enthalten sind.
Nüsse bieten sich als Zwischenmahlzeiten an, insbesondere in Verbindung mit Trockenobst. Als besonders wertvolle Nüsse gelten Mandeln. Die geeignete Menge an Nüssen lässt sich anhand von zwei Fingern vorstellen: zweimal täglich eine solche Menge, dann bist du gut versorgt.

PRINZIP 4: Kohlenhydratmenge kontrollieren

Du musst Kohlenhydrate verzehren, allerdings nicht zu viel. Wenn du mit deinem Körperfettanteil zufrieden bist und dich im Training leistungsbereit fühlst, dann hast du ein geeignetes Ernährungsmaß gefunden. Willst du hingegen den Körperfettanteil reduzieren, dann solltest du die Menge an Kohlenhydraten einschränken und zwar insbesondere den Verzehr von kurzkettigen Kohlenhydraten, wie sich diese in Weißbrot, Nudeln, geschältem Reis und Süßigkeiten befinden. Generell solltest du möglichst vollwertige Kohlenhydrate essen wie Vollkornreis, Vollkornnudeln und Vollkornbrot, anstatt geschältem Reis sowie Nudeln und Brot aus Weißmehl. Auch Kartoffeln sind ein empfehlenswertes kohlenhydratreiches Nahrungsmittel; auf Süßigkeiten hingegen solltest du weitestgehend verzichten.

PRINZIP 5: Richtige Kombination der Nahrungsmittel

Es ist wichtig, dass du die Nahrungsmittel richtig miteinander kombinierst. Tierische Eiweißträger sind stark säurehaltig, was aber nicht bedeutet, dass du als Thai-Boxer darauf verzichten sollst, denn ansonsten ist die Einhaltung der notwendigen Eiweißmenge schwierig. Achte vielmehr darauf, dass du möglichst in der gleichen Mahlzeit säurebildende Nahrung mit basenbildender Nahrung wie Gemüse, Salat und Obst ausgleichst. Ein Stück Fleisch oder Fisch solltest du mit der zwei- bis dreifachen Menge an Basenbildern insbesondere aus Gemüse ausgleichen. Wenn deine Zwischenmahlzeiten basisch sind, dann kann die Menge etwas kleiner sein. Generell kannst du immer viel Gemüse und Salat essen, solange die Soße beziehungsweise das Dressing gesund ist. Du kannst dir das Vorgehen so vorstellen, dass wenn du ein Stück Fleisch oder Fisch in der Größe einer Handfläche verzehrst, dann solltest du Gemüse mit dem Umfang von mindestens 2 Fäusten essen und am besten etwas Salat dazu. Ist der Umfang des Eiweißträgers größer, dann steigere auch die Menge der Basenträger.

PRINZIP 6: Iss natürlich, abwechslungsreich und wähle Freilandhaltung

Kaufe Gemüse, Salat, Obst und Kräuter möglichst frisch, anstatt Produkte mit Konservierungsstoffen. Wähle oft Produkte, die Saison haben und reif geerntet werden. Verarbeitete Lebensmittel wie Fertiggerichte und Dosengerichte haben viel weniger essentielle Nährstoffe und besitzen mehr Kalorien. Lagere frische Nahrungsmittel richtig und iss sie oft roh. Gemüse, welches du nicht roh verzehrst, solltest du mit möglichst wenig Hitze und in geringer Flüssigkeit dünsten.

Nahrungsmittel enthalten ganz unterschiedliche Inhaltsstoffe. Achte deshalb auf eine abwechslungsreiche Ernährung. Iss täglich frisches Obst und Gemüse und wechsle die Produkte ab. Hast du für einige Zeit ein sehr intensives Trainingspensum und/oder planst du eine deutliche Gewichtsreduktion, dann können Nahrungsergänzungspräparate sinnvoll sein. Achte besonders auf die Versorgung mit Vitamin C, Magnesium, Calcium, Zink und Selen.

Wähle Fleisch möglichst aus Freilandhaltung. Freilaufende Tiere haben eine bessere Ernährung und können durch die Bewegung mehr Muskulatur aufbauen, wodurch ihr Fleisch mehr Aminosäuren, Mineralstoffe und Vitamine besitzt. Ebenso ist Wildfisch empfehlenswert; hingegen werden Fische in Zuchtbetrieben oftmals minderwertig gefüttert. Fleisch aus Freilandhaltung und wild gefangener Fisch sind zwar deutlich teurer, doch ist der Nährwert so viel besser, dass man diese Eiweißträger kaum mit Fleisch aus dem Stall und Fisch aus Zuchthaltung vergleichen kann.

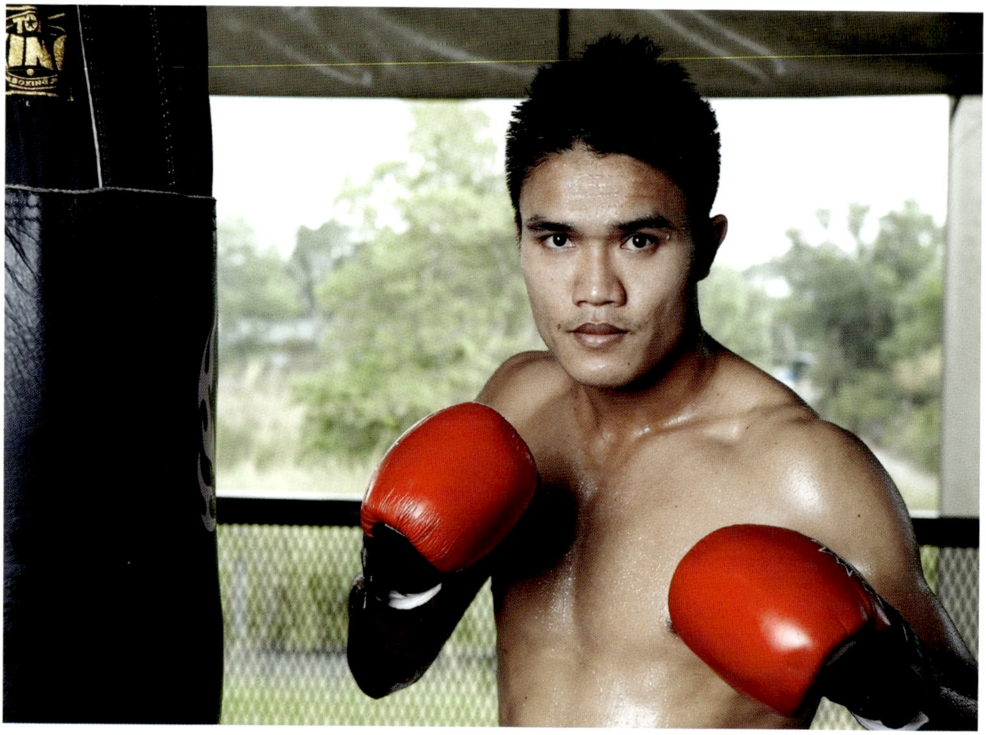

PRINZIP 7: Viel Trinken

Damit du die sportliche Leistung erbringen kannst, musst du darauf achten, genügend zu trinken, denn bereits der Verlust von 5 % Prozent der Körperflüssigkeit führt zu einer deutlich geringeren Leistungsfähigkeit. An einem Trainingstag empfiehlt es sich, 2,5–3,0 Liter zu trinken, bei hohem Flüssigkeitsverlust noch mehr. An einem Tag ohne Training werden mindestens 2,0 Liter empfohlen. Achte darauf, dass du ein Mineralwasser wählst, dass reich an Magnesium, Kalium und Natrium ist. Außerdem sollte das Mineralwasser keine oder wenig Kohlensäure besitzen, da auch zu viel Kohlensäure zu vermehrter Säurebildung führt.

Alkohol und koffeinhaltige Getränke sind zum Einhalten der Wasserbilanz nicht geeignet, da sie stark harntreibend wirken und somit zu verstärkter Wasserausscheidung führen. Es empfiehlt sich beispielsweise Bier und Kaffee mit einer jeweils größeren Menge an Mineralwasser auszugleichen.

Trinke während dem Training, insbesondere wenn es intensiv ist und du dabei viel schwitzt. Zumindest alle 30 Minuten solltest du etwas trinken, um die bestmögliche Leistung erbringen zu können.

Als Sportgetränk empfiehlt sich eine Apfelsaftschorle im Mischverhältnis: ein Drittel reiner Apfelsaft ohne Zuckerzusatz und zwei Drittel Mineralwasser ohne Kohlensäure. Wenn kein Apfelsaft verfügbar ist, dann wähle Mineralwasser; die teuren isotonischen Getränke sind im Normalfall unnötig.

PRINZIP 8: Iss kontrolliert und bewusst

Iss zu regelmäßigen Zeiten, die geeignete Menge und mit Zeit. Es hat sich bei vielen Thai-Boxern gezeigt, dass eine Einteilung in 3 Hauptmahlzeiten sinnvoll ist: Frühstück, Mittagessen und Abendessen. Das bedeutet allerdings nicht, dass du dreimal große Mengen verzehren sollst, sondern bedarfsgerecht.
Eiweißhaltige Nahrungsmittel sollten in allen 3 Mahlzeiten enthalten sein. Am besten verzehrst du auch morgens Gemüse, wie in Thailand üblich, um eine mögliche Übersäuerung zu vermeiden. Wenn dir das nicht schmeckt, dann gleiche die säurebildenden Eiweißträger mit Obst aus. Kohlenhydrate solltest du eher wenig und diese vorrangig morgens und mittags verzehren. Iss am besten vollwertige Kohlenhydrate beispielsweise Vollkornbrot oder ein vollwertiges Müsli zum Frühstück. Wenn du allerdings vor dem Abendessen ein Training ausführst, dann benötigst du auch danach eine kleine Menge an Kohlenhydraten. Vor einer langen Trainingseinheit kannst du einen kleinen kohlenhydrathaltigen Snack verzehren, um deinen Energielevel hochzuhalten, beispielsweise eine Banane oder eine Scheibe Brot mit Honig. Nach dem Training solltest du innerhalb von 30 Minuten zumindest einen Snack einnehmen, der Eiweiß und Kohlenhydrate enthält. An den Tagen, an denen du nicht trainierst, solltest du weniger Kohlenhydrate verzehren als an Trainingstagen.
Zwischen den Hauptmahlzeiten empfehlen sich kleine Zwischen-Snacks aus Obst, Gemüse, Nüssen oder bei Bedarf Eiweiß-Shakes, verzichte hingegen auf Süßigkeiten. Auch am Abend kannst du noch einen kleinen Snack verzehren. Iss jedoch nicht zu viel als Snack.

	VORSCHLAG ESSENSPLAN			
	Kein Training	**Training 9–11:00 Uhr**	**Training 12–13:00 Uhr**	**Training 17–19:00 Uhr**
Frühstück	7:00 Uhr	6:30/7:00 Uhr	7:00 Uhr	7:00 Uhr
Snack am Vormittag	10:00 Uhr	/	10:00 Uhr	10:30 Uhr
Mittagessen	12:30 Uhr	11:30/12:00 Uhr	13:30/14:00 Uhr	13:00/13:30 Uhr
Snack am Nachmittag	15:30 Uhr	15:00 Uhr	15:30/16:00 Uhr	16:00 Uhr
Abendessen	18:00 Uhr	17:30 Uhr	18:00 Uhr	19:30/20:00 Uhr
Snack am Abend	/	20:00 Uhr (optional)	20:00 Uhr (optional)	/

Kem nimmt seine Hauptmahlzeiten dreimal täglich ein: 9:30 Uhr, 1 Uhr und 19 Uhr. Er isst vorwiegend thailändische Gerichte mit viel Gemüse und gerne Papaya-Salat. Er verzichtet nahezu vollständig auf Süßigkeiten und trinkt täglich mindestens 2 Liter Wasser. Kem ist bekannt dafür, dass er 30 Minuten vor einem Wettkampf eine Pepsi trinken will. Ist das Getränk nicht verfügbar, dann tritt er nicht zum Kampf an.
Saiyok nimmt hingegen nur 2 Hauptmahlzeiten ein: 11 Uhr und 20 Uhr. Er isst vorwiegend thailändische Gerichte mit viel Gemüse. Er erhält die benötigte Eiweißmenge, indem er viel Fisch und 2–3 Eier pro Tag verzehrt. Er trinkt Milch, wenig Wasser und verzichtet auf Alkohol. Auch rät er vom Rauchen ab.
Saiyok und Kem nutzen Elektrolytgetränke und verzichten auf Nahrungsergänzungsmittel und Muskelaufbaupräparate.

Auswahl der Gewichtsklasse

Um an Wettkämpfen teilzunehmen, musst du mit deinem Trainer zusammen die Gewichtsklasse festlegen, und dann auf das dafür notwendige Gewicht hintrainieren. Zur Bestimmung der geeigneten Gewichtsklasse sind momentanes Gewicht, Körperfettanteil, Größe, Kampfstil und Konkurrenzsituation zu berücksichtigen.

Generell sollte der Körperfettanteil möglichst gering sein, bei professionellen männlichen Thai-Boxern etwa 7–10 Prozent, bei weiblichen Leistungssportlern etwas höher. Bei Amateursportlern kann der Körperfettanteil geringfügig höher sein, da das Leistungsniveau noch nicht so ausgeglichen ist. Hoher Fettanteil bedeutet, dass der Körper nicht optimal austrainiert ist. Der Sportler muss also in einer Gewichtsklasse antreten, in der die Kontrahenten kräftiger sein können. Er kann dann nur bestehen, wenn er technisch überlegen ist.

Hat ein Thai-Boxer einen Körperfettanteil von 15 Prozent, so kann er ihn mit intensivem Training und der richtigen Ernährung um etwa 6–7 Prozent reduzieren. Dies bedeutet bei einem Gewicht von 80 kg, dass er 4,8–5,7 kg Körperfett reduzieren kann, ohne Leistungseinbußen hinnehmen zu müssen. Weiteres Abnehmen gelingt nur durch Abbau der Muskelmasse, was zur Kraftverringerung führt. Es hat sich gezeigt, dass es immer schwieriger wird Körperfett abzubauen, je näher man an den optimalen Bereich kommt.

Um deine körperliche Entwicklung mitzuverfolgen, kannst du Gewicht, Körperfettanteil und Körpermaße ermitteln und diese Ergebnisse regelmäßig überprüfen. Zur Ermittlung der Körpermaße kannst du den Umfang von Oberarmen, Brust, Taille, Bauch, Hüften, Oberschenkeln und Waden messen, da an diesen Stellen die deutlichsten Veränderungen feststellbar sind. Ziel ist es, an Bauch und Taille möglichst wenig Umfang zu haben, und an den anderen Partien möglichst viel Umfang. Halte die Ergebnisse in einem Trainingsbuch fest.

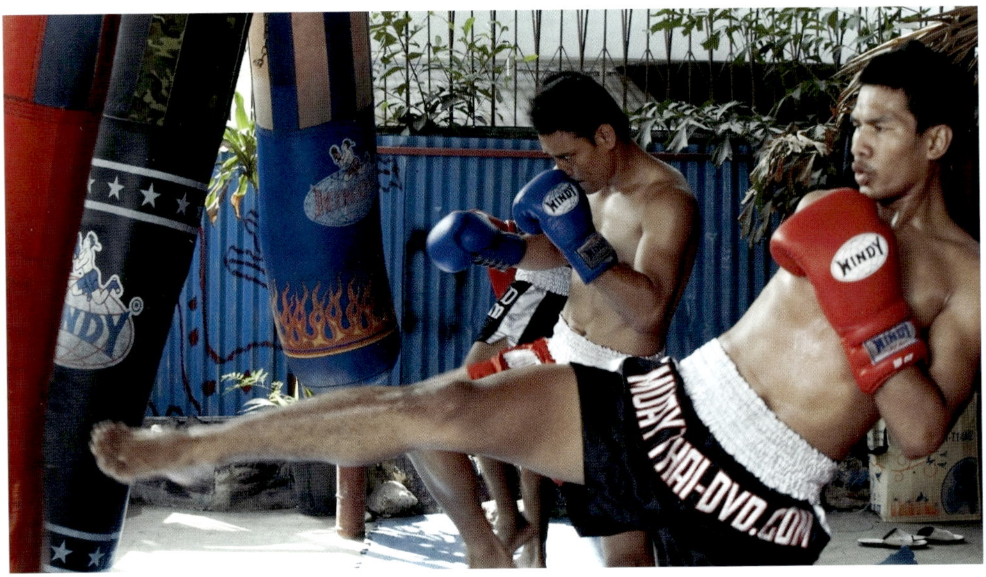

Ernährungsziel: Halten des Kampfgewichts

Wenn es dein Ziel ist, die Leistungsfähigkeit im Muay Thai zu verbessern und dabei dein Kampfgewicht zu halten, musst du darauf achten, dass die Kalorienaufnahme dem Kalorienverbrauch etwa entspricht. Dies gilt für das thaiboxspezifische Training ebenso wie für das Ausdauer- und Krafttraining. Ernähre dich gesund mit magerem Fleisch, Fisch, Vollkornprodukten, Obst, frischem Gemüse und wichtigen Fetten.
Trainiere nicht mit leerem Magen und achte auf eine ausreichende Versorgung mit Kohlenhydraten und Eiweißen. Am besten isst du eine Hauptmahlzeit etwa 3 Stunden vor der Trainingsbelastung und etwa eine Stunde vor der Belastung noch einen kohlenhydrathaltigen Snack (z. B. eine Banane). So kannst du im Training das optimale Leistungsvermögen abrufen. Wenn du eine intensive Trainingseinheit ausführst, kannst du während der Belastung einen Fitnessriegel essen und musst zudem genügend trinken (z. B. stilles Mineralwasser). Iss nach dem Training kohlenhydrat- und eiweißhaltige Nahrung.

Ernährungsziel: Reduktion des Kampfgewichts

Wenn du Körperfett reduzieren willst, um in einer tieferen Gewichtsklasse anzutreten, musst du zusätzlich zum thaiboxspezifischen Training zahlreiche Ausdauer- und Krafttrainingseinheiten ausführen. Dabei ist darauf zu achten, dass du weniger Kalorien aufnimmst als du verbrauchst. Damit du nicht gleichzeitig wertvolle Muskelmasse abbaust, musst du den Eiweißanteil in der Ernährung deutlich erhöhen und den Kohlenhydratanteil entsprechend verringern. Ernähre dich fettarm, aber vernachlässige die hochwertigen Fette nicht. Außerdem ist es wichtig, dass du viel trinkst.

Verzehre 2–3 Stunden vor dem Training ein eiweißhaltiges Nahrungsmittel wie ein Eiweiß-Shake und 1–2 Stunden vorher ein kohlenhydrathaltiges Nahrungsmittel wie eine Banane. Dieses Vorgehen ist insbesondere vor dem Krafttraining notwendig, da du dich ansonsten kraftlos fühlst. Nach dem Training isst du wieder kohlenhydrat- und eiweißhaltige Nahrungsmittel, wobei die Kohlehydratmenge nicht zu hoch sein darf, damit der Trainingseffekt an verbrannter Energie nicht verpufft. Ganz auf Kohlenhydrate darfst du nicht verzichten, da ansonsten das Muskeleiweiß verbraucht wird.

Ernährungsziel: Erhöhen des Kampfgewichts

Wenn du die Muskelmasse deutlich vergrößern möchtest, um in einer höheren Gewichtsklasse anzutreten, ist ein konsequentes Muskelaufbautraining neben dem thaiboxspezifischen Training notwendig. Damit es nicht zum Übertraining kommt, musst du die thaiboxspezifischen Einheiten für diesen Zeitraum reduzieren. Außerdem ist die Kalorienaufnahme zu erhöhen, insbesondere die Eiweißmenge. Damit du nicht gleichzeitig den Körperfettanteil steigerst, musst du auf eine fettarme Ernährung achten.
Verzehre 2–3 Stunden vor dem Krafttraining eiweißhaltige Nahrungsmittel (z. B. Haferflocken mit Proteinpulver), mit Haferflocken, und 1–2 Stunden vor dem Training ein kohlenhydrathaltiges Nahrungsmittel (z. B. einen Fitnessriegel). Während dem Training musst du viel trinken und kannst einen Eiweißriegel essen. Im Anschluss an das Training beginnst du, die entleerten Kohlehydratspeicher wieder aufzufüllen. Achte dabei auf die weitere Eiweißversorgung. Iss auch an Wochentagen, an denen du kein Krafttraining ausführst, zahlreiche eiweißhaltige Nahrungsmittel.

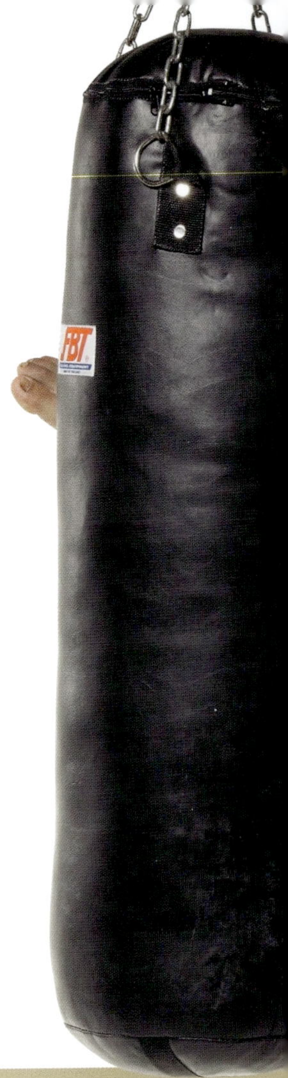

TEIL 3:
Solotraining

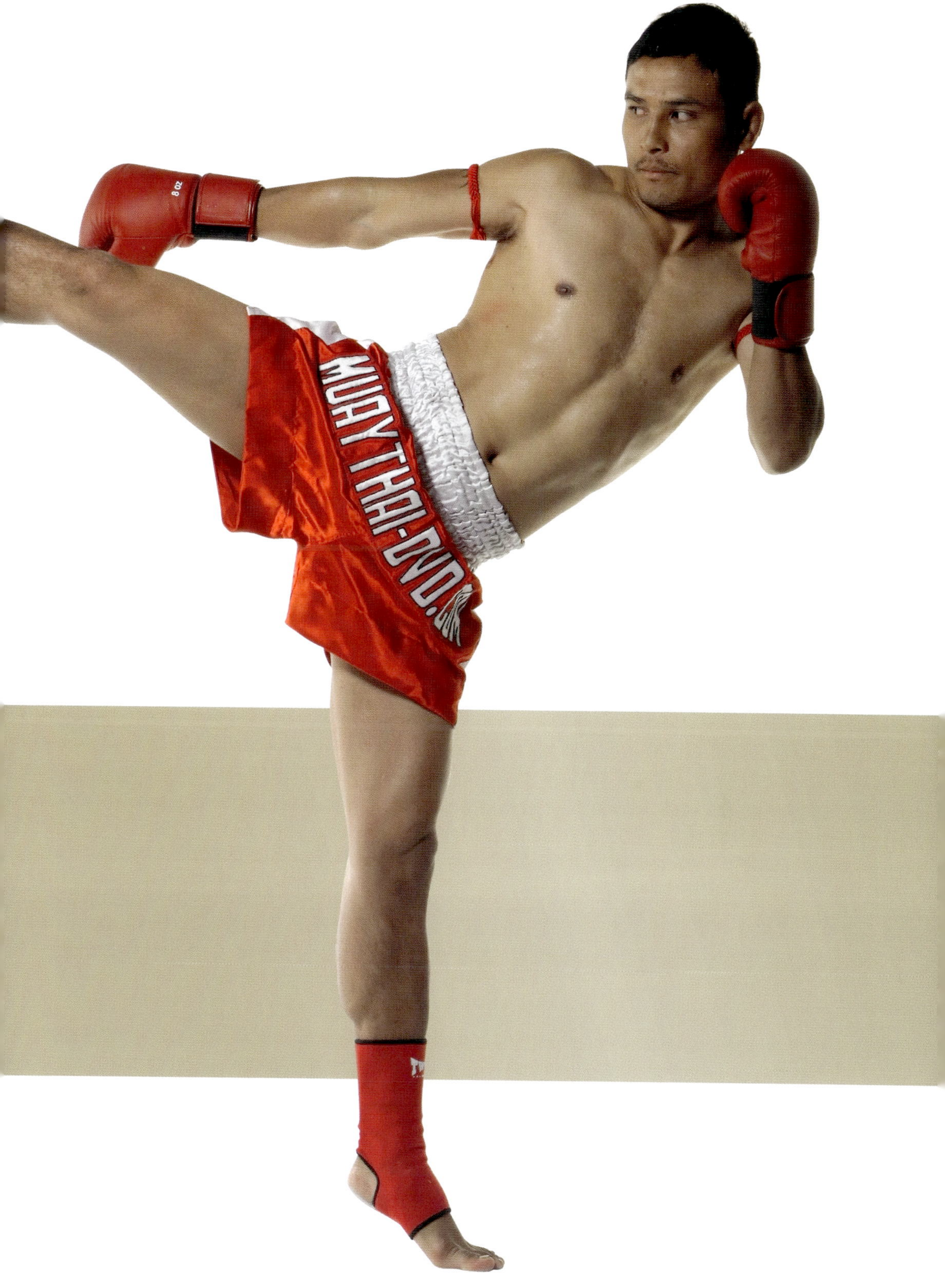
MUAY THAI-DVD.

Hintergründe

Im Muay Thai erreichst du hohe Ziele, wenn du alle Facetten körperlicher Leistungsfähigkeit bestmöglich trainierst. Dazu genügt es nicht, reines Techniktraining im Verein zu machen. Mit zusätzlichem Solotraining kannst du gezielt Schwachstellen verringern und somit zu einem besseren Thai-Boxer werden.

Viele Menschen haben gar kein Interesse, einen Verein aufzusuchen, sondern wollen die Thai-Box-Techniken selbstständig am Boxsack üben, um sich fit zu halten und Stress abzubauen. Auch Einsteiger können mit sinnvoll geplantem Solotraining gute Trainingsergebnisse für die Fitness erreichen.

Auf den folgenden Seiten werden die Grundlagen zum eigenständigen Training vermittelt. Einsteiger erhalten wichtige Grundlagen, damit sie sich ein Muay Thai-Training selbstständig aufbauen können. Bereits aktive Thai-Boxer lernen Workouts kennen, die auf die Beseitigung von Schwachstellen ausgerichtet sind, und solche, die ihre Leistungsfähigkeit mit effektiven Übungen verbessern. Nutze das Solotraining, gleich ob als Fitnesssportler oder als

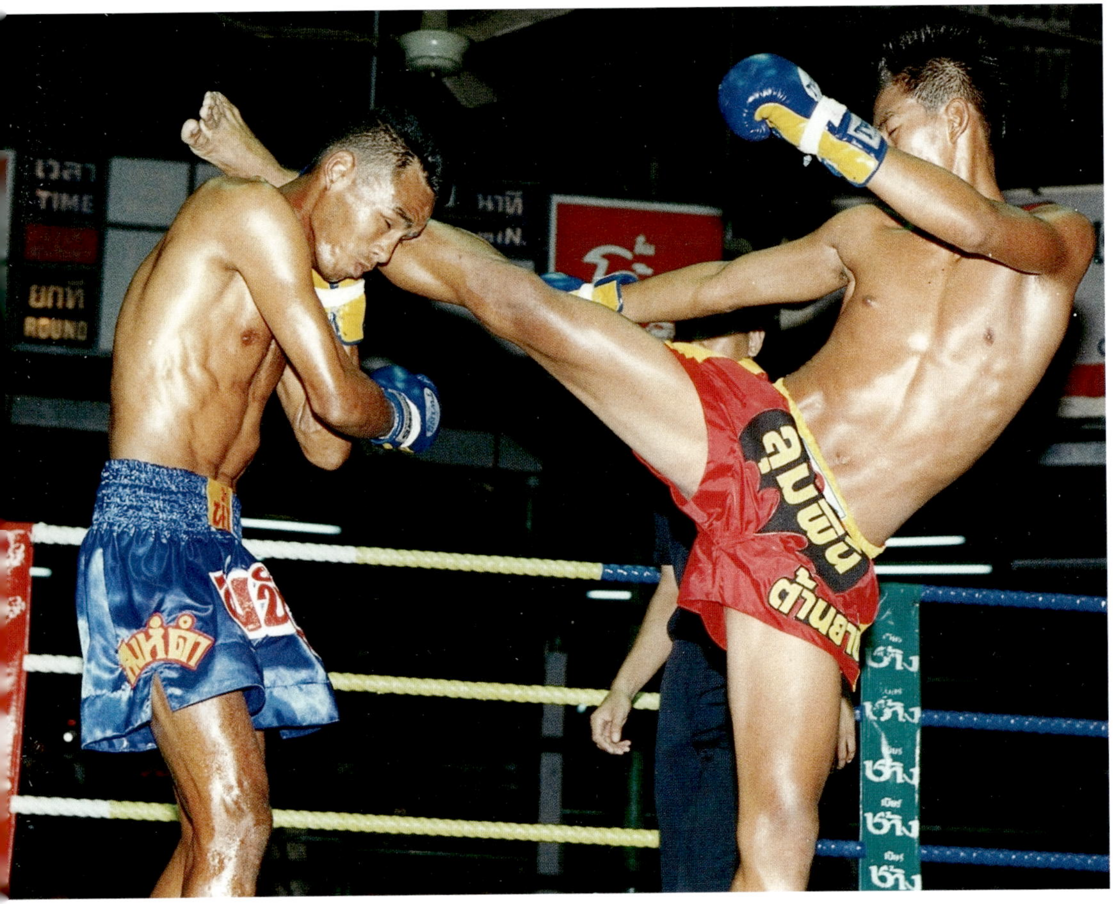

Der kraftvolle runde Kick zum Kopf.

aktiver Thai-Boxer, um langfristig den Körper mit Kampfsport- und Fitnesseinheiten wirkungsvoll zu trainieren.

Die Ausrüstung

Für das eigenständige Üben von Thai-Box-Techniken benötigst du Bandagen, Boxsackhandschuhe und ein Trainingsgerät, an dem du die Techniken ausüben können. Du kannst zwar beim Schattenboxen die Techniken in die Luft machen, der Körper benötigt jedoch auch Trainingsreize an Widerständen, um Trainingsfortschritte sicherzustellen. Zudem macht es Spaß, sich am Boxsack auszupowern. Wenn du die Techniken mit einem Partner übst, ist der Einsatz von Schutzausrüstung notwendig (siehe »Thai-Boxen basics«, 2018).

Du benötigst **Bandagen** für das Training an Geräten wie Boxsack und Maisbirne, um Verletzungen an Hand- und Fingergelenken zu vermeiden. Du kannst 2 kurze Standard-Tapes im Fachhandel für 8–12 EUR erwerben. Auch benötigst du **Boxsackhandschuhe**, die in akzeptabler Qualität ab zirka 35 EUR im Fachhandel erhältlich sind.

Ein **Boxsack** dient dazu, Kraft und Ausdauer in den Techniken zu entwickeln. Die einfachsten Modelle in einer Größe von 100 Zentimeter und mit Stoffresten gefüllt, werden ab 70 EUR verkauft. Bereits geübte Thai-Boxer sollten jedoch einen schweren Boxsack benutzen, der aus Kunstleder ab 130 EUR erhältlich ist.

Eine **Maisbirne** kannst du für das Training von Faust-, Ellbogen- und hohen Kicktechniken nutzen. Am besten kaufst du eine bereits gefüllte Birne im Fachhandel. Achte darauf, dass die Füllung nicht zu weich ist. Gefüllte Birnen aus Kunstleder werden ab 70 EUR verkauft.

Trainingsgeräte für das Krafttraining

Für die Kraftübungen in diesem Buch musst du keine teuren Anschaffungen tätigen. Es genügen Sprungseil, Kurzhanteln und eine Stange für Klimmzüge. Zudem ist ein Gym-Ball effektiv, aber nicht zwingend. Weitere Informationen zu einsetzbaren Trainingsgeräten findest du im Buch »Krafttraining für Kampfsportler« (2016).

Das **Sprungseil** kannst du zum Aufwärmen, für das Sprungkrafttraining und für das Ausdauertraining einsetzen. Die einfachsten Modelle sind ab 10 EUR erhältlich.

Es empfiehlt sich, ein Set aus 2 **Kurzhanteln** mit unterschiedlichen Gewichtsscheiben für das Training zu nutzen. Ein solches Set bekommst du im Handel ab 50 EUR. Am besten kaufst du Kurzhanteln, bei denen die Hantelbefestigung mit großen, sternförmigen Schraubmuttern erfolgt.

Der **Gym-Ball**, auch als großer Gymnastik- oder Physio-Ball bezeichnet, wird bei einigen Übungen genutzt, da mit diesem das Muskelzusammenspiel intensiv gefördert wird. Wenn du keinen Ball zur Verfügung hast, dann kannst du die Übung ohne das Trainingsgerät machen und je nach Möglichkeit andere instabile Untergründe nutzen. Die großen Bälle werden in unterschiedlichen Größen ab 15 EUR im Fachhandel angeboten.

Für das Training von Klimmzügen kannst du eine **Klimmzugstange** kaufen. Die einfachsten Stangen lassen sich im Türrahmen anbringen oder aufhängen und sind im Fachhandel ab zirka 25 EUR erhältlich.

Techniktraining

Auf den folgenden Seiten lernst du die Techniken kennen, die zuerst im Muay Thai erlernt werden. Übe die Techniken im Schattenboxen und am Boxsack. In Bewegung kannst du die Techniken in der DVD »Muay Thai DVD – Grundtechniken« (2023) studieren. Wenn du im Verein bereits zusätzliche Techniken erlernt hast, dann ergänze diese in der Kata (Seite 59) oder im Workout A (Seite 106).

Die Kampfstellung

- Alle Techniken werden aus der Kampfstellung begonnen. Nimm diese Stellung ein, indem du dich gerade hinstellst, wobei die Füße parallel und schulterbreit auseinander sind. Rechtshänder stellen den linken Fuß nach vorn und drehen den rechten Fuß etwa 45 Grad zur Seite. Umgekehrt gilt dies für Linkshänder.
- Der Stand ist auf den Fußballen, wobei die hintere Ferse etwas angehoben wird. Das Gewicht ist gleichmäßig auf beiden Füßen.
- Drehe den Oberkörper seitlich, sodass du weniger Angriffsfläche bietest. Ziehe das Kinn leicht zur Brust, um den Kehlkopf zu schützen. Die vordere Hand hast du in Augenbrauenhöhe und die hintere Hand über dem Kinn.
- Die Muskulatur, insbesondere die der Arme und Schultern, wird locker gehalten und erst beim Angreifen oder Verteidigen angespannt, da du sonst nicht schnell agieren kannst.
- Richte den Blick auf den Körpermittelpunkt des Gegners. Fixiere dabei nicht eine Stelle, sondern versuche den ganzen Körper im Blick zu haben. Achte auf Fuß-, Hüft- und Schulterbewegungen. In der Nahdistanz änderst du den Blick auf Kopfhöhe des Gegners, um mögliche Aktionen frühzeitig entdecken zu können.

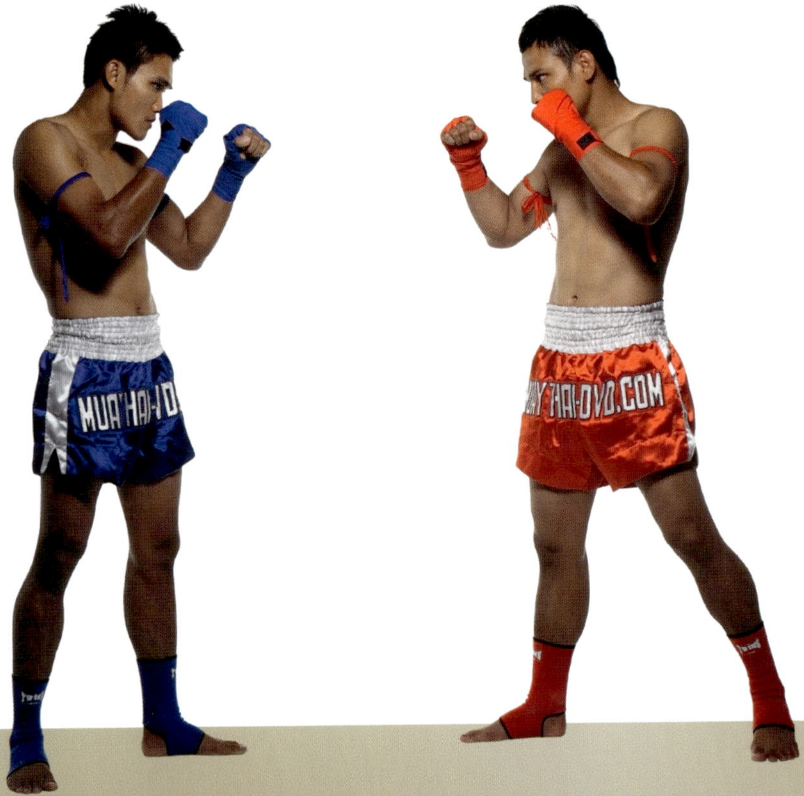

Kem (blau) ist Rechtshänder und kämpft somit in der Linksauslage, d. h. er hält die linke Hand vorn. Saiyok (rot) zeigt die Rechtsauslage.

WICHTIGE TIPPS: Training von Augen und Schritten

Diese Übung hilft dir, das Distanzgefühl, sowie Verteidigung und Seitschritte zu verbessern. Übe Seitschritte mit Auslagenwechsel und Meidbewegungen, bis sie zu einer automatischen Bewegung werden, ohne darüber nachdenken zu müssen.
Befestige einen Gegenstand wie eine große Schraube an einer Schnur (hier wurde eine Bandage benutzt). Die Schnur befestigst du in hoher Position, sodass sich der Gegenstand etwa in Kopfhöhe befindet. Stoße den Gegenstand etwas nach vorn weg. Immer wenn der Gegenstand auf dich zukommt, machst du einen Schritt nach links oder nach rechts vorn. Schnell bewegst du dich wieder in die mittlere Anfangsposition zurück. Wichtig ist dabei, dass du keine Trippelschritte machst und immer dein Gleichgewicht bewahrst.
Linksausleger machen bei dem Schritt nach rechts einen Auslagenwechsel, indem sie den rechten Fuß nach vorn stellen. Rechtsausleger wechseln die Auslage bei einem Schritt nach links.

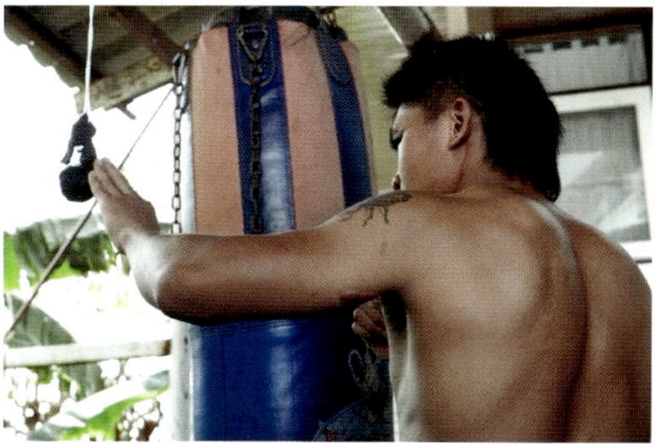

1. Das Anstoßen des Gegenstandes.

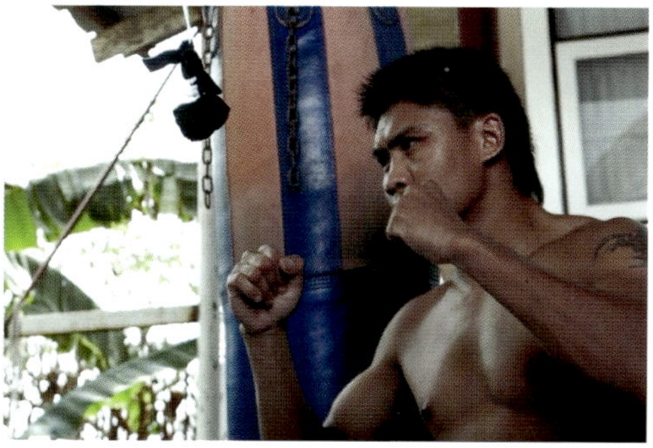

2. Nonsai macht einen Halbkreis nach rechts, sodass der zurückschwingende Gegenstand an ihm vorbeikommt.

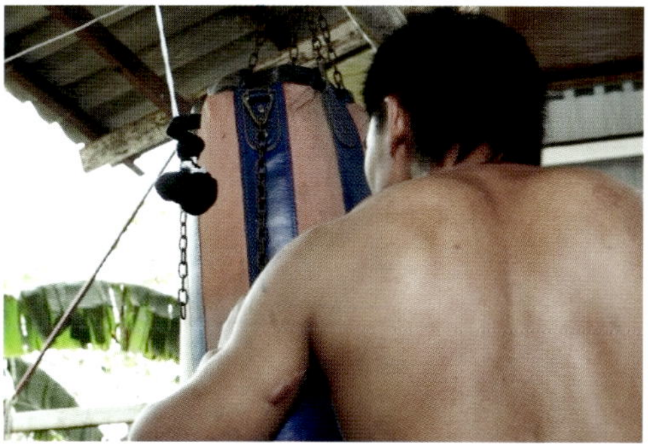

3. Zur Verteidigung ein Halbkreis nach links. Nimm zwischen jedem Halbkreisschritt die Mittelposition ein. Warte, bis der Gegenstand wieder auf dich zu pendelt, dann erfolgt der nächste Schritt.

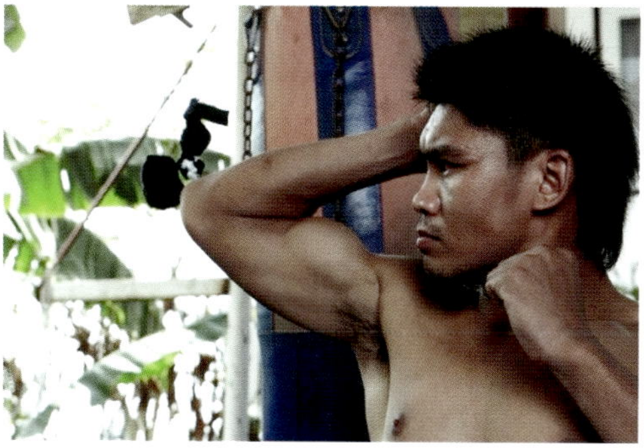

4. Du kannst an dem Gegenstand auch das Distanzgefühl für Ellbogentechniken und Fausttechniken üben.

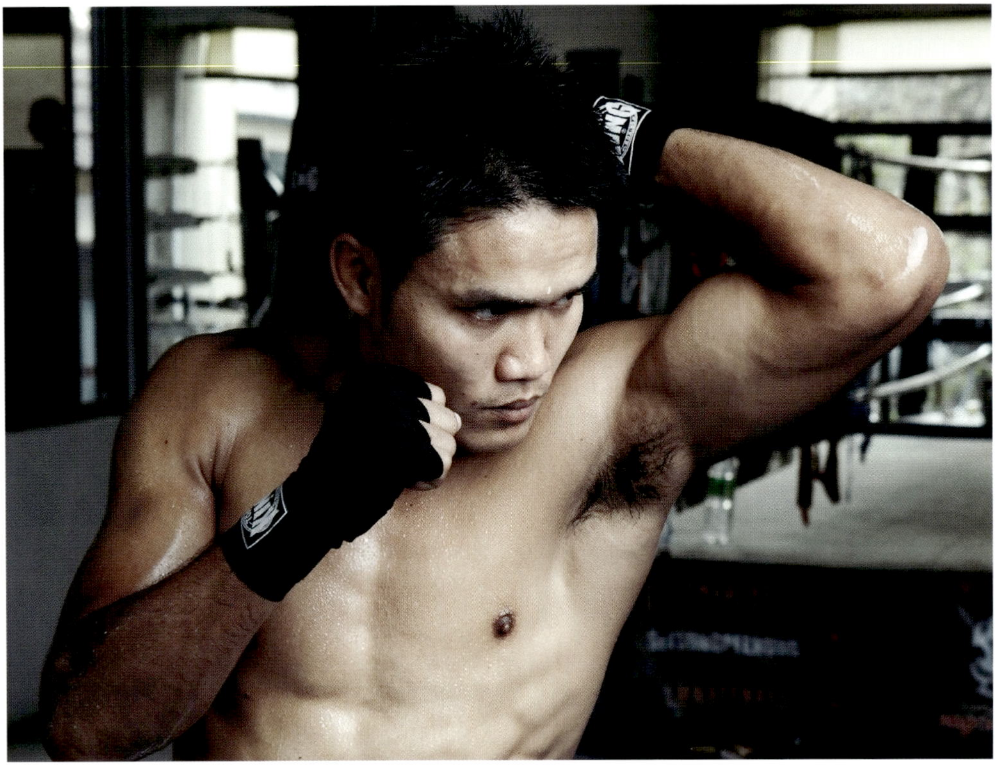

Der Ellbogenstoß trifft den visualisierten Gegner.

WICHTIGE TIPPS: Trefferziel und Technik visualisieren

Stell dir beim Training und auch ansonsten, wenn du dich mit den Muay Thai-Techniken beschäftigst, hin und wieder genau vor, wo sich das Trefferziel befindet und wie du es mit deiner Technik triffst. Überlege dir beispielsweise wie der seitliche Ellbogen den Kiefer trifft, der Aufwärtshaken von unten das Kinn oder der Kniestoß den Körper. Das Visualisieren ist besonders wichtig für das Schattenboxen und Boxsacktraining und lässt sich gut im Solotraining durchführen. Durch das Vorstellen wo die Technik trifft, lernst du, bewusst zu agieren und die Muskulatur im richtigen Moment anzuspannen.

Eine weitere gute Übung ist sich Technikabläufe vorzustellen, erst langsam und dann immer schneller. Du kannst dir z. B. bei einer hinteren Geraden vorstellen, wie du dich mit dem hinteren Fuß leicht abdrückst und den vorderen Fuß vorstellst. Dann bewegst du die Faust gedanklich nach vorn, wobei der Ellbogen möglichst lange unten bleibt. Dabei drehen sich hinterer Fuß, Hüfte und Körper mit. Kurz vor dem Ziel drehst du die Faust und triffst mit den Knöcheln leicht von oben nach unten. Ziehe auch gedanklich die Faust schnell wieder in die Kampfposition zurück.

Stelle dir zudem Verteidigungen, Kontertechniken, Kombinationen und Finten vor. Am besten überlegst du dir ein System aus Verteidigungs- und Kontertechniken gegen alle möglichen Angriffe – dies ist dein Kampfrepertoire. Indem du dir Bewegungsabläufe zuerst vorstellst und einprägst, wird es dir leichter fallen, diese real auszuführen und zu perfektionieren. Auch lernst du so das Schattenboxen bewusst und somit effektiv durchzuführen. Den korrekten Verlauf im Detail für alle wichtigen Techniken kannst du dir in der Muay Thai-DVD-Serie sowie in der App-Serie ansehen (2023).

Technik 1 Gerade (Mat Throng)

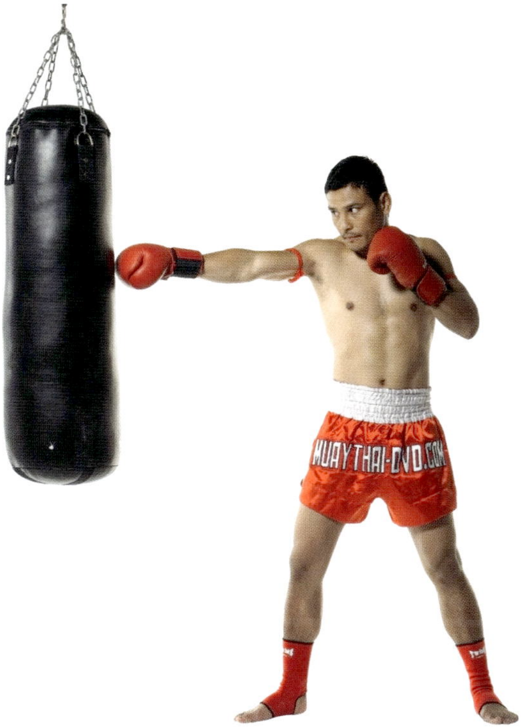

Saiyok zeigt die vordere Gerade aus der Rechtsauslage.

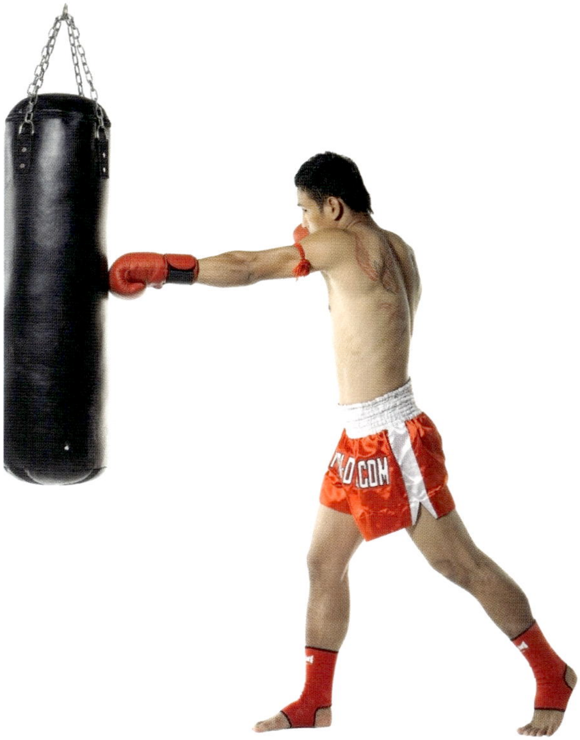

Die hintere Gerade. Wenn du hingegen in der Linksauslage stehst, d. h. die linke Hand ist vorn, dann führst du die Technik von hinten mit der rechten Faust aus.

Der gerade Schlag mit der vorderen Faust, auch als Jab bezeichnet, wird genutzt, um Techniken vorzubereiten und das Timing des Gegners zu stören. Mit der hinteren Faust wird kraftvoll geschlagen. Du kannst den geraden Schlag zu Nase, Kinn oder Augen einsetzen. Für eine kraftvolle hintere Gerade sind auch der Magen und der Solarplexus wirkungsvolle Ziele. Wichtig ist, dass du den Schlag explosiv ausführst.

1. Aus der Kampfstellung stellst du schnell den vorderen Fuß vor. Steht der Gegner sehr nah, dann erfolgt nur eine minimale Fußbewegung.

2. Schlag die Faust in gerader Linie zum Ziel, wobei du den Ellbogen möglichst lang unten hast, ansonsten würde der Gegner den Schlag frühzeitig erkennen. Die andere Faust bleibt als Schutz über dem Kiefer.

3. Während der Schlagbewegung drehst du die Hüfte und die Schulter mit und verlagerst das Gewicht nach vorn. Wenn du mit der hinteren Faust schlägst, dann dreht sich auch der hintere Fuß mit, bis er gerade vorzeigt. Kurz vor dem Treffen des Ziels drehst du die Faust, sodass die Handfläche nach unten zeigt. Getroffen wird mit den großen Knöcheln von Zeige- und Mittelfinger. Danach ziehst du die Faust schnell in die Kampfstellung zurück.

Technik 2 Seithaken (Mat Weang Sun)

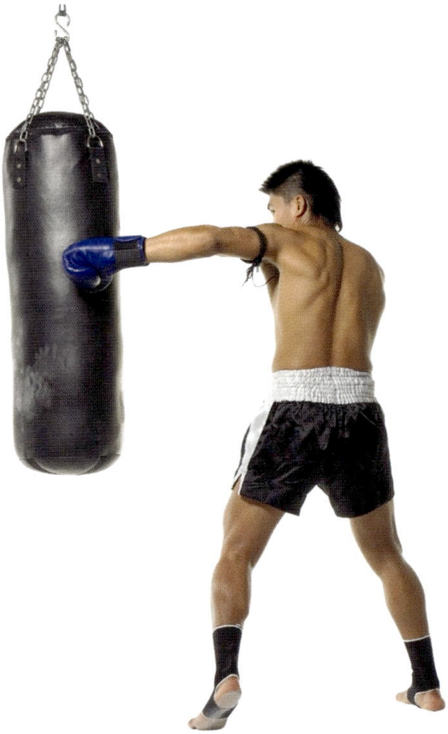

Nonsai zeigt den vorderen Seithaken aus der Linksauslage.

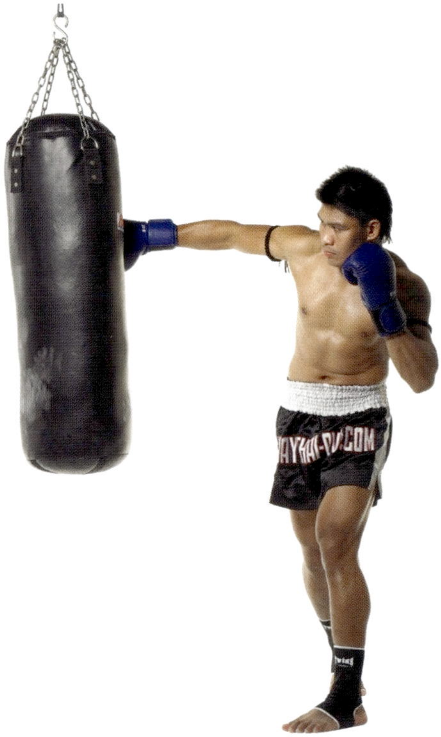

Der hintere Seithaken.

Den Seithaken kannst du mit der vorderen und hinteren Faust zu Kiefer oder Schläfen einsetzen. Von einem harten Treffer wird der Gegner benommen oder sogar bewusstlos. Auch die unteren Rippen und die Leber eignen sich als Ziele.

1. Aus der Kampfstellung kannst du den vorderen Fuß etwas schräg nach außen vorn stellen. Steht der Gegner nah, dann erfolgt nur eine minimale Fußbewegung. Als Option kannst du beim Schlag mit der hinteren Faust den Fuß der ausführenden Seite etwas nach außen vorstellen, was aber nicht zwingend ist.

2. Verlagere das Gewicht auf das Bein der ausführenden Seite und drehe den Oberkörper leicht entgegen der Schlagrichtung, um Vorspannung aufzubauen. Dabei hebst du die Faust seitlich an, sodass der Arm fast parallel zum Boden ist. Die andere Faust hast du als Schutz über dem Kiefer.

3. Schlage explosiv von der Seite zum Ziel, wobei du den Körper, die Hüfte und die Schulter mitdrehst und das Gewicht einbringst. Nach dem Schlag ziehst du die Faust schnell in die Kampfstellung zurück.

Technik 3 Aufwärtshaken (Mat Ngad)

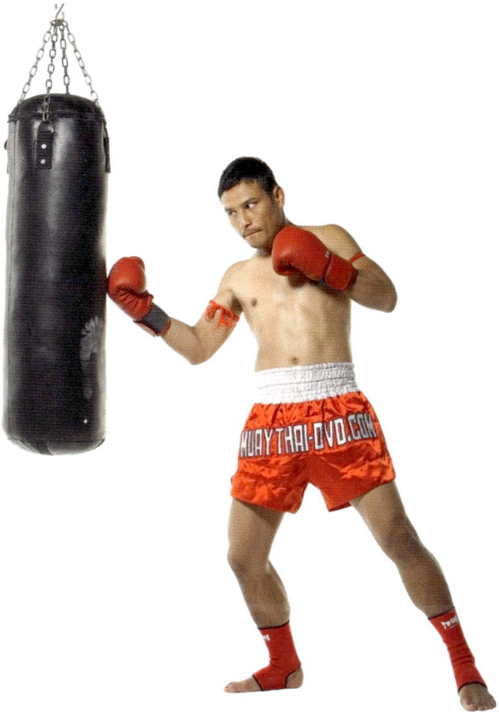

Der vordere Aufwärtshaken aus der Rechtsauslage.

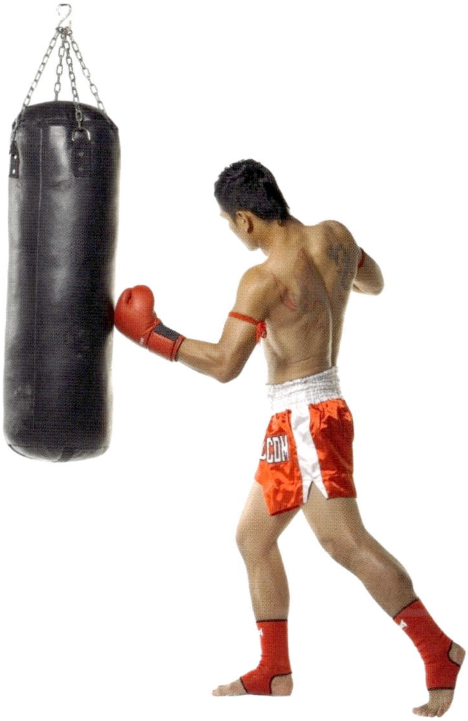

Der hintere Aufwärtshaken.

Den Aufwärtshaken kannst du mit der vorderen und hinteren Faust zu Kinn oder Körper schlagen. Es ist recht schwierig den Schlag zum Kinn anzubringen, gelingt es aber, dann ist er sehr wirkungsvoll. In der Nahdistanz wird oft zum Körper geschlagen, insbesondere zu Rippen und Solarplexus. Die Technik lässt sich optimal an einer Maisbirne trainieren.

1. Du stehst in der Kampfstellung. Du kannst den Fuß der ausführenden Seite etwas nach außen vorn stellen. Als Option kannst du beim Schlag mit der hinteren Faust den Fuß der ausführenden Seite etwas nach außen vorstellen, was aber nicht zwingend ist.

2. Verlagere dein Gewicht auf den Fuß der ausführenden Seite. Zudem kannst du die Beine leicht beugen. Nimm den Unterarm etwas nach unten und dreh dabei die Faust, sodass sich Ober- und Unterarm fast in einem rechten Winkel befinden. Die andere Faust hast du als Schutz über dem Kiefer.

3. Schlag die Faust ruckartig mit Hüfteinsatz nach oben. Dabei drehst du den Körper mit, streckst die Beine und verlagerst dein Gewicht vor. Triff mit den Knöcheln das Ziel. Danach ziehst du die Hand schnell in die Kampfstellung zurück.

Führ den Schlag so aus, als würdest du ein Ziel etwas höher treffen, damit der Schlag mit voller Wucht trifft; stoppe hingegen nicht die Bewegung ab.

Technik 4 Kreisender Ellbogen (Sok Tee)

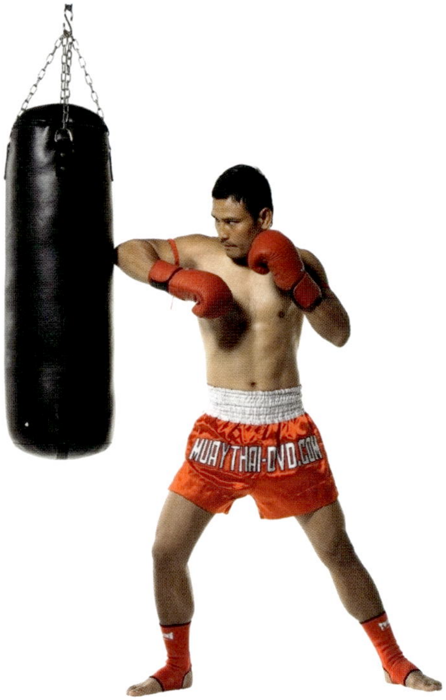

Der kreisende Ellbogen von vorn.

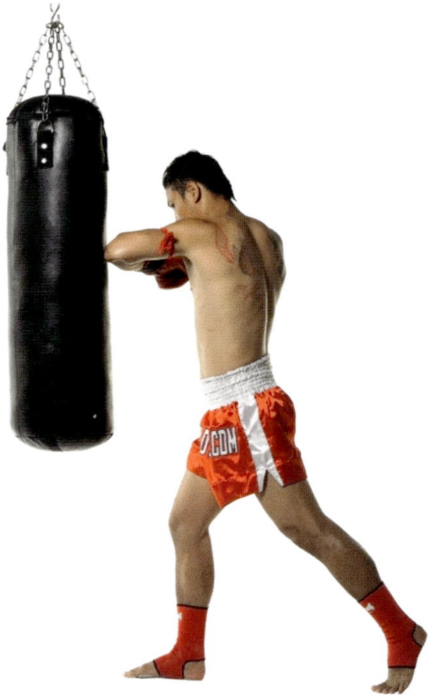

Der kreisende Ellbogen von hinten.

Den kreisenden Ellbogen kannst du mit dem vorderen und hinteren Ellbogen zu Stirn, Nasenbein oder Augenbrauen einsetzen.

1. Aus der Kampfstellung stellst du den vorderen Fuß etwas vor. Steht der Gegner sehr nahe, dann genügt ein kleiner Schritt, um Tempo aufzunehmen.

2. Heb den Ellbogen seitlich nach oben, sodass die Ellbogenspitze nach oben zeigt. Die Faust des anderen Armes hast du als Schutz über dem Kiefer. Das Gewicht ist gleichmäßig auf beide Füße verteilt.

3. Schlage den Ellbogen von oben nach unten zum Ziel. Dabei drehst du den Fuß der ausführenden Seite, die Hüfte und den Oberkörper mit und verlagerst das Gewicht vor. Du triffst mit dem Ellbogenknöchel. Danach nimmst du schnell wieder die Kampfstellung ein.

Führe die Technik so aus, dass du bei einem Verfehlen des Ziels den Ellbogen durchschlägst. Dazu wird die Hand unter der Achsel des anderen Armes durchgezogen.

Die Hand des ausführenden Armes kann geöffnet oder leicht geschlossen sein.

Technik 5 Seitellbogen (Sok Tad)

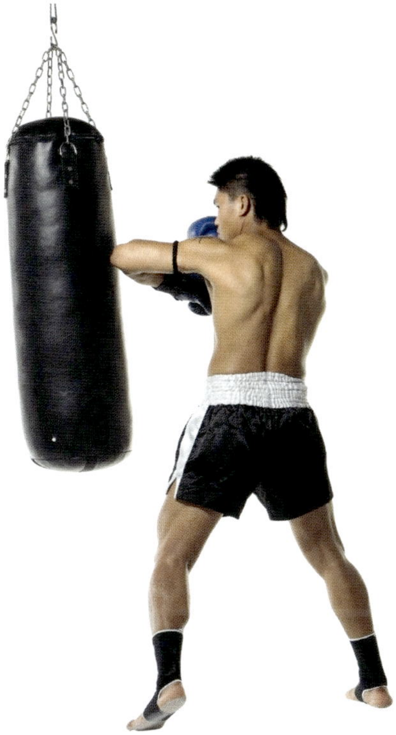

Der vordere Seitellbogen.

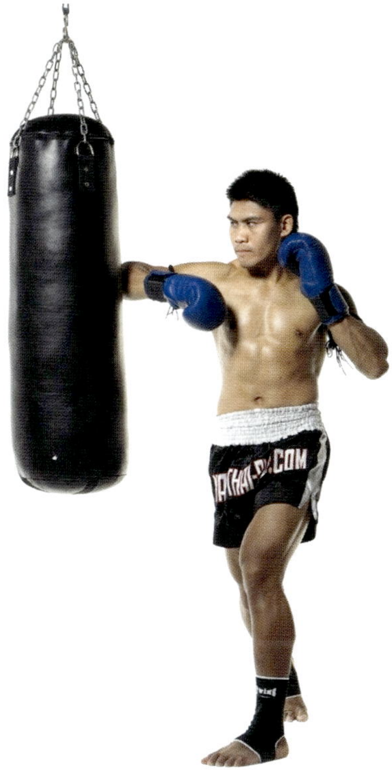

Der hintere Seitellbogen.

Du kannst den Seitellbogen mit dem vorderen oder hinteren Ellbogen zu Kiefer, Gesicht und Schläfe einsetzen. Auch das Treffen des Solarplexus ist wirkungsvoll.

1. Aus der Kampfstellung stellst du den vorderen Fuß etwas vor. Steht der Gegner sehr nahe, dann genügt ein kleiner Schritt, um Tempo aufzunehmen.

2. Heb einen Arm auf Schulterhöhe an, der Ellbogen zeigt nach außen. Die Faust des anderen Armes hast du als Schutz über dem Kiefer. Das Gewicht ist gleichmäßig auf beide Füße verteilt.

3. Schlag den Ellbogen horizontal zur anderen Seite. Dabei drehst du den Fuß der ausführenden Seite, die Hüfte und den Oberkörper mit und verlagerst dein Gewicht vor. Die Ellbogenspitze trifft das Ziel. Danach nimmst du schnell wieder die Kampfstellung ein.

Führ die Technik so aus, dass du bei Verfehlen des Ziels den Ellbogen durchschlägst. Du kannst dir ein Ziel einige Zentimeter hinter der anvisierten Stelle vorstellen, um die optimale Härte zu erreichen.

Technik 6 Runder Kick (Te Tad)

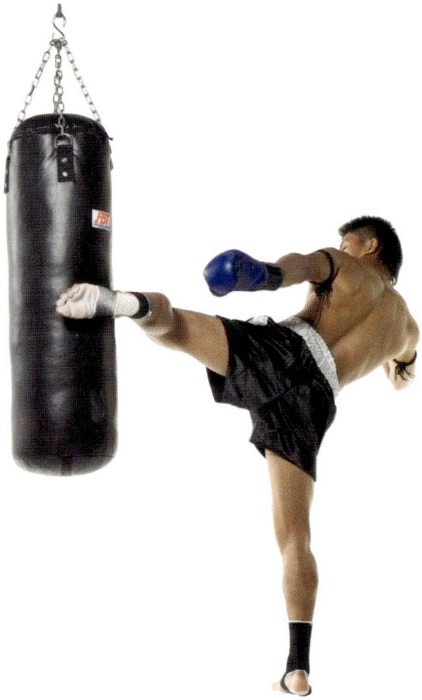

Der runde Kick mit dem vorderen Bein; mache zuerst einen Auslagenwechsel.

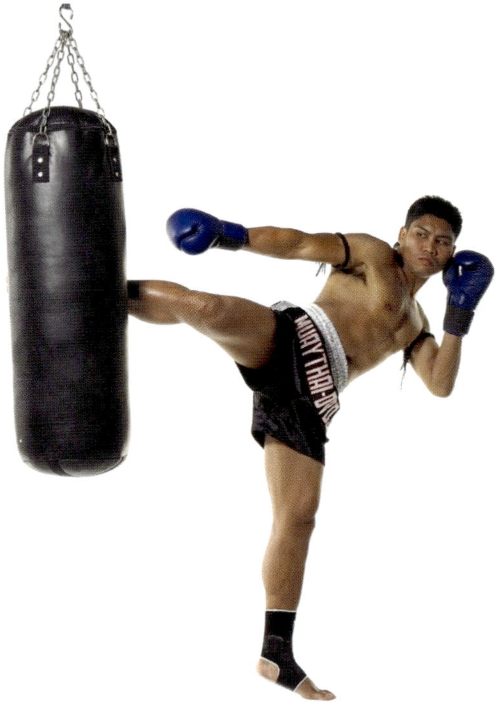

Der runde Kick mit dem hinteren Bein.

Du kannst den runden Kick zu unterer Rippe, Oberarm, Kiefer, Schläfe oder Oberschenkel ausführen.

1. Du stehst in der Kampfstellung. Für einen Kick mit dem hinteren Bein stellst du den vorderen Fuß etwas nach außen vorn, sodass die Zehen etwa 45 Grad nach außen zeigen. Um hingegen mit dem vorderen Bein zu treten, musst du zuerst die Auslage wechseln. Entweder du machst mit dem hinteren Fuß einen Schritt nach außen vor, was gut funktioniert, wenn sich der Gegner zurückbewegt, oder du machst einen Auslagenwechselsprung, d. h. du springst mit dem vorderen Fuß zurück und gleichzeitig mit dem hinteren Fuß vor.

2. Tritt in einem halbkreisförmigen Bogen zum Ziel. Dabei steht das Standbein auf dem Fußballen und dreht sich nach außen mit. Es erfolgt eine simultane Drehung von Standbein, Hüfte und Körper.

3. Die Technik trifft, sobald die oberste Stelle im halbkreisförmigen Bogen überschritten ist, also leicht von oben nach unten. Beim Auftreffen auf das Ziel streckst du das tretende Bein. Getroffen wird mit dem Schienbein. Danach nimmst du schnell wieder die Kampfstellung ein.

Führe die Technik so aus, als würdest du einen Gegenstand durchtreten. Setze deine Hüfte und dein Gewicht ein, um die optimale Härte zu erreichen.

Technik 7 Vorwärtstritt (Teep Trong)

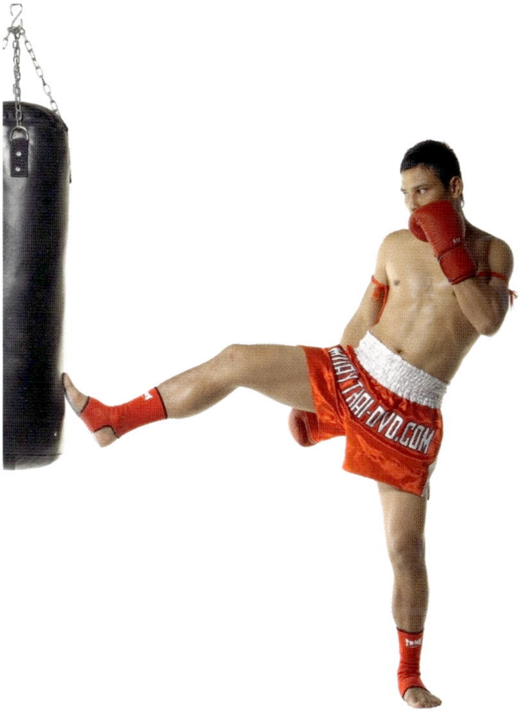

Der vordere Vorwärtstritt aus der Rechtauslage, d. h. in der Ausgangsposition ist die rechte Körperseite vorn.

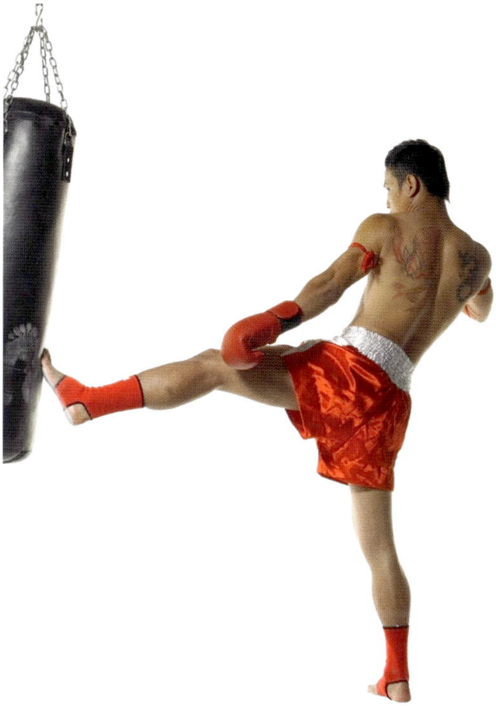

Der hintere Vorwärtstritt aus der Rechtsauslage.

Mit dem vorderen Bein kannst du das Ziel schnell treffen, mit dem hinteren Bein kannst du kraftvoll treten. Der Tritt wird meistens zum Magen ausgeführt, ist aber auch zu Solarplexus, Brustkorb, Kinn, Gesicht und Knie möglich.

1. Du befindest dich in der Kampfstellung. Verlage das Gewicht auf das Standbein und zieh das Knie des ausführenden Beines an, der Fuß zeigt zum Ziel. Führst du die Technik mit dem hinteren Bein aus, dann drehst du dabei die hintere Körperseite vor. Die Deckung ist als Schutz angehoben.

2. Tritt schnell gerade mit Beinstreckung und Hüfteinsatz zum Ziel. Dabei lehnst du den Oberkörper etwas zurück. Das Standbein kannst du etwas nach außen mitdrehen.

3. Getroffen wird mit dem Fußballen, wobei du die Zehen anziehen musst, oder mit Fußsohle oder Ferse. Zieh das Knie schnell wieder zum Oberkörper und stell dann das Bein in der Kampfstellung ab.

Einige Kämpfer (erstes Foto) schlagen die vordere Hand nach unten, um mit größerer Kraft zu treten. Dann muss besonders auf die Deckung mit der hinteren Hand geachtet werden. Sicherer ist es, wenn du beide Arme oben hast.

Technik 8 Gerader Kniestoß (Khow Throng)

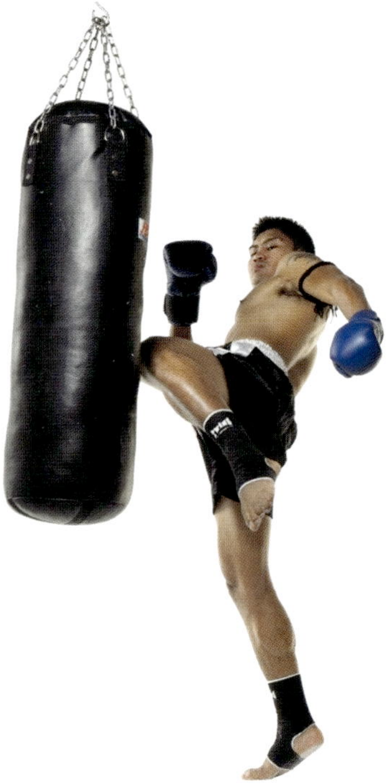

Der Kniestoß mit dem zuerst vorderen Bein.

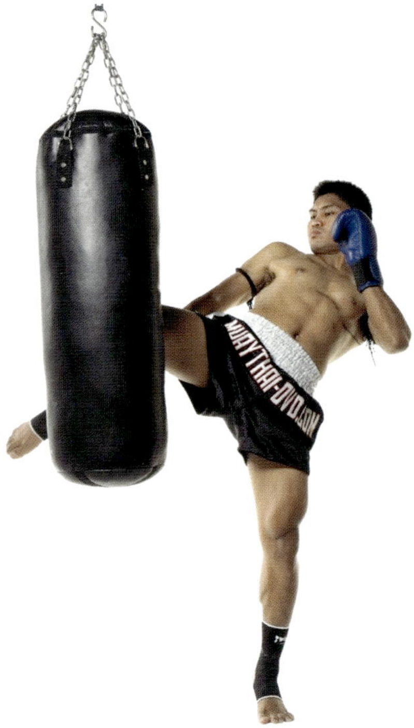

Der hintere Kniestoß.

Den geraden Kniestoß kannst zu Magen oder Solarplexus ausführen. Im Sprung, oder wenn sich der Gegner bückt beziehungsweise du ihn herunterdrückst, sind auch Kinn und Nasenbein mögliche Ziele.

1. Du befindest dich in der Kampfstellung. Für einen Stoß mit dem hinteren Knie stellst du den vorderen Fuß etwas vor. Um hingegen mit dem vorderen Knie zu stoßen, musst du zuerst die Auslage wechseln. Entweder du machst mit dem hinteren Fuß einen Schritt nach außen vor, was gut funktioniert, wenn sich der Gegner zurückbewegt, oder du machst einen Auslagenwechselsprung, d. h. du springst mit dem vorderen Fuß zurück und gleichzeitig mit dem hinteren Fuß vor.

2. Stoße dein Knie in direkter Linie zum Ziel. Dabei hebst du die Ferse des Standbeins an und drehst dein gestrecktes Standbein nach außen mit.

3. Beim Treffen des Ziels schiebst du die Hüfte weiter vor und lehnst dazu den Oberkörper etwas zurück. Achte dabei auf deine Deckung. Danach nimmst du schnell wieder die Kampfstellung ein.

Mache den Stoß etwas in den Gegner hinein, um die größtmögliche Kraft zu erzielen.

FORM (KATA) AUS DEN GRUNDTECHNIKEN

Ich möchte dir eine Muay Thai-Form (Kata) vorstellen, die du für das Training nutzen kannst. Sie stellt sicher, dass du wichtige Grundtechniken im Training einsetzt. Du kannst die Form zwischen dem allgemeinen Aufwärmen und dem Techniktraining einsetzen. Wenn du bereits weitere Angriffstechniken beherrschst, dann kannst du die Techniken ergänzen (»Thai-Boxen basics«, 2018).

DURCHFÜHRUNG

Geh beim Training der Form wie folgt vor: Führ alle Techniken hintereinander in die Luft oder an einem Trainingsgerät aus. Jede Technik muss korrekt gemacht werden. Mit der Zeit wirst du die gesamte Form schnell, ohne nachzudenken ausführen können. Fortgeschrittene können die Form innerhalb von zirka 1 Minute durchlaufen. Übe die Kata auch hin und wieder vor einem Spiegel und korrigiere die Techniken dabei. »Vordere/r« bedeutet, dass die Technik mit der vorderen Körperseite ausgeführt wird, »hintere/r« entsprechend mit der hinteren Körperseite. Achte auf deine Fußarbeit: Vor dem runden Kick und dem geraden Kniestoß mit dem vorderen Bein, sollest du z. B. einen schnellen Auslagenwechsel machen.

1–2. Vordere und hintere Gerade zum Kopf
3–4. Vorderer und hinterer Seithaken zum Kopf
5–6. Vorderer und hinterer Aufwärtshaken zum Kopf
7–8. Kreisender Ellbogen zum Kopf von vorn und hinten
9–10. Vorderer und hinterer Seitellbogen zum Kopf
11–12. Runder Kick zum Bein von vorn und hinten
13–14. Runder Kick zum Körper von vorn und hinten
15–16. Runder Kick zum Kopf von vorn und hinten
17–18. Vorderer und hinterer Vorwärtstritt zum Bein
19–20. Vorderer und hinterer Vorwärtstritt zum Körper
21–22. Vorderer und hinterer Vorwärtstritt zum Kopf
23–24. Gerader Kniestoß zum Körper von vorn und hinten

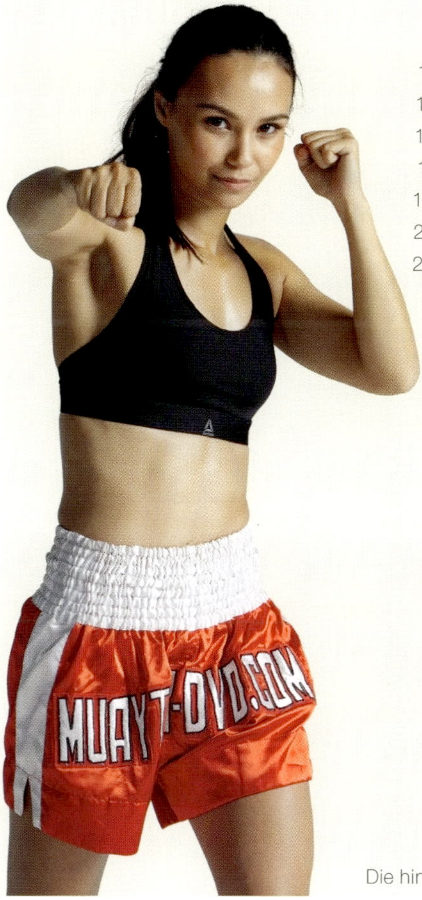

Die hintere Gerade.

Dehnen

Das regelmäßige Ausführen von Dehnübungen ist für Thai-Boxer wichtig, um die Techniken im gewünschten Bewegungsumfang ausführen zu können und zu verhindern, dass langfristig Verkürzungen entstehen. Auch verbessern die Dehnübungen die Körperhaltung und fördern die Entspannung. Du lernst deine Muskulatur besser wahrzunehmen und kannst Körpersignale wie Überlastungsanzeichen frühzeitig erkennen. Deshalb gehören Dehnübungen zum Workout, gleich in welcher Trainingsphase du sie einsetzt. Du benötigst jedoch für das Muay Thai keine außergewöhnliche Beweglichkeit. Auf den folgenden Seiten sind die Grundlagen zum Dehnen vorgestellt. Wenn du weiterführende Informationen zum Beweglichkeitstraining und eine größere Übungsauswahl benötigst, findest du dies in den Büchern »Beweglichkeit durch Dehnen, Faszienmassage und Mobility-Training« (2020) und »Dehnen für Kampfsportler« (2019).

Auswahl eines Dehnprogramms

Bei deinen Überlegungen zur Auswahl deines Dehnprogramms musst du unterscheiden, wann du beabsichtigst zu dehnen: In Aufwärmphase, Abwärmphase oder in einer separaten Trainingseinheit zur gezielten Beweglichkeitsverbesserung (Dehnen als Haupttrainingsteil/Dehntraining). Zudem ist zu berücksichtigen, dass die Muskelspannung tagtäglich unterschiedlich ist und somit die Anforderungen an das Dehnprogramm variieren.

Wenn du in der **Aufwärmphase** dehnst, dann mache es, um den Körper auf den Haupttrainingsteil vorzubereiten. Es gilt, lokale Verspannungen zu beseitigen und sollen somit sicherstellen, dass du bei den Thai-Box-Techniken nicht im Bewegungsrahmen eingeschränkt bist. Dazu verbleibst du in den Positionen nur jeweils maximal 10 Sekunden, was als »Andehnen« bezeichnet wird. Langes Halten von Positionen in der Aufwärmphase würde hingegen den Muskeltonus verringern und somit deine Leistungsfähigkeit reduzieren.

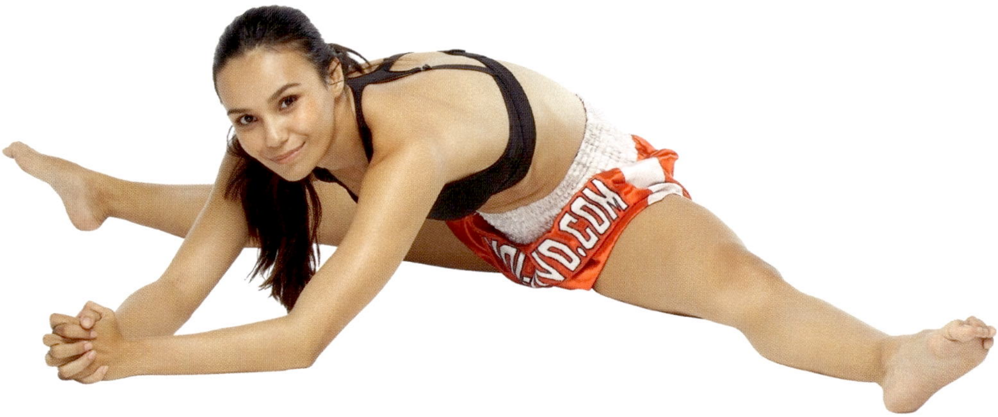

Du verbesserst deine Beweglichkeit mit regelmäßigem Training, nicht hingegen mit Gewalt.

In der **Abwärmphase** des Trainings widmest du dich den Muskeln, die sich nach dem Thai-Box-Techniktraining oder nach dem Fitnesstraining deutlich verspannt anfühlen, da du sie intensiv belastet hast. So stellst du sicher, dass deine Muskeln beweglich bleiben und langfristig keine Muskelverkürzungen entstehen und zudem hilft es vom Training abzuschalten. Es gibt ergänzend die Möglichkeit, dass du die Abwärmphase mit noch 2–3 intensiven Dehnübungen beginnst, z. B. für die innere und hintere Beinmuskulatur. Im Vereinstraining erfolgt dies oft als Partnerübung. Dieses Vorgehen setzt voraus, dass du zuvor nicht sehr intensiv trainiert hast, also die Muskulatur nicht zu müde ist. Beabsichtigst du deine Beweglichkeit schnell und umfangreich zu verbessern, dann mache eigenständiges **Dehntraining** (Dehnen als Haupttrainingszweck), am besten mit Mobility-Training kombiniert. Wichtig für das Muay Thai sind eine gut entwickelte Beweglichkeit der Schulter-, Hüft-, inneren und hinteren Beinmuskulatur. Sind diese Muskelgruppen bei dir verkürzt, dann empfehlen sich solche zusätzlichen Dehneinheiten. Ansonsten genügt es, diese Muskeln regelmäßig nach dem Muay Thai-Techniktraining dehnen. Gehe beim Dehntraining so vor: Beginne das Dehntraining mit einer Aufwärmübung für 5–10 Minuten mit gemäßigter Intensität (z. B. lockeres Seilspringen), denn mit einem aufgewärmten Körper lassen sich intensivere Dehnpositionen einnehmen. Dann dehnst du alle Muskelgruppen ausführlich, die Schwachstellen beziehungsweise Trainingsschwerpunkte besonders intensiv. Halte dazu Dehnpositionen für mindestens 20 Sekunden, bei Bedarf auch deutlich länger. Vermeide es aber, im Schmerzbereich zu trainieren. Mache 2–3 Durchgänge pro Übung. Du erreichst schnelle Erfolge in deinem Beweglichkeitstraining, wenn du dich so mindestens zweimal wöchentlich intensiv dehnst.

Auf der Seiten 72–73 lernst du ein Einstiegsprogramm kennen, in dem Übungen für alle Muskelgruppen enthalten sind. Nutze das Programm als Anregung und passe es an deine Bedürfnisse an. Bist du bereits ein im Dehnen erfahrener Sportler, dann nutze in der jeweiligen Übungseinheit ein Programm, das auf deine spezifischen Anforderungen ausgerichtet ist.

Dehnmethoden

Die beiden Methoden werden von vielen Thai-Boxern erfolgreich eingesetzt. Teste sie und wähle, was sich für dein Muskelgefühl am besten eignet.

• Methode »Entspannen – Erweitern«

Nimm zuerst vorsichtig eine Position ein, in der du den Dehnreiz leicht spürst. Halte diese Position, entspanne bewusst den Muskeln und atme gleichmäßig weiter. Halte die Position für etwa 20 Sekunden (Beim Andehnen im Aufwärmen nur 10 Sekunden). Mit fortschreitender Dehnerfahrung orientierst du dich an dem eigenen Körperempfinden und nicht mehr an der Zeitdauer. Nach einigen Sekunden wird die Dehnspannung etwas nachlassen. Auch wenn du das nicht spürst, sollten du dich in der Position wohlfühlen und entspannen können. Ist dies nicht der Fall, dann musst du etwas nachgeben und die Spannung verringern. Danach kannst du die Position erweitern, bis du einen erneuten Dehnreiz spürst. Du kannst dies wiederholen, die mögliche Dehnerweiterung wird dabei immer geringer, bis nahezu keine mehr erkennbar ist. Nach der Dehnung bewegst du dich vorsichtig aus der Dehnposition heraus.
Wenn du die Dehnmethode in einer eigenständigen Trainingseinheit zur Verbesserung der Beweglichkeit nutzt, dann halte die Dehnposition

wie beschrieben und erweitere diese mehrfach. Als Option kannst du bei großen Muskeln die Position deutlich länger halten, eine Minute und sogar noch länger. Auch beim Dehnen nach dem Muay Thai-Training kannst du die Dehnposition erweitern, vorausgesetzt, das Training war nicht so intensiv, dass deine Muskulatur bereits sehr müde ist und zu Krämpfen neigt.
Dehnst du dich hingegen beim Aufwärmen, dann halte die Dehnposition nur etwa 10 Sekunden (Andehnen) und erweitere die Position nicht mehr, um eine Verringerung des Muskeltonus und somit eine Reduktion der Leistungsfähigkeit zu vermeiden.

• Methode »Anspannen – Entspannen – Erweitern«

Bewege dich zuerst langsam in eine Position, in der du den leichten Dehnreiz spürst. Dann spannst du den zu dehnenden Muskel mit mittlerer Intensität gegen einen Widerstand, ohne aber dabei die Dehnposition zu verändern. Als Widerstand kannst du eine Wand, eine Stange, den Boden oder den Trainingspartner nutzen. Du kannst die Spannung alternativ gegen einen imaginären Widerstand aufbauen. Halte die Spannung mit mittlerer Intensität für etwa 5 Sekunden. Von kürzeren Anspannungen mit voller Intensität ist abzuraten, da daraus eine erhöhte Verletzungsgefahr resultiert. Nun entspanne den angespannten Muskel für 2–3 Sekunden, ohne die Position zu verlassen. Nun intensivierst du die Position, bis du wieder einen leichten Dehnreiz spürst. Danach wiederholst du das »Anspannen, Entspannen und Erweitern«. Beim Aufwärmen kannst du die Dehnposition einmal intensivieren, in der Abwärmphase sowie im Dehntraining kannst du dies mehrfach ausführen. Du wirst feststellen, dass bei jedem Durchgang die mögliche Erweiterung der Position geringer wird.

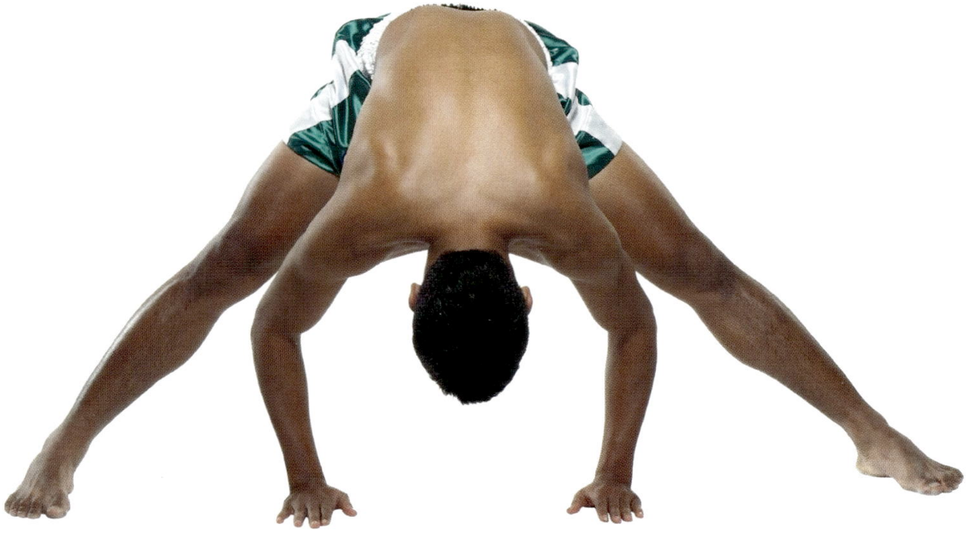

Willst du den Spreizstand vergrößern, stütze die Hände auf den Boden oder auf einen Stuhl vor dir. Spanne die Beininnenseiten 5 Sekunden gegen den Boden und löse dann die Spannung, ohne die Position zu verlassen. Nun kannst du dich beim Ausatmen tiefer bewegen.

Anspannen der Muskelgruppe

Fühle genau, wo der Dehnreiz erfolgt. Nun spannst du die gereizte Muskelgruppe an und zwar erfolgt die Spannung entgegen der Richtung, in welcher du den Körper bewegst. Die Spannung erfolgt, ohne das Gelenk zu bewegen, d.h. die Dehnposition wird nicht verlassen. Es wäre ansonsten nicht möglich, anschließend eine Erweiterung der Dehnposition vorzunehmen.

Richtlinien

Beim Dehnen ist es wichtig, dass du in einer stabilen Anfangsposition beginnst, damit du dich vollständig auf die Dehnung konzentrieren kannst. Besonders bei einer hohen Dehnintensität kann ein unsicherer Stand dazu führen, dass du die optimale Position überschreitest und dich verletzt. Du musst dich langsam in die Dehnposition hineinbewegen, um die richtige Position zu finden. Ruckartige Bewegungen können zu Verletzungen führen. Löse dich anschließend ebenso vorsichtig wieder aus der Dehnung.

Dein momentanes Leistungsvermögen entscheidet über die Dehnposition. Versuche nicht, die gleiche Position wie die Darsteller auf den Bildern einzunehmen, denn jeder hat andere körperliche Voraussetzungen. Zudem stellt sich deine Muskelspannung tagtäglich etwas unterschiedlich dar; so kann es sein, dass du in einer vorherigen Trainingseinheit bereits eine intensivere Position erreicht hast. Nutze die für dich momentan geeignete Dehnposition. Stellen sich Schmerzen ein, dann musst du die Dehnposition verringern, da sich der Muskel ansonsten verhärtet. Die Beweglichkeit der Muskulatur verbessert sich, indem du den entspannten Muskel langsam an die neue Position gewöhnst und dies regelmäßig übst.

Nachdem du die richtige Dehnposition gefunden hast, konzentrierst du dich auf den zu dehnenden Muskel. Atme gleichmäßig und nimm wahr, wie die Muskelspannung nachlässt. Die Erweiterung der Dehnposition nimmst du bei einer Ausatmung vor.

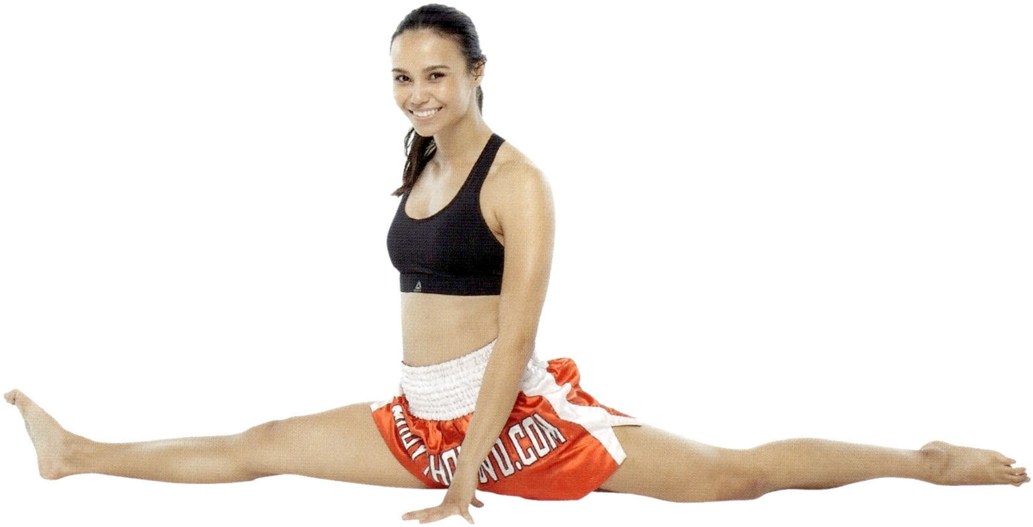

Entspanne dich und lass dich langsam beim Ausatmen in die Dehnposition sinken.

Dehnübungen

Auf den folgenden Seiten findest du einige wichtige Übungen für das Beweglichkeitstraining von Thai-Boxern. Du kannst einzelne Übungen nutzen, um eine Verspannung zu beseitigen, oder du nutzt ein Ganzkörperprogramm (Seite 72–73).

INFO Übungsdurchführung

Nimm eine Ausgangsposition ein, in der du einen leichten Dehnreiz spürst. Die Pfeile auf den Übungsbildern zeigen die Bewegungsrichtung. Dehne dich mit der Methode »Entspannen – Erweitern« oder mit der Methode »Anspannen – Entspannen – Erweitern« an. Du musst immer beide Körperseiten dehnen.

D 1 Kopf zur Seite neigen

Um die Hals- und die Nackenmuskulatur zu dehnen, stellst du dich gerade hin und lehnst den Kopf zur rechten Seite. Schiebe langsam den linken Arm eng am Körper nach unten, bis du einen leichten Dehnreiz in der Nackenmuskulatur spürst. Wenn die Dehnspannung nachlässt, greife mit dem rechten Arm über den Kopf und ziehe ihn weiter nach unten (A), bis du einen erneuten Reiz spürst. Anschließend dehnst du die andere Seite.

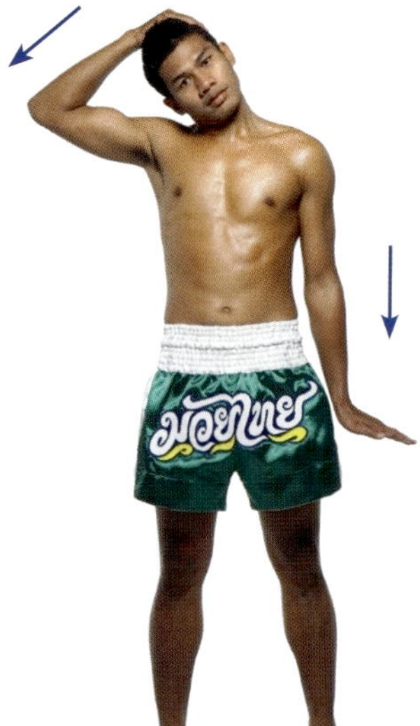

A

D2 Armspreizen

Du dehnst die Brust- und die vordere Schultermuskulatur, indem du im Stand die Arme nach außen spreizt. Du kannst die Arme u-förmig halten (A) oder aber gestreckt (B), um den Bizeps mitzudehnen. Schiebe den Brustkorb vor und bewege die Arme nach hinten, bis du einen leichten Dehnreiz spürst.

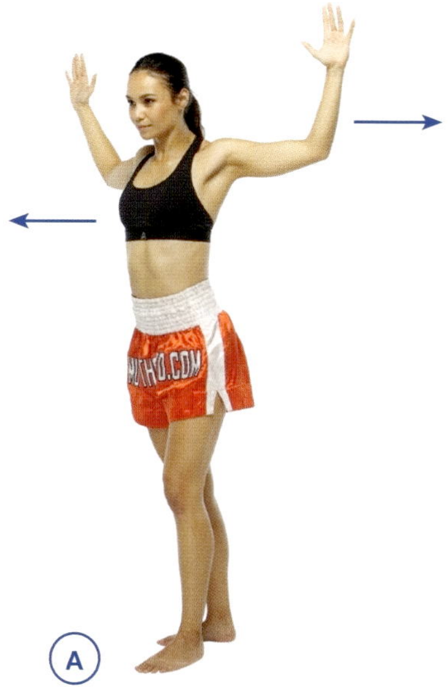

A

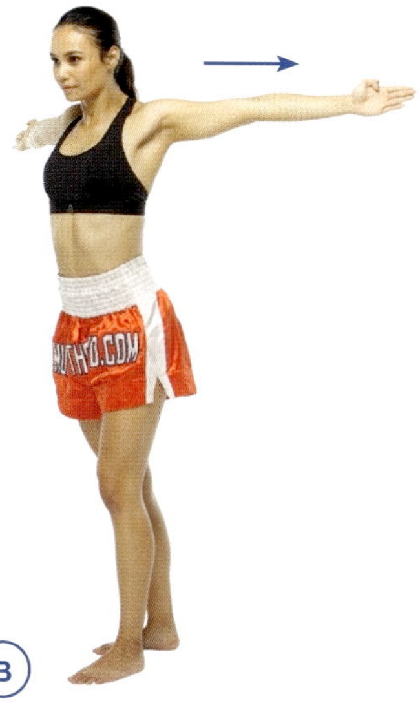

B

D3 Schulterblätter greifen

Die Schulter- und die obere Rückenmuskulatur dehnst du, indem du im aufrechten Stand die Hände gekreuzt in Richtung der Schulterblätter bewegst. Die Oberarme bleiben dabei in waagrechter Position. Geübte halten sich an den Schulterblatträndern fest (C). Du kannst dies intensivieren, wenn du den Schultergürtel nach vorn unten ziehst.
Als Option kannst du den Arm am Kopf vorbei seitlich nach hinten schieben. Mit der Hand kannst du am Ellbogen den Arm weiter nach hinten schieben. Danach dehnst du die andere Seite.

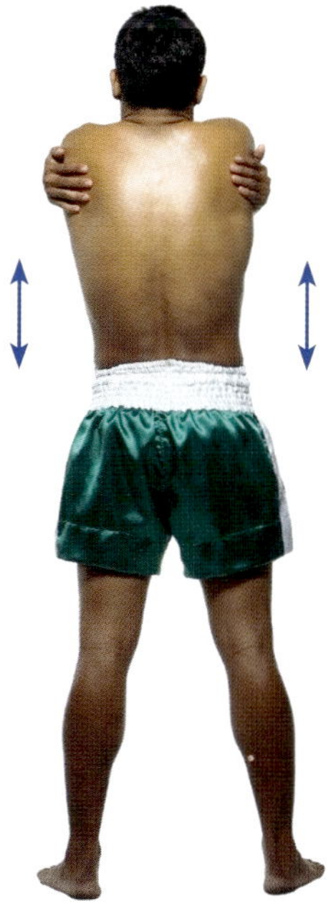

C

D 4 Hände greifen hinter dem Rücken

Diese Übung dehnt die Schulter-, die Arm-, die Brust- und die obere Rückenmuskulatur. Stelle dich aufrecht hin und lasse den rechten Unterarm hinter dem Kopf nach unten hängen. Nun schiebe mit der linken Hand den rechten Ellbogen gerade nach unten, bis du einen Dehnreiz spürst. Nachdem du in der ersten Position gedehnt hast, halte den rechten Arm in dieser Stellung. Die linke Hand führst du hinter dem Rücken von unten nach oben, bis du einen erneuten Dehnreiz spürst. Fortgeschrittene schaffen es, dass sich beide Hände greifen (A). Gelingt dies noch nicht, dann kannst du die Hände an einem Handtuch entlang aufeinander zubewegen. Danach führst du erste und zweite Dehnposition für die andere Seite aus.

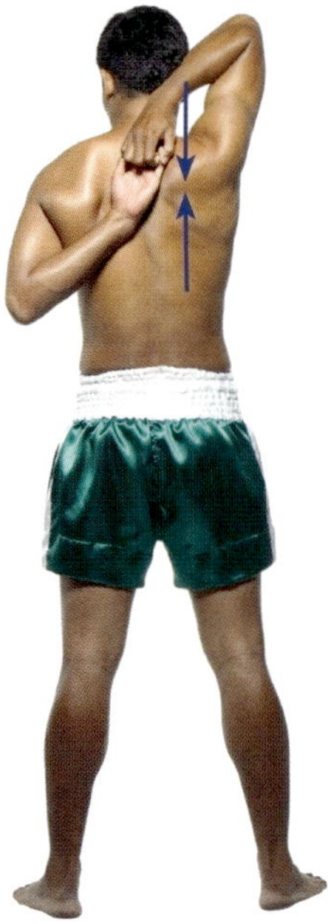

A

D 5 Unterschenkel anziehen

Mit dieser Übung dehnst du die Oberschenkel- und die Hüftmuskulatur. Bringe im Stand einen Fuß soweit wie möglich zum Gesäß. Greife den Fuß mit einer Hand und ziehe den Fuß weiter zum Gesäß (A), dabei drückst du die Hüfte vor. Einsteiger können sich mit der freien Hand an einer Stuhllehne oder einer Wand festhalten. Du kannst die Muskulatur auch in Bauchlage oder in Seitenlage dehnen.

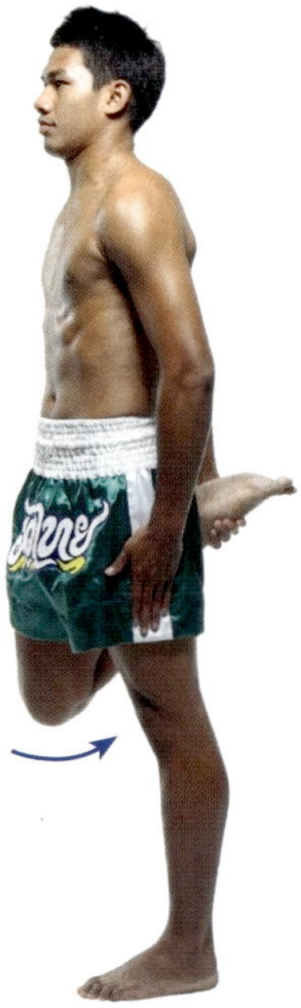

A

D 6 Hüftvorbeugen im Ausfallschritt

Diese Übung dehnt die Hüft- und die vordere Oberschenkelmuskulatur. Beginne mit einem großen Ausfallschritt und lege das hintere Bein auf dem Boden ab. Entspanne die Hüfte und lasse diese nach vorn unten sinken (A), bis du die Dehnspannung fühlst. Falls sich die Position nicht stabil anfühlt, dann kannst du dich mit den Händen innen auf dem Boden abstützen. Nach der Dehnung in der ersten Position kannst du etwas nachgeben, was aber nicht zwingend ist, und ziehst dann den Unterschenkel in Richtung Gesäß (B).

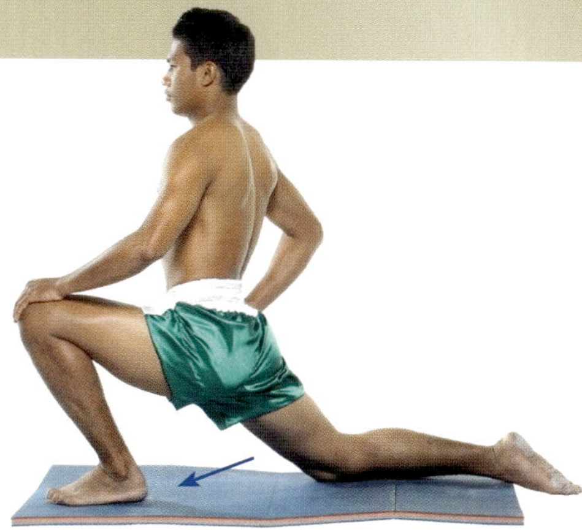

(A)

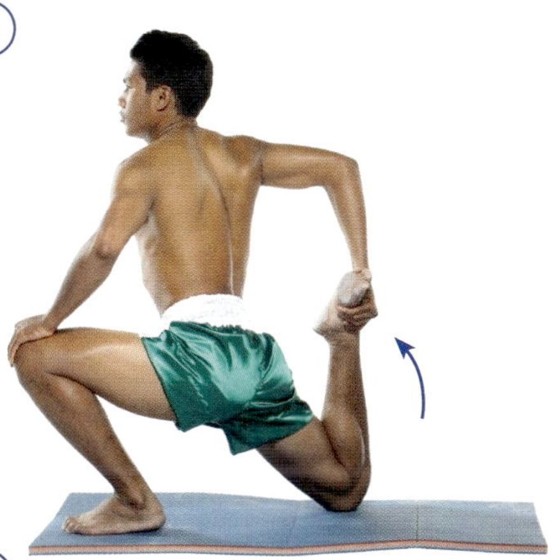

(B)

D 7 Oberkörper vorbeugen

Zur Dehnung der hinteren Oberschenkel-, der Waden- und der unteren Rückenmuskulatur nimmst du den geraden Stand ein. Die Füße sind aneinandergestellt und die Knie sind durchgedrückt. Bewege langsam die Hüften und gleichzeitig den Oberkörper in Richtung Boden (A), bis du einen leichten Dehnreiz spürst. Schiebe dazu die Hüften vor und vermeide es, den Oberkörper durch Abknicken nach unten zu bringen. Alternativ kannst du die Übung mit gestreckten Beinen auf dem Boden ausführen (B).

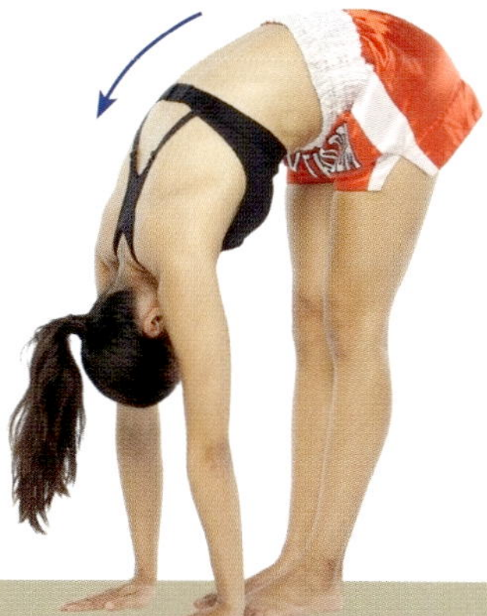

(A)

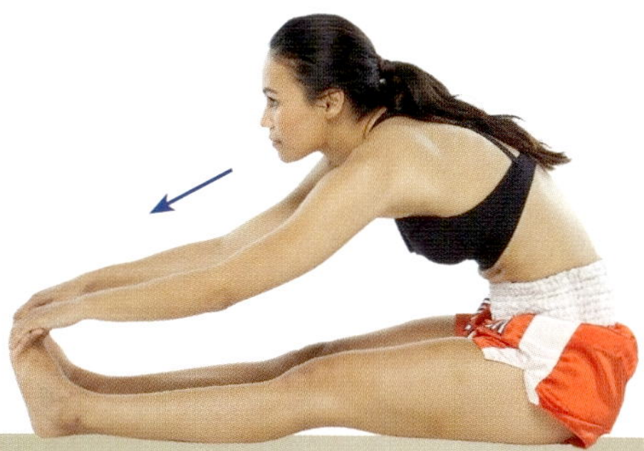

(B)

D 8 Gestrecktes Bein vorschieben (Vorwärtspagat)

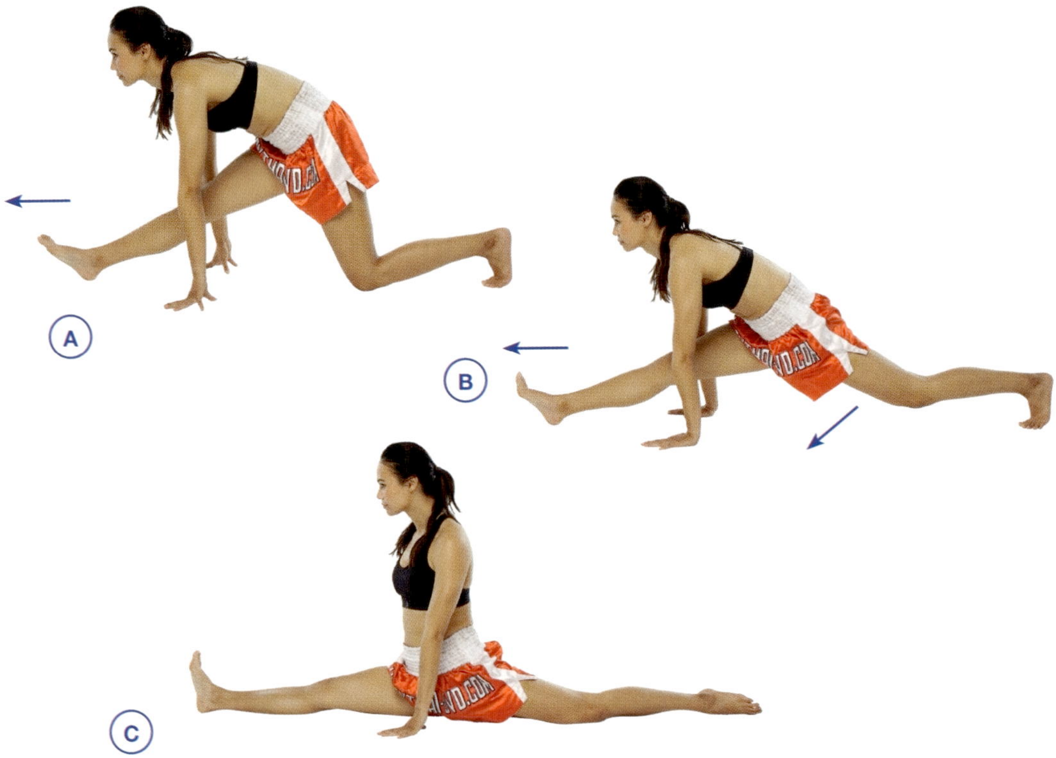

Diese Übung dehnt die hintere Oberschenkel-, die Hüftbeuge- und die vordere Oberschenkelmuskulatur. Im Ausfallschritt legst du das hintere Bein auf dem Boden ab. Strecke das vordere Bein (A). Drücke nun langsam die Hüften und das Bein vor (B), bis du einen Dehnreiz spürst. Fortgeschrittene können sich mit gestreckten Beinen auf dem Boden absetzen (C).

Als Option kannst du das vordere Bein auf einem Gegenstand ablegen und dich so auf das Dehnen der hinteren Oberschenkelmuskulatur konzentrieren.

Bei einigen Thai-Boxern ist ein deutliches Beweglichkeitsdefizit der hinteren Beinmuskulatur vorhanden. Dazu kannst du über einige Wochen hinweg wie folgt vorgehen: Lege dich vor einen Türrahmen und positioniere das gebeugte Übungsbein mit der Ferse am Rahmen, sodass die Oberschenkelrückseite zum Rahmen weist. Das andere Bein ist zwischen dem Türrahmen gestreckt am Boden. Rutsche mit der Ferse am Rahmen entlang nach oben, bis sich die Dehnspannung einstellt. Halte die Dehnpositionen 2–3 Minuten mit jedem Bein und mache 2–3 Sätze. Übe dies mindestens dreimal pro Woche, mit jeweils mindestens einem Tag Abstand zwischen den Übungstagen.

D9 Beinsenken

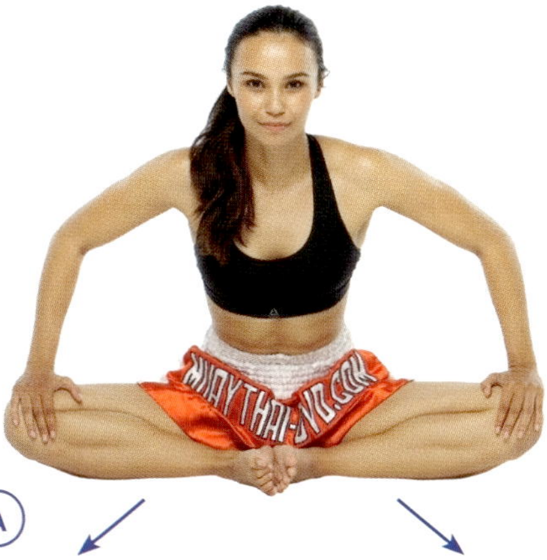

A

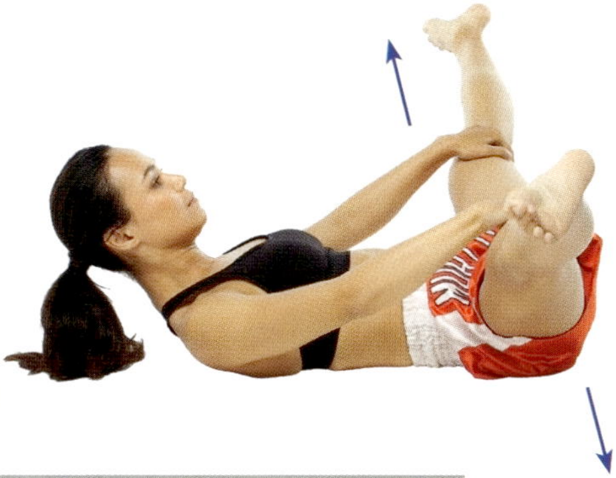

B

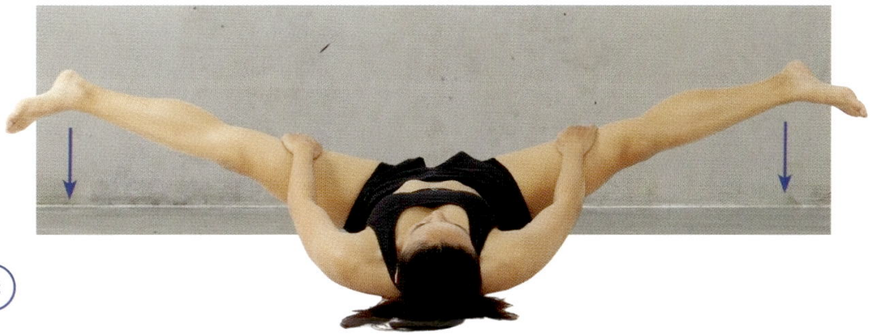

C

Die Übung dehnt die innere Oberschenkelmuskulatur. Du sitzt aufrecht, mit den Fußsohlen aneinander und den Knie nach außen zeigend. Ziehe die Füße soweit wie möglich an. Entspanne die Beine und lasse sie nach außen sinken, bis du den leichten Dehnreiz spürst. Mit den Händen kannst du den Druck intensivieren (A).

Du kannst die Übung auch in Rückenlage machen. Fortgeschrittene üben dies mit gestreckten Beinen (B).

Wenn du ein deutliches Defizit bei der inneren Beinmuskulatur hast, dann kannst du wie folgt üben: Lege dich auf den Rücken vor eine glatte Wand; die Beine sind nach oben gestreckt und das Gesäß ist sich möglichst nahe der Wand. Lasse die gestreckten Beine unter der Last des Eigengewichts sinken. Du kannst den Druck mit den Händen etwas intensivieren (C). Achte darauf, dass die Beine und das Gesäß an der Wand bleiben. Bleibe in der Position 2–3 Minuten und führe 3 solche Durchgänge aus. Konzentriere dich dabei auf das Loslassen, d. h. das bewusste Entspannen der inneren Oberschenkelmuskulatur, damit der Körper sich an die Position gewöhnt. Übe dies dreimal pro Woche für 2–3 Monate – du wirst dich so deutlich verbessern.

D 10 Beinspreizen

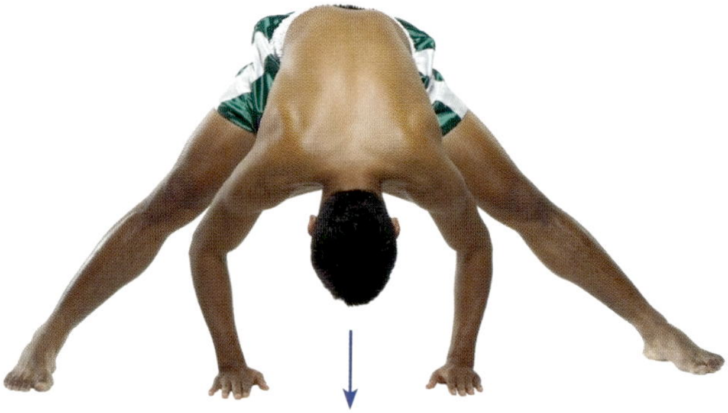

A

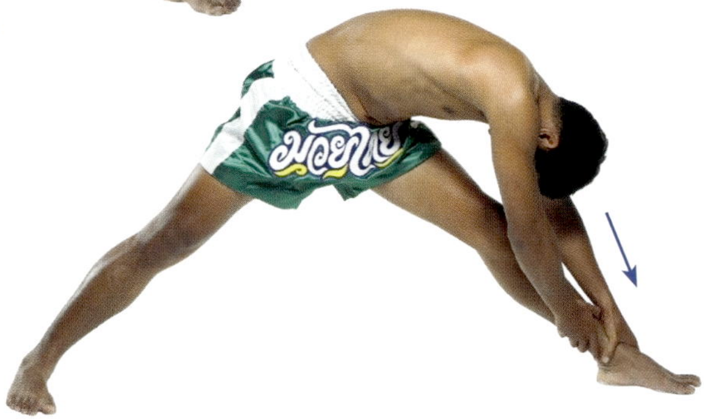

B

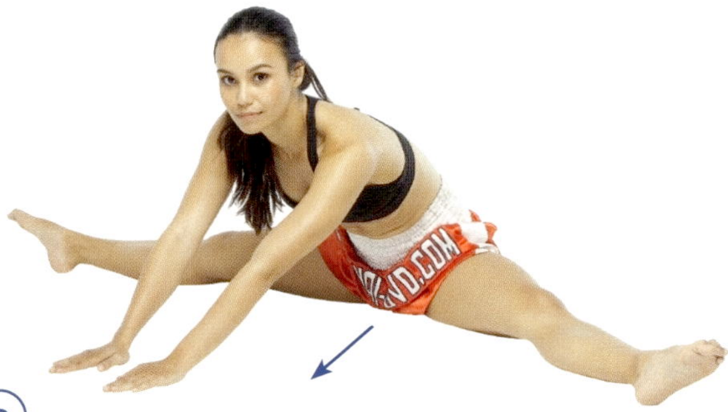

C

Diese Übung dehnt die innere und hintere Oberschenkel-, die Waden- und die Rückenmuskulatur. Spreize im aufrechten Stand die Beine auseinander, bis du eine leichte Dehnspannung spürst. Führe nun Oberkörperbewegungen zur Mitte (A), nach links (B) und rechts aus. Danach kannst du die Beine etwas weiter spreizen und die Übung wiederholen.

Als Option kannst du am Boden üben, die gestreckten Beine im Sitz nach außen zu bewegen (C). Dies gelingt auch gut an einer glatten Wand. Dazu legst du die Fußinnenseiten an die Wand. Stütze dich mit den Händen hinter dem Körper ab und drücke dich langsam nach vorn, wobei du die Beine immer weiter auseinanderschiebst, bis du die Dehnspannung spürst.

D 11 Körperdrehung im Sitz

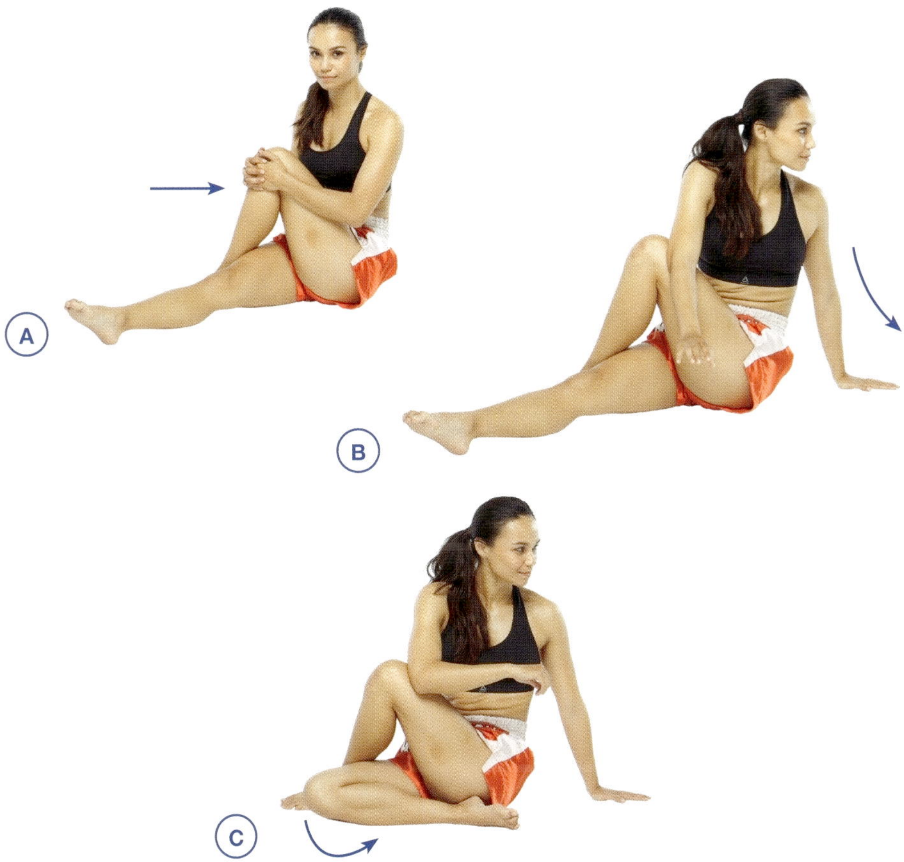

Diese Übung dehnt die Gesäß , die äußere Oberschenkel- und die Rumpfmuskulatur. Du sitzt mit gestreckten Beinen und aufgerichtetem Oberkörper auf dem Boden. Stelle das linke Bein möglichst nahe am Gesäß über das rechte Bein. Der linke Fuß zeigt nach vorn. Ziehe das linke Bein zum Körper, bis du einen Dehnreiz spürst (A).

Für die zweite Dehnposition legst du den rechten Ellbogen an das linke Knie und drehst Kopf und Oberkörper entgegen dem Uhrzeigersinn (B), bis du erneut einen Dehnreiz spürst. Fortgeschrittene können das gestreckte Bein einknicken (C), was eine intensivere Position ermöglicht. Anschließend dehnst du die andere Körperseite.

Workout Dehnen: Ganzkörper

Dieses Programm dehnt den ganzen Körper mit einer möglichst geringen Übungszahl. Du kannst die Übungen gemäß den Methoden »Entspannen – Erweitern« und »Anspannen – Entspannen – Erweitern« ausführen. Es ist empfehlenswert, jedoch nicht zwingend, den Körper vor den Dehnübungen aufzuwärmen. Hier sind alle Übungen im Stand ausgeführt; die Bodenübung »D 11: Körperdrehung« lässt sich bei Bedarf am Ende ergänzen.

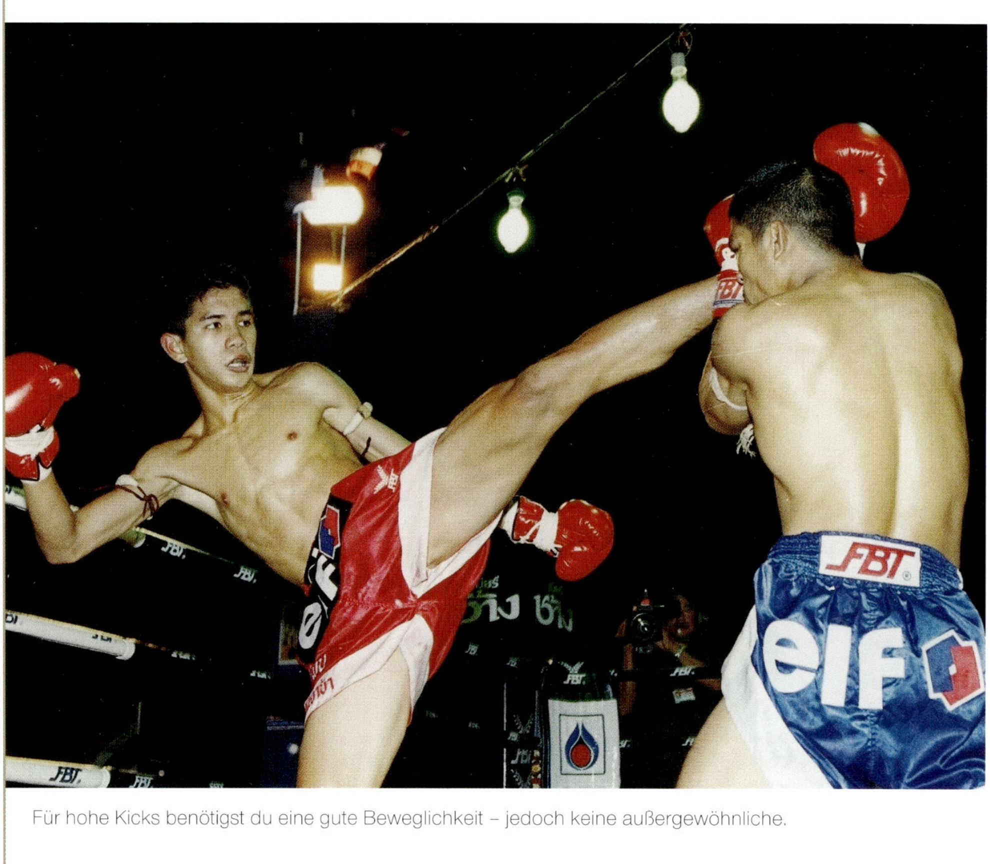

Für hohe Kicks benötigst du eine gute Beweglichkeit – jedoch keine außergewöhnliche.

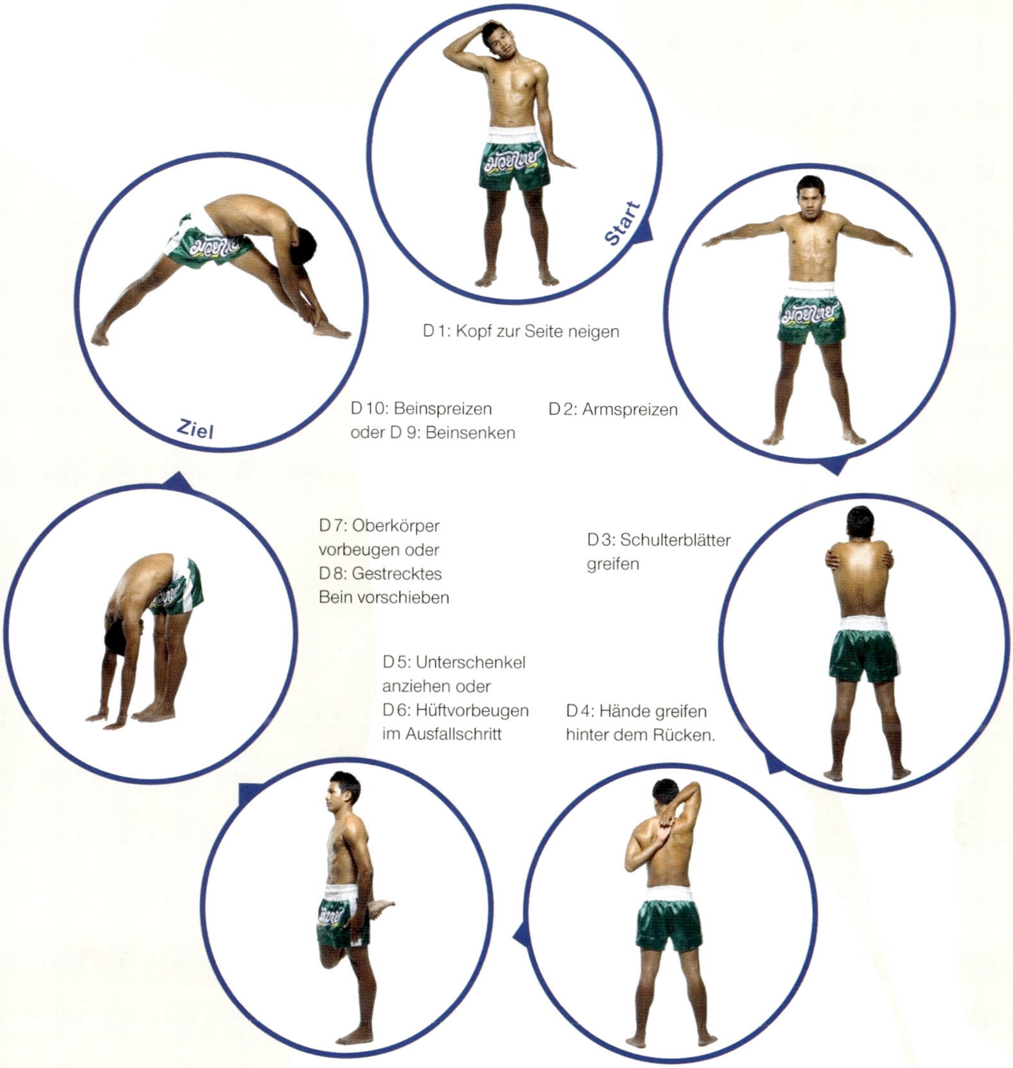
Start
D 1: Kopf zur Seite neigen
D 2: Armspreizen
D 3: Schulterblätter greifen
D 4: Hände greifen hinter dem Rücken.
D 5: Unterschenkel anziehen oder D 6: Hüftvorbeugen im Ausfallschritt
D 7: Oberkörper vorbeugen oder D 8: Gestrecktes Bein vorschieben
D 10: Beinspreizen oder D 9: Beinsenken
Ziel

Ausdauertraining

Regelmäßiges Ausdauertraining bewirkt, dass du körperliche Belastungen lange aufrechthalten kannst. Du stärkst dein Immunsystem, wirst besser schlafen und fühlst dich somit besser – immer vorausgesetzt, du trainierst deinem Leistungsvermögen angemessen.
Im Muay Thai trainierst du die Ausdauer bereits durch sportartspezifische Übungen wie Schattenboxen, Boxsacktraining, Pratzentraining, Clinchen und Sparring. Als Freizeitsportler sind zusätzliche Einheiten zur Förderung der Ausdauer hilfreich, wenn du Schwierigkeiten hast bei der im Verein üblichen Trainingsintensität mitzuhalten. Bist du als Wettkämpfer aktiv, dann sind Läufe mit unterschiedlichen Intensitäten zur Vorbereitung wichtig, hiermit förderst du nicht nur die Ausdauer, sondern auch die Beinkraft. Zudem können eigenständige Ausdauereinheiten notwendig sein, um das Wettkampfgewicht zu erreichen.
Für das Ausdauertraining ist es wichtig, die geeignete Intensität festzulegen. Du bekommst auf den folgenden Seiten einen Überblick über die möglichen Intensitäten. Als Einsteiger empfiehlt sich vor allem das Training mit Grundlagenausdauer-Intensität. Eine gute Grundlagenausdauer bewirkt, dass sich Ruhepuls und Belastungspuls senken und auch normalisiert sich der Puls nach einer Belastung schnell wieder, weshalb dir körperliche Belastungen weniger anstrengend vorkommen.

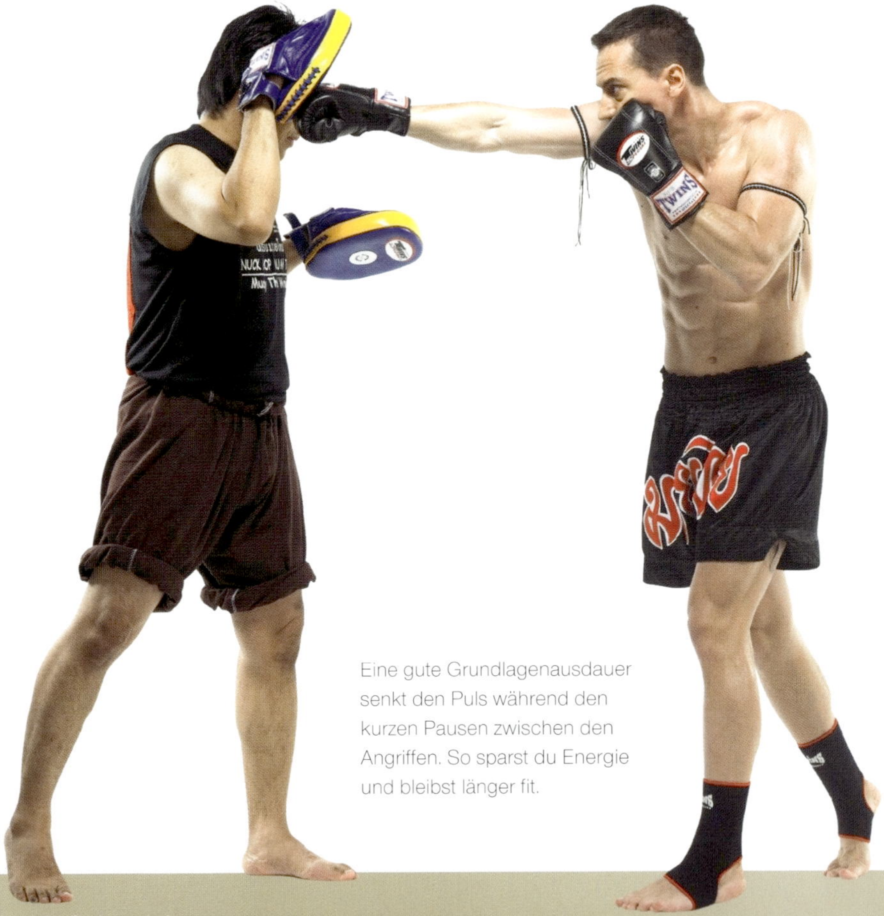

Eine gute Grundlagenausdauer senkt den Puls während den kurzen Pausen zwischen den Angriffen. So sparst du Energie und bleibst länger fit.

Hast du bereits eine gute Grundlagenausdauer entwickelt, dann kannst du auch mit intensiverer Belastung deine Ausdauer fördern.

Die Trainingsintensitäten

Mit welcher Intensität du am besten trainierst, hängt von deiner körperlichen Verfassung und deinen Trainingszielen ab. Die folgenden Intensitätsbereiche werden in diesem Buch unterschieden.

Regenerativer Trainingsbereich

Das regenerative Training wird mit sehr geringer Intensität ausgeführt. Dies kann beispielsweise langsames Laufen, Walken, Radfahren und Schwimmen sein. Du befindest dich solange in diesem Trainingsbereich, wie du die Intensität als angenehm empfindest. Beginnst du dich hingegen anzustrengen, ist die Intensität überschritten. Die Intensität entspricht einer Herzfrequenz von zirka 65 Prozent der maximalen Herzfrequenz.
Eine solche Intensität eignet sich nach einer anstrengenden sportlichen Betätigung, um die Regenerationsprozesse zu verkürzen. Direkt nach dem Training kannst du noch 5–10 Minuten auslaufen. Du kannst in diesem Intensitätsbereich auch eine eigenständige Trainingseinheit gestalten. Wenn du beispielsweise am vorherigen Tag eine intensive Einheit oder einen Wettkampf hattest und nun der Körper müde und die Muskulatur verspannt sind, kann durch ein Training mit regenerativer Intensität die Erholungsphase beschleunigt werden.

Grundlagenausdauer-Intensität

Die Grundlagenausdauer wird mit gemäßigter Belastung trainiert. Du musst während der Anstrengung noch sprechen können. Fühlst du dich hingegen während des Trainings müde und erschöpft, ist die Intensität zu hoch. Die Grundlagenausdauer-Intensität kannst du mit einer Pulsuhr ermitteln. Die Intensität entspricht einer Herzfrequenz von zirka 75 Prozent der maximalen Herzfrequenz.
Das Training in diesem Bereich ist aus gesundheitlicher Sicht am wichtigsten. Mit einer solchen Intensität wird das Herzkreislaufsystem trainiert und das Immunsystem gestärkt. Als Sportarten bieten sich langsames Laufen, Radfahren, Schwimmen und das Training auf einem Kardio-Gerät an. Wenn du eine gut trainierte Grundlagenausdauer besitzt, hat dies auf das Thai-Boxen einen positiven Effekt, denn der Puls senkt sich nach einer Belastung schnell wieder. Dies ist im Wettkampf sowie im Training wichtig, da du dann während der Belastung länger fit und konzentriert bleibst. Regelmäßiges Training in diesem Bereich senkt den Ruhepuls. Bereits nach wenigen Wochen kannst du bei gleichem Puls größere Leistung erbringen, z. B. länger und schneller laufen.

Fitnessausdauer-Intensität

Du befindest dich beim Training in diesem Intensitätsbereich, wenn du dich zwar deutlich anstrengst, aber die Belastung über mehrere Minuten hinweg ausführen kannst. Die Intensität ist hingegen zu hoch, wenn du die Belastung bereits nach wenigen Sekunden aufgrund einer Übersäuerung der Muskulatur abbrechen musst. Die Fitnessausdauer-Intensität kannst du mit einer Pulsuhr genau ermitteln. Die Intensität entspricht einer Herzfrequenz von zirka 85 Prozent der maximalen Herzfrequenz.
In diesem Bereich werden die Muskulatur und die allgemeine Körperfitness trainiert. Du fühlst dich während des Trainings mit dieser Intensität angestrengt und nach dem Training fühlt

sich die Muskulatur deutlich beansprucht an. Das Laufen eignet sich als Trainingsform, ebenso Seilspringen und alle Ausdauersportarten, bei denen die Intensität gesteuert werden kann. Diese Intensität ist für Sportler wichtig, um Leistungssteigerungen zu erzielen. Bevor du mit diesem Training beginnst, musst du dir zuerst eine gute Grundlagenausdauer antrainiert haben. Das Ausdauertraining im Fitnessbereich macht dann auch mehr Spaß, da z. B. schneller gelaufen werden kann, ohne den Intensitätsbereich zu überschreiten. Außerdem regeneriert sich der Körper schnell und ist nach dem Training bald wieder fit.

Anaerober Bereich

In der Schwellenzone zwischen aerober und anaerober Energiegewinnung wird der Körper trainiert, hohe Belastungen länger durchzuhalten. Der Körper gewinnt dabei seine Energie teilweise anaerob, d. h. der Körper kann nicht mehr ausreichend Sauerstoff aufnehmen und zur Energiegewinnung einsetzen. Der Körper »vergärt« nun überwiegend Kohlenhydrate, wobei als Abfallstoff Laktat, das Salz der Milchsäure, entsteht. Das Laktat kann vom Körper nicht schnell abgebaut werden. Wird der Schwellpunkt zwischen aerober und anaerober Energiegewinnung überschritten, z. B. bei einem harten Schlagwechsel im Muay Thai, steigt die Milchsäureproduktion überproportional an. Infolgedessen übersäuert der Körper schnell und die Leistung muss bereits nach kurzer Zeit abgebrochen werden.
Sportler mit Wettkampfambitionen können einige Übungseinheiten in diesem Bereich ausführen. Einsteiger hingegen sollen darauf verzichten, da das Training den Körper zu sehr belastet. Für das Training mit dieser Intensität ist es besonders wichtig, eine gute Grundlagenausdauer zu besitzen, sodass sich der Puls

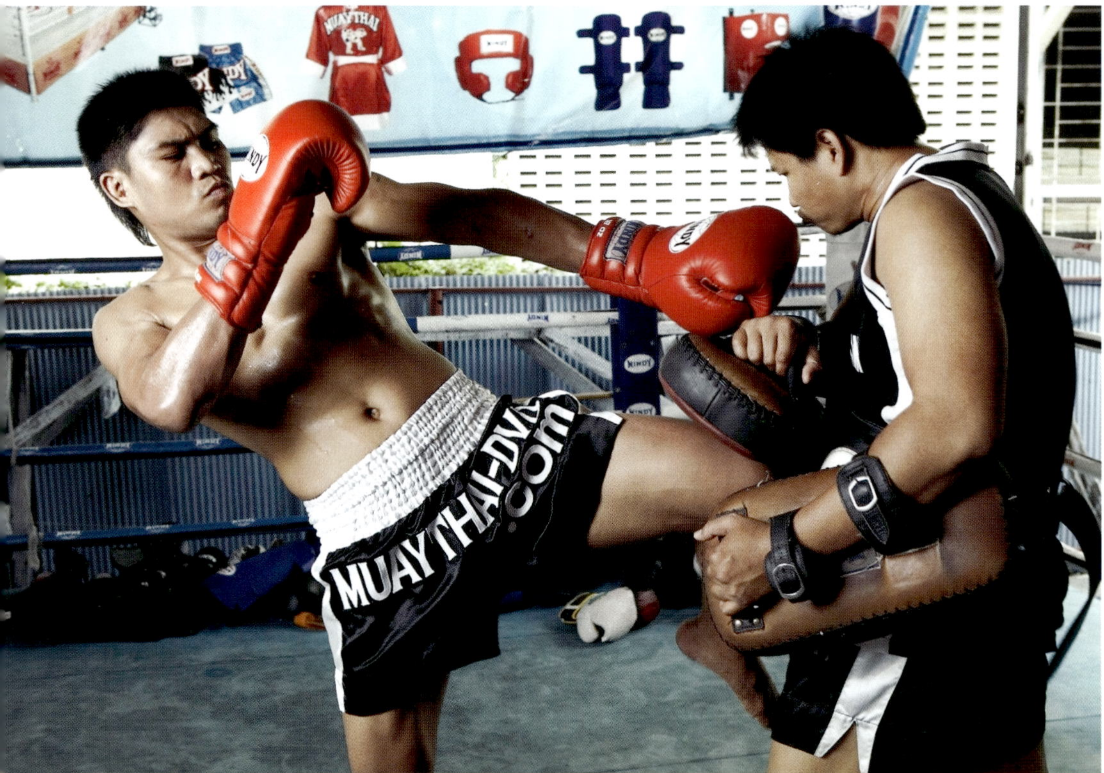

nach einer Übung schnell wieder senkt. Der anaerobe Bereich wird auch im thaiboxspezifischen Training umfangreich mittrainiert.

Festlegung und Kontrolle der Trainingsintensität

Um den für dein Ausdauertraining geeigneten Trainingspuls zu bestimmen, ermittelst du zuerst deine maximale Herzfrequenz. Auf dieser Grundlage kannst du die Trainingsintensitäten errechnen.
Am einfachsten ist die Bestimmung der maximalen Herzfrequenz über die Formel: **Maximale Herzfrequenz (MHF) = 220–Alter**. Diese Methode hat sich bei einer Vielzahl von Tests bewährt. Es kann jedoch bei einzelnen Personen zu Unterschieden kommen.
Leistungssportler greifen häufig auf den Maximalherzfrequenz-Test zurück, bei dem der Puls durch die Trainingsintensität auf die maximale Höhe getrieben wird. Es wird beispielsweise ein Sprint bis an die persönliche Leistungsgrenze ausgeführt. Freizeitsportlern ist jedoch von diesem Test abzuraten, da für sie durch die ungewohnt intensive Belastung eine hohe Verletzungsgefahr entsteht.

Maximale Herzfrequenz (MHF)	**= 220 – Alter**
Regenerative Intensität	**ca. 65 % der MHF**
Grundlagenausdauer-Intensität	**ca. 75 % der MHF**
Fitnessausdauer-Intensität	**ca. 85 % der MHF**

BEISPIEL: 30-jähriger Thai-Boxer	
Maximale Herzfrequenz nach vereinfachter Formel	**220–30 = 190 MHF.**
Regenerative Intensität	**190 × 0,65 = 124 HF**
Grundlagenausdauer-Intensität	**190 × 0,75 = 143 HF**
Fitnessausdauer-Intensität	**190 × 0,85 = 162 HF**

Messung der Intensität

Für das Ausdauertraining nutzt du am besten einen Pulsfrequenzmesser. Bei dieser Messtechnik legst du einen Gurt um den Brustkorb, der die Herzschläge misst. Die Werte kannst du auf einer Uhr am Handgelenk ablesen. Üblicherweise gestatten diese Messgeräte die Einstellung der individuellen Pulszone für das Training. Ein akustisches Signal macht dich darauf aufmerksam, wenn du den beabsichtigten Wert überschreitest. Ein gutes Gerät kannst du im Fachhandel ab zirka 60 EUR erwerben.

Gestaltung des Ausdauertrainings

Du kannst deine Ausdauer fördern, indem du eigenständige Laufeinheiten durchführst. Empfehlenswert ist abhängig von Trainingsstand und Laufintensität eine Dauer von 30–60 Minuten. Auch Seilspringen, Radfahren und Schwimmen sind gute Methoden, um die Ausdauer zu fördern. Als Option kannst du, wenn du nicht die Zeit für weitere Trainingseinheiten in deinem Wochenplan hast, an eine Muay Thai- oder Krafteinheit noch 20–40 Minuten Lauftraining anhängen.
Einsteiger sollten zuerst die Ausdauer mit Grundlagenintensität fördern, da diese Trainingsform den Körper widerstandsfähiger macht sowie den Ruhepuls und den Belastungspuls senkt. Für das gemäßigte Ausdauertraining wählst du eine Sportart, bei der du über den Trainingszeitraum eine nahezu gleichmäßige Geschwindigkeit beibehalten kannst, damit der Puls stets in der beabsichtigten Intensitätszone bleibt.
Fortgeschrittene können die Fitnessausdauer fördern. Dazu erhöhst du die Trainingsgeschwindigkeit und zudem kannst du Intervall-

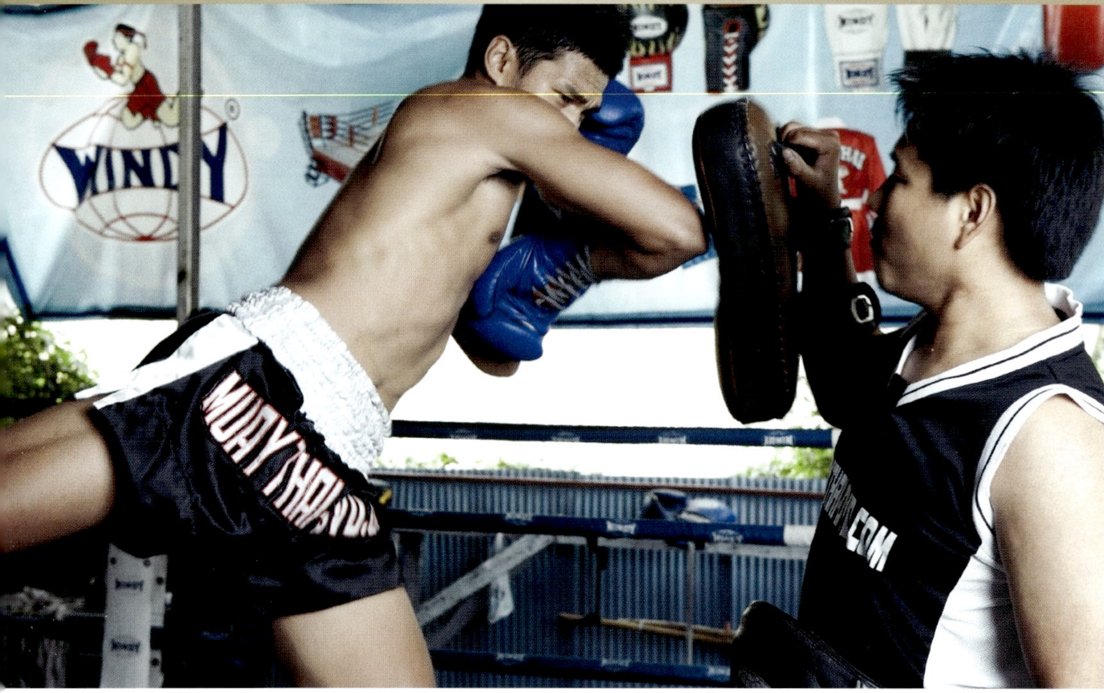

Armin zeigt den kreisenden Ellbogen im Sprung.

training mit wechselnden Geschwindigkeiten in das Ausdauertraining einbauen. Führe beispielsweise während eines Lauftrainings immer wieder kurze Strecken aus, die du schnell zurücklegst, und reduziere danach das Tempo wieder. So gewöhnt sich der Körper an Belastungen mit unterschiedlicher Intensität und lernt den Puls nach der Belastung schnell wieder zu regulieren. Für ein solches Intervalltraining eignen sich alle Sportarten, die mit wechselnden Geschwindigkeiten ausgeführt werden.

Wenn du 2–3 zusätzliche Ausdauereinheiten pro Woche machst, kannst du davon ausgehen, dass du nach 4–6 Wochen eine deutlich verbesserte Leistungsfähigkeit bemerken wirst. Achte auf mindestens einen Tag Abstand zwischen den Ausdauereinheiten, damit dein Körper genügend Regenerationszeit bekommt. Untersuchungen haben ergeben, dass vor allem in den ersten 3 Wochen eine deutliche Steigerung erfolgt. Ist es dein Ziel, schnellstmöglich Verbesserungen im Ausdauerbereich zu erreichen, dann plane eine dreiwöchige Zeitspanne in deinem Trainingsplan, in der du dich vorrangig dem Ausdauertraining widmest und das Muay Thai- und Krafttraining etwas zurückstellst, damit der Körper genügend Regenerationszeit hat. Nach einer intensiven Ausdauerphase kannst du die Häufigkeit wieder auf eine Einheit pro Woche reduzieren, wozu du am besten Intervalltraining wählst, um die entwickelte Fitness aufrechtzuerhalten.

HINWEIS

Du kannst das Ausdauertraining als eigenständige Trainingseinheit oder in Verbindung mit dem Thai-Box-Training ausführen. Obwohl einige thailändische Sportler bereits eine Ausdauereinheit zu Trainingsbeginn ausführen, ist es vorzuziehen, diese an das Techniktraining anzuhängen. So hast du mehr Energie und bist besser aufnahmefähig für das kampfsportspezifische Training.

Krafttraining

Das Krafttraining ist eine wichtige Trainingskomponente für Thai-Boxer, um die Leistungsfähigkeit zu verbessern. Mit Krafttraining erhöhst du deine Schlag-, Stoß-, Wurf- und Trittkraft und kannst gegnerische Techniken besser verarbeiten. Im Vereinstraining im Muay Thai werden oftmals nach dem Techniktraining einige Kraftübungen ausgeführt. Dies ist allerdings nur als Ergänzung anzusehen, da der Körper nach dem Training bereits müde ist und nicht umfangreich trainiert werden kann. Deshalb lohnt es eigenständige Krafteinheiten auszuführen, was im Gym und ebenso daheim effektiv möglich ist. So kannst du gezielt deine Muskulatur entwickeln und gegen muskulöse Ungleichgewichte vorgehen, die deine Verletzungsanfälligkeit erhöhen.

Auf den folgenden Seiten findest du Übungen, die sich besonders für Thai-Boxer eignen. Einige der Übungen sind anspruchsvoll und müssen deshalb vorsichtig erlernt werden, da ansonsten Verletzungsgefahr besteht. Mache schwierige Übungen (z. B. »K 11: Tritt aus einbeiniger Kniebeuge« und »K 5: Handstand-Liegestütz«) zuerst mit kleinem Bewegungsumfang und erweitere diesen mit fortschreitender Erfahrung. Weitere Übungen findest du in den Büchern »Bodyweight-Training« (2024) und »Perfektes Hanteltraining« (2024).

Bei einigen Übungen besteht die Möglichkeit, diese auf instabilem Untergrund wie dem Gym-Ball auszuführen. Auch wenn du so bisher noch nicht trainiert hast, teste die Übungsausführung. Das Training bewirkt eine deutliche Verbesserung des Muskelzusammenspiels und kräftigt hervorragend die stabilisierenden Core-Muskeln.

Im späteren Abschnitt über Workouts (Seite 105–115) findest du Zusammenstellungen aus den hier vorgestellten Übungen.

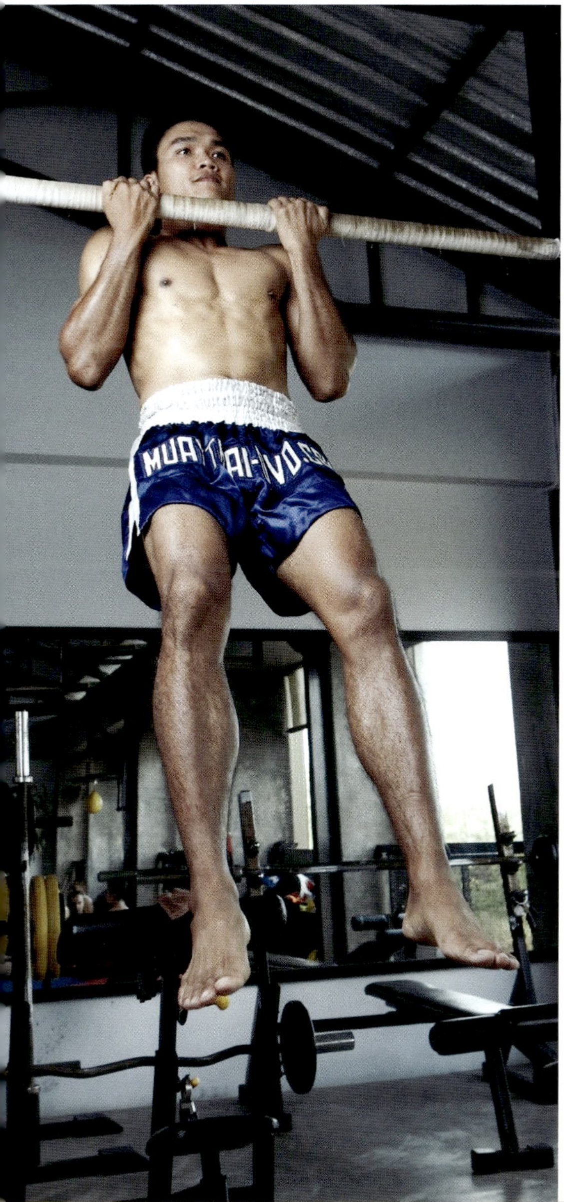

Trainiere intensiv, aber achte auf technisch korrekte Ausführung.

Prinzip 1: Trainiere den Körper ausgeglichen

Achte bei der Zusammenstellung deines Trainingsprogramms darauf, dass du deinen Körper ausgeglichen trainierst. So entwickelst du das Kraftpotential optimal und schützt deinen Körper bestmöglich vor Verschleiß und Verletzungen. Es gilt so zu trainieren, dass du für eine Bewegung auch deren Gegenbewegung kräftigst. Bei der Zusammenstellung der Übung ist nicht entscheidend, dass du den Körper an einem Tag ausgeglichen trainierst, sondern über den Wochenplan hinweg verteilt, da die Möglichkeit besteht, die Workouts aufzuteilen.

Einige Thai-Boxer hingegen trainieren einseitig, indem sie beispielsweise die Bewegung »Druck nach vorn« mit »Bankdrücken« und/oder zahlreichen Liegestützen vorrangig üben. Es ist jedoch zu beachten, dass die entgegengesetzte Bewegung »Zug nach hinten« mit der gleichen Intensität trainiert werden muss. Dies lässt sich an einem geraden Boxschlag gut nachvollziehen: Durch das Training der Brustmuskulatur wird das mögliche Kraftpotential vergrößert. Die Schlagbewegung muss aber ausgeglichen und stabilisiert werden. Nur mit einer kräftigen Rückenmuskulatur lässt sich der gerade Boxschlag im optimalen Bewegungsumfang und somit mit großer Wirkung ausführen.

Weitere oftmals auftretende Schwachstellen aufgrund von einseitigem Training sind die hintere Schulter-, die seitliche Rumpf-, die hintere Oberschenkel- und die Gesäßmuskulatur.

Prinzip 2: Wähle den richtigen Schwierigkeitsgrad

Wähle die Übung und deren Intensität so, dass die Anforderung deinem Leistungsstand entspricht. Es ist grundlegend, dass du jede Übung technisch korrekt ausführst. Ausweichbewegungen und Fehlstellungen gilt es zu vermeiden, denn die machen dich nicht stärker, sondern führen nur zu Verletzungen und vorzeitigem Verschleiß.

Bist du noch Einsteiger im Krafttraining, dann gilt es, dass du die Übungen zuerst mit geringer Belastung ausführst, also Belastungen eher mit zu niedriger als zu hoher Intensität wählst, da sich dein Körper noch an das Training gewöhnen muss. Auch ist zu beachten, dass sich Muskeln schneller an die Anforderungen anpassen als die Sehnen und Bänder. Du findest hier für alle Übungen Möglichkeiten sie zu vereinfachen und zu intensivieren. Wähle die Übungsvariante und die Intensität immer so, dass dir die Ausführung technisch korrekt gelingt. Falls du während einem Übungssatz merkst, dass du Ausweichbewegungen einsetzt, dann kannst du während dem Satz zu einer leichteren Variante übergehen und so den Satz vervollständigen.

Gelingt es dir eine Übung länger als die Satzdauer beziehungsweise häufiger als die geplante Wiederholungszahl auszuführen, dann kannst du die Belastung steigern, indem du eine intensivere Variante oder ein höheres Übungsgewicht nutzt. Steigere die Intensität nur so weit, dass du noch mindestens 30 Sekunden beziehungsweise 8 Wiederholungen lang die Belastung korrekt ausführen kannst.

Prinzip 3: Intensiviere das Training

Um deine körperliche Leistungsfähigkeit zu steigern, musst du deinen Körper fordern. Durch die Belastungen in der Trainingseinheit ermüdet dein Körper, baut also seine Leistungsfähigkeit ab. In der Regenerationsphase, die unmittelbar nach dem Training beginnt, reagiert dein Körper auf die Anstrengung mit Anpassungsvorgängen.

Übst du in der Trainingseinheit mit einer größeren Intensität als in der vorherigen Trainingseinheit, dann setzt du einen überschwelligen Reiz. Du kannst beispielsweise mehr Wiederholungen einer Übung ausführen, die Komplexität der Übung intensivieren oder das Zusatzgewicht erhöhen. Durch den größeren Reiz wird dein Organismus veranlasst, in der Regenerationsphase ein größeres Leistungsniveau zu entwickeln. Trainingsziel ist es deshalb, kontinuierlich die Anforderungen zu steigern.

Allerdings stellt der Organismus das größere Leistungsvermögen nur für eine bestimmte Zeit zur Verfügung. Wird es nicht genutzt, dann verringert sich die Leistungsfähigkeit wieder. Zudem gilt, dass du spätestens nach 12 Wochen einige Umstellungen am Training vornehmen solltest, da sich dein Körper ansonsten auf die Anforderungen einstellt.

Prinzip 4: Regelmäßiges Training

Regelmäßiges Krafttraining ist grundlegend, damit du kontinuierlich die Leistungsfähigkeit steigern kannst. Seltenes, sehr intensives Training ist hingegen nicht empfehlenswert, da dies, wenn überhaupt, das Leistungsvermögen kaum verbessert, sondern vielmehr den Bewegungsapparat intensiv belastet.

Es empfiehlt sich, dass du jede wichtige Bewegungsrichtung beziehungsweise Muskelgruppen zwei- bis dreimal pro Woche kräftigst, um Leistungsverbesserungen zu erreichen. Die optimale Häufigkeit ist davon abhängig, wie intensiv du trainierst und wie gut dein entwickeltes Leistungsvermögen bereits ist. Umso besser du trainiert bist, desto detaillierter muss der Trainingsplan ausgearbeitet werden, damit Leistungssteigerungen erzielt werden.

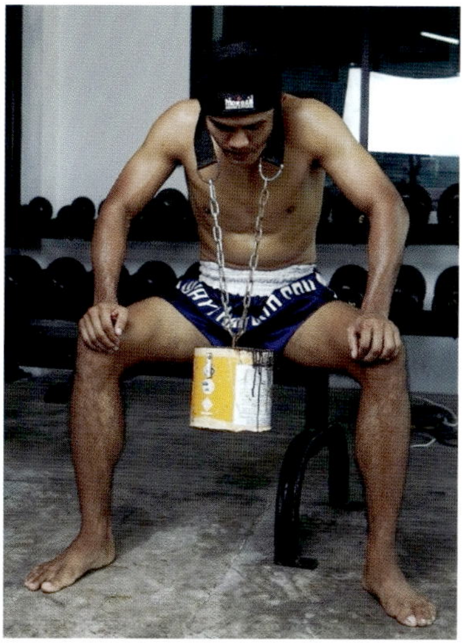

Mit regelmäßigem Training wirst du ein großes Leistungsvermögen entwickeln.

Damit du das erreichte Leistungsvermögen halten kannst, gilt die Regel, dass du wöchentlich mindestens einmal alle wichtigen Bewegungsrichtungen und großen Muskeln trainieren musst. Pausierst du hingegen länger vom Training, dann baut der Körper seine Leistungsfähigkeit wieder langsam ab. Wenn du verletzt bist, schone diese Körperpartie. Du kannst dann andere Körperpartien trainieren. Bei einer Krankheit allerdings musst du vom Training pausieren, um keine Verzögerung des Heilungsprozesses zu riskieren.

Prinzip 5: Trainiere kurz und intensiv

Es hat sich in den letzten Jahren gezeigt, dass mit kurzen, intensiven Trainingseinheiten die besten Ergebnisse erzielt werden. Oftmals wird eine Dauer von 30–60 Minuten für den Hauptteil empfohlen, zuzüglich Auf- und Abwärmphase.

Das Training wird in Übungen, Sätzen und Wiederholungen beziehungsweise Zeitintervallen beschrieben. Ein Satz beschreibt die Ausführung einer Übung ohne Unterbrechung. Die sinnvolle Satzanzahl hängt von der Gesamtzahl der Übungen ab, sowie von der Trainingsplanung und vom Leistungsniveau des Sportlers.

Für das Krafttraining von Thai-Boxern bietet sich das effektive Zirkeltraining an. Dabei machst du für eine Übung einen Satz und folgst direkt mit einem Satz für die nächste Übung, bis du alle Übungen ausgeführt hast. Dann machst du eine Pause und wiederholst schließlich den Zirkel. Ein Zirkel wird meistens mit 5–12 Übungen und 2–3 Durchgängen gestaltet, je nachdem wie intensiv die Übungen sind und wie viele Sätze du in der Trainingseinheit geplant hast.

Wenn du einen Intervall-Timer nutzt, dann gibst du als geplante Übungszeit 30–120 Sekunden pro Satz ein und als Pausenzeit zwischen den einzelnen Übungen 10–15 Sekunden. Nachdem du für alle Übungen einen Satz ausgeführt hast, machst du eine Pause von 2–3 Minuten und beginnst schließlich wieder mit der ersten Übung.

Du kannst auch mit Wiederholungen trainieren, wenn du diese Form des Trainings bevorzugst. Dazu empfehlen sich 8–12 Wiederholungen pro Satz einer Übung bei vorrangigem Ziel Muskelaufbau und 15–20 (30) Wiederholungen, wenn dein Training auf die Verbesserung der Kraftausdauer ausgerichtet ist.

Alternativ kannst du so trainieren, dass du zuerst eine Bewegungsrichtung (Muskelgruppe) trainierst und dann deren Gegenbewegung (Gegenspieler), was sich beispielsweise für »Druck nach vorn« (Liegestütz) und »Zug nach hinten« (Ruderbewegung) anbietet. Dann führst du wieder die erste Übung aus und fährst so fort, bis du alle Sätze gemacht hast. Anschließend beginnst du mit dem nächsten Übungspaar.

Als weitere Option kannst du so vorgehen, dass du zuerst alle Sätze einer Übung machst, bevor du mit der nächsten Übung beginnst. Dieses Vorgehen erfordert allerdings, dass du 1–3 Minuten zwischen 2 Übungssätzen pausierst, wodurch sich die gesamte Trainingszeit für das Workout deutlich verlängert.

Prinzip 6: Regeneriere angemessen

Nach einer Trainingseinheit benötigt die aktivierte Muskulatur eine Pause, um sich zu erholen und ein größeres Leistungsvermögen zu entwickeln. Dabei gilt: Du darfst weder zu kurz noch zu lange pausieren. Denn wenn du zu lange vom Training pausierst, dann baut dein Körper sein Leistungsvermögen wieder ab (Seite 81). Pausierst du hingegen zu kurz, dann kann sich dein Körper nicht erholen und ein erhöhtes Leistungsvermögen entwickeln, es kann sich sogar ein Zustand von Übertraining einstellen. Da du deinen Körper zusätzlich zum Krafttraining mit Muay Thai belastest, musst du dies bei deiner Wochenplan entsprechend berücksichtigen.

Üblicherweise wird eine Erholungsdauer von 1–3 Tagen zwischen 2 Krafteinheiten für dieselbe Bewegungsrichtung, also der daran vorrangig beteiligten Muskelgruppen, empfohlen. Die optimale

Zeitdauer ist von Trainingsintensität, Leistungsstand und Regenerationsmaßnahmen abhängig. Achte auf deinen Körper: Fühlst du dich kräftig und leistungsbereit, dann kannst du trainieren. Fühlst du dich hingegen müde und schlapp, dann trainiere andere Körperpartien oder verzichte auf eine Trainingseinheit. In »Teil 5: Trainingsplanung« findest du Pläne, die zeigen, wie du die Trainingswoche effektiv gestaltest.

Du kannst auf die Regenerationsphase einwirken, indem du auf genügend Schlaf und Erholungsphasen achtest. Zudem kannst du die Regenerationsphase durch eine Massage mit der Faszienrolle und Saunabesuche etwas verkürzen. Entscheidend ist außerdem, wie du dich ernährst. Wähle gesunde Nahrungsmittel, verzehre genügend Eiweiß und viel Gemüse, Salat und etwas Obst. Das Ausgleichen durch basische Nahrungsmittel ist wichtig, um eine Übersäuerung des Körpers zu vermeiden, denn mit der Zeit können sich aus einer fortlaufenden Übersäuerung zahlreiche gesundheitliche Problematiken entwickeln. Ich empfehle dir, dich zur Thematik »Übersäuerung« ergänzend zu informieren.

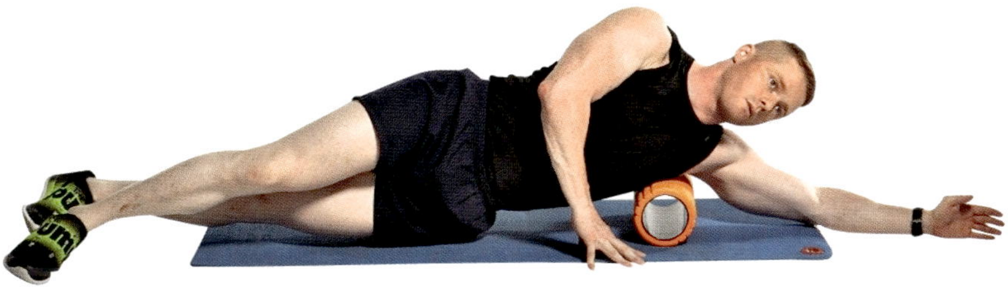

Das Abrollen mit der Faszienrolle hilft, die Regeneration zu beschleunigen.

So atmest du beim Krafttraining

Die korrekte Atmung ist vom Trainingsziel beziehungsweise der Trainingsmethode abhängig. Verfahre bei den Übungen wie folgt:

- Atme ein, wenn du dich in die Anfangsposition begibst, atme während der Anstrengungsphase aus und beim Zurückkehren in die Anfangsposition atmest du wieder ein. Das bedeutet: Bei Druckbewegungen atmest du während dem Absenken in die tiefe Position ein und atmest während der Streckphase aus. Bei Zugbewegungen atmest du während des Streckens ein und beim Heranziehen atmest du aus.
- Führst du die Übungen jedoch sehr langsam aus oder bleibst über einige Sekunden oder über den kompletten Übungsverlauf statisch in einer Position, dann atme durchgehend gleichmäßig ein und aus.
- Bei explosiver Übungsdurchführung (z. B. »K 2: Sprung-Liegestütz«) atmest du ein während du dich in die Anfangsposition begibst und atmest aus während der explosiven Phase.
- Wenn du hingegen Sprungübungen mit hohen Wiederholungszahlen zur Förderung der Kraftausdauer ausführst, kannst du wie zuvor beschrieben atmen. Alternativ kannst du durchgehend gleichmäßig atmen, da dies helfen kann den Puls etwas zu senken, und wenn dies gelingt, dann wirst du die Leistung länger erbringen.

So führst du die Übungen aus

Beginne die Übung in einer stabilen Anfangsposition und baue Körperspannung auf und halte sie durchgehend aufrecht. Spanne die Bauch- und die Gesäßmuskulatur an, die Schultermuskulatur nach hinten unten und achte auf einen geraden Rücken. Kontrolliere dich regelmäßig vor einem Spiegel. Führe die Übung konzentriert aus und achte auf technisch korrekte Bewegungen. Vermeide Ausweichbewegungen wie Verdrehen des Körpers und Schwung holen, denn dies führt nicht zu einem besseren Trainingsergebnis, sondern erhöht die Verletzungsgefahr. Du wirst beim Klimmzug feststellen, wie die Rücken-, Hand-, Unterarm- und vordere Oberarmmuskulatur zittert und ermüdet. Durch ruckartige Bewegungen und Ausweichbewegungen wie Hochziehen der Schultern gelingt es dir vielleicht, eine Wiederholung mehr auszuführen, dadurch wird die Muskulatur aber nicht besser trainiert. Die Zielmuskulatur muss während der gesamten Übungsdurchführung aktiviert bleiben. Die Muskelaktivität nimmt während der Bewegung zu und ist in der Endposition am intensivsten, deshalb kann die Übung auch durch Halten der Endposition und Teilbewegungen intensiviert werden.

Führe dein Körpertraining ausgeglichen aus, d.h. trainiere die rechte und die linke Körperseite mit der gleichen Intensität. Kräftige eine Bewegungsrichtung (Muskelgruppe) mit der gleichen Satzzahl wie die Gegenbewegung (Gegenspieler), beispielsweise die Bewegung »Zug nach hinten« ebenso wie die Bewegung »Druck nach vorn«. Wenn du dein Training in unterschiedliche Workouts aufteilst, dann achte darauf, dass die Bewegungen im Wochenplan ausgeglichen vorhanden sind.

Einseitiges Training sowie Verletzungen können dazu führen, dass sich Muskelungleichgewichte und eine schlechte Körperhaltung entwickeln. Solche Schwachstellen musst du beseitigen, da diese zu verringerter Leistungsfähigkeit führen, generell die Verletzungsgefahr erhöhen und die Gelenke belasten. Du kannst dann die doppelte Anzahl an Sätzen für die schwächere Muskulatur einige Wochen lang machen, bis sich wieder ein ähnliches Kräfteverhältnis eingestellt hat.

Trainiere intensiv, aber ohne Schmerzen. Falls eine Übungsbewegung schmerzt, dann musst du abstoppen. Lässt der Schmerz umgehend nach, dann mache dir deine Körperhaltung bewusst und versuche die Übung nochmal. Tritt der Schmerz erneut auf, dann wähle eine andere Übung für diese Muskelgruppe. Lässt der Schmerz jedoch auch im Ruhezustand nicht nach, dann beende das Training und suche einen Arzt auf.

WICHTIGE Hinweise

Nimm die stabile Anfangsposition ein und führe die Übung ohne Ausweichbewegungen und Fehlstellungen durch. Wähle ein Gewicht beziehungsweise eine Intensität, womit du die Übung technisch korrekt ausführen kannst. Wiederhole die Übung so oft (wenn du mit Wiederholungen trainierst) beziehungsweise so lange (wenn du Zeitintervallen trainierst), wie dies die von dir genutzte Trainingsmethode verlangt (Seite 82 und 105–115). Kräftige immer beide Körperseiten, auch wenn bei der Übungsbeschreibung nur die Durchführung zu einer Seite beschrieben ist.
Bei den Übungen wird hervorgehoben, ob eine Muskulatur vorrangig (**++**) oder mitgekräftigt wird (**+**).

K 1 Liegestütz

KRÄFTIGUNG

++ Brust-, hintere Oberarm- und vordere Schultermuskulatur

\+ Rumpfmuskulatur

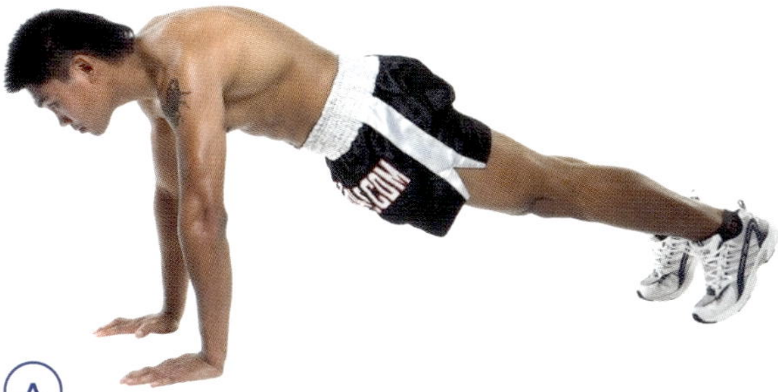

(A)

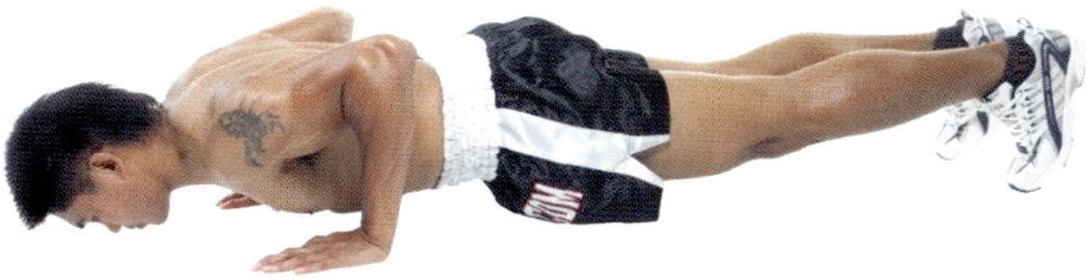

(B)

Die Anfangs- und die Endposition.

SO GEHT'S

- Du bist in der Liegestütz-Position mit den Händen unter den Schultergelenken. Die Füße stehen nahe beieinander, die Arme sind gestreckt und die Ellbogen weisen maximal 45 Grad nach außen (A).
- Spanne die Gesäß- und die Bauchmuskulatur an, indem du den Bauchnabel nach innen und oben ziehst. Die Schulterblätter bringst du zusammen und in Richtung Gesäß.
- Beuge die Arme bis deine Brust fast den Boden berührt (B) und atme ein. Die Ellbogen werden recht nahe am Körper entlang bewegt. Halte kurz diese Position.
- Drücke dich mit Ausatmung nach oben und wiederhole dann die Übung.
- Halte den Körper durchgehend in Spannung und vermeide es, ein Hohlkreuz einzunehmen und den Kopf runterzuschieben.

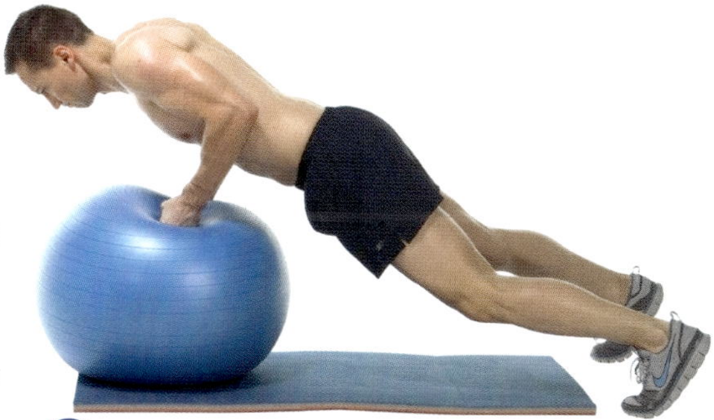

(C) Der Faust-Liegestütz auf einem Gym-Ball.

VARIANTEN

Umso näher du die Ellbogen am Körper bewegst, desto mehr Aktivität wird von der hinteren Armmuskulatur ausgeführt.

Du kannst auch Liegestütze auf den Fäusten machen, um die Handgelenke zu stabilisieren. Sehr intensiv wird die Ausführung auf einem Gym-Ball (C).

K2 Sprung-Liegestütz

KRÄFTIGUNG
++ Brust-, hintere Oberarm-, vordere Schulter- und Rumpfmuskulatur

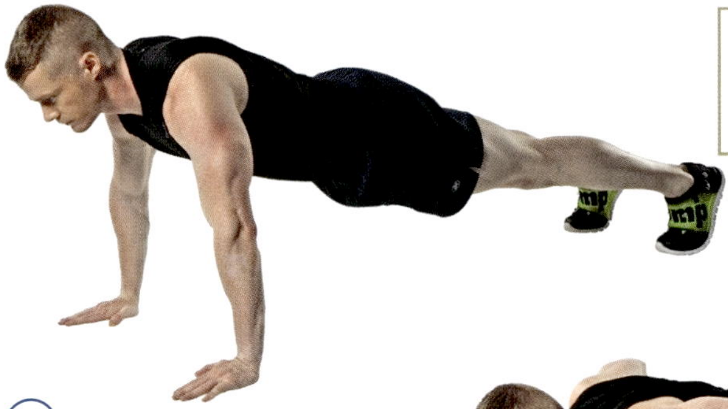

(A)

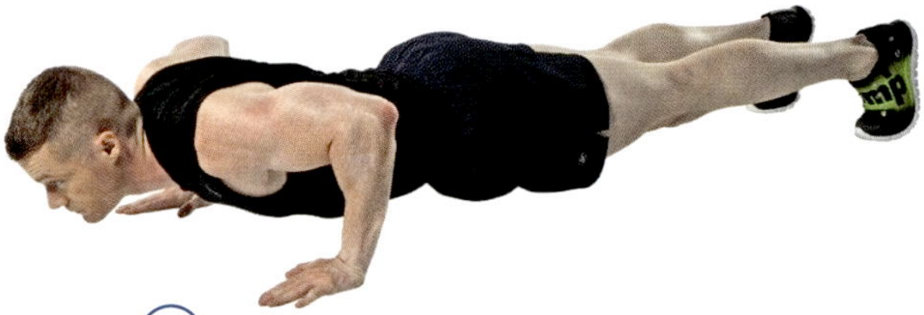

(B)

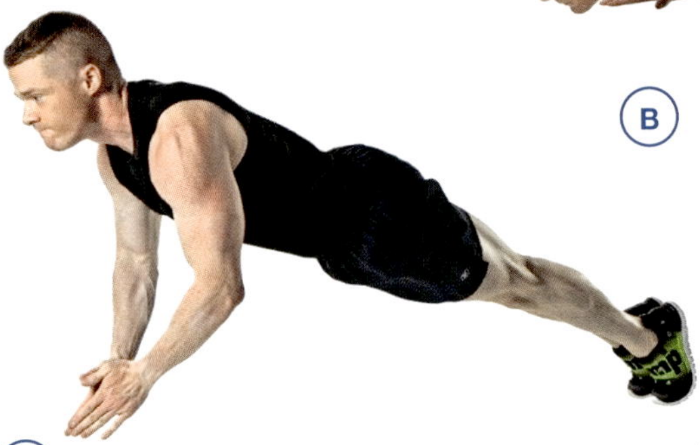

(C)

Der Bewegungsablauf.

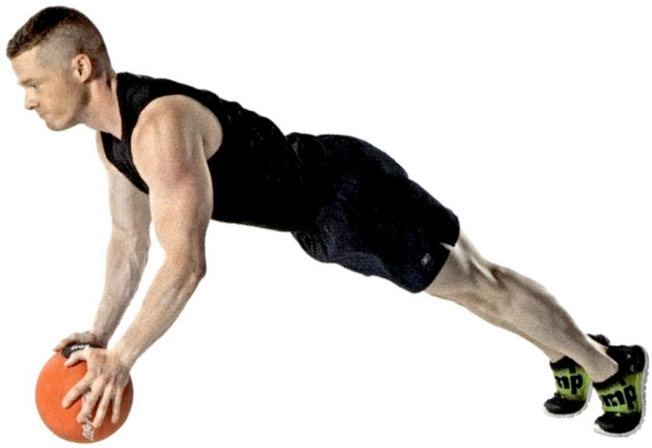

(D) Die Variante mit Medizinball.

SO GEHT'S

- Begib dich in Liegestütz-Position auf den Boden. Die Hände sind etwa unter den Schultergelenken (A).
- Spanne die Bauch- und die Gesäßmuskulatur an und die Schultern leicht nach hinten und in Richtung Gesäß.
- Beuge die Arme und halte kurz die Position (B). Spring explosiv nach oben ab. Du kannst die Hände zusammen klatschen (C), was aber nicht zwingend ist.
- Komm möglichst leicht mit den Händen auf dem Boden auf und beuge die Arme wieder, um die Übung zu wiederholen.

VARIANTEN

Du vereinfachst die Übung, indem du abspringst, ohne die Hände zusammenzubewegen.
Du intensivierst die Übung, wenn du mit einem Medizinball zwischen den Händen übst (D).

K3 Klimmzug

KRÄFTIGUNG

++ obere Rücken-, vordere Oberarm- und Unterarmmuskulatur

\+ Schulter-, Bauch- und Handmuskulatur

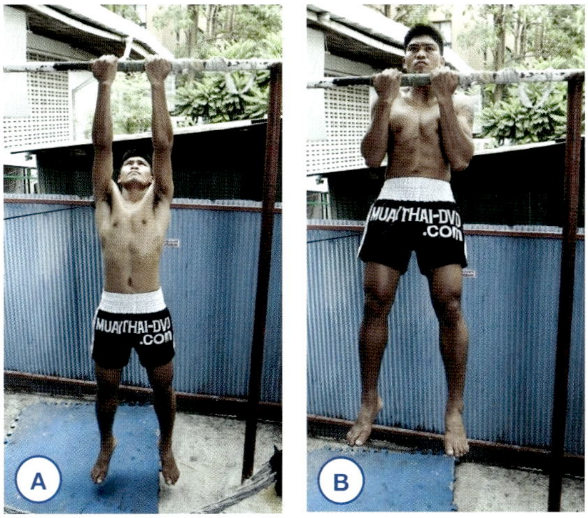

Die Anfangs- und die Endposition mit den Handrücken vorn.

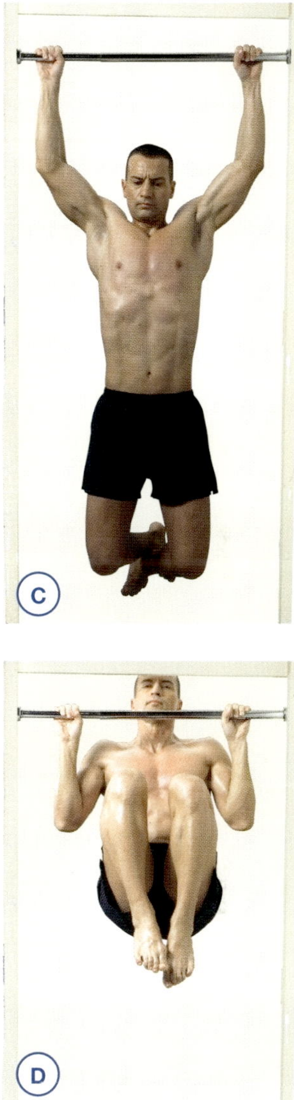

Der Klimmzug mit den Handflächen vorn und mit Beinanziehen.

SO GEHT'S

- Du hängst frei an einer Klimmzug-Stange. Die Arme sind schulterbreit oder etwas enger zusammen mit den Handrücken nach vorn gerichtet und festem Griff (A).
- Aktiviere die Bauch- und die Gesäßmuskulatur, spanne die Schulterblätter nach hinten unten und atme ein.
- Ziehe dich in einer gleichmäßigen Bewegung hoch, bis die Brust nahe der Stange ist (B). Die Ellbogen bewegen sich zu den Rippen. Gleichzeitig atmest du aus.
- Halte kurz die Position, bevor du dich langsam in die Anfangsposition zurücksenkst. Halte auch in der tiefen Position die Muskulatur in Spannung. Dann wiederholst du die Übung.
- Vermeide Ausweichbewegungen wie Schwungholen und Anziehen der Schultern.

VARIANTEN

Du kannst mit nach vorn gerichteten Handflächen greifen und dazu den Handabstand vergrößern (C).

Zudem kannst du gleichzeitig zum Klimmzug die Beine anziehen, was die Rumpfmuskulatur intensiv mitfördert (D).

K4 Rudern

KRÄFTIGUNG

++ obere Rückenmuskulatur

+ Unterarm-, vordere Oberarm-, hintere Schulter- und Nackenmuskulatur

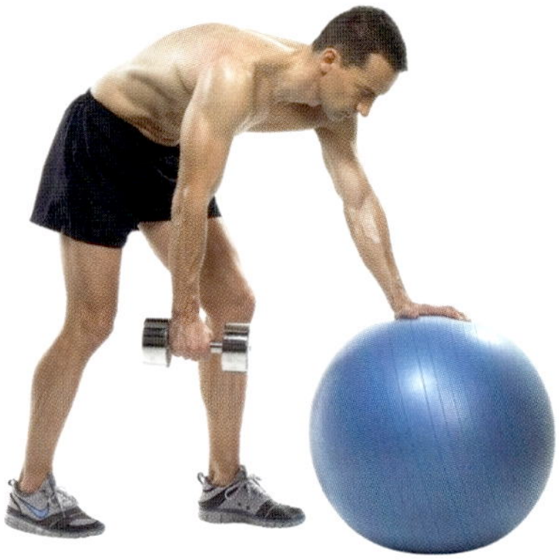

(A)

Die Anfangs- und die Endposition.

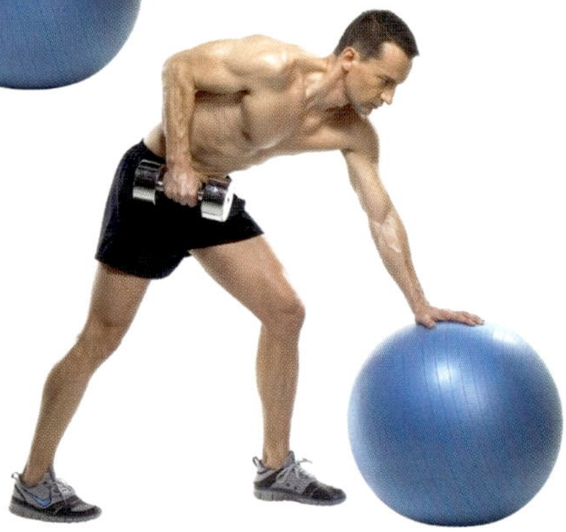

(B)

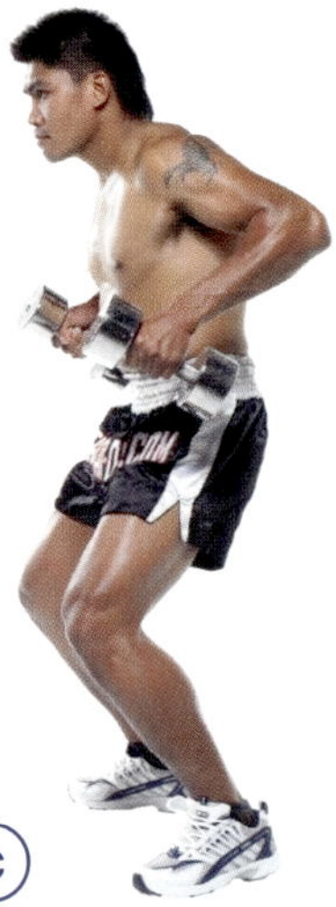

(C)

Das beidarmige Rudern.

SO GEHT'S

- Du stehst im Ausfallschritt und stützt dich mit einer Hand auf den Gym-Ball (A), die Trainingsbank oder einen Stuhl. In der anderen Hand hast du eine Kurzhantel, der Arm hängt nach unten und die Handfläche ist zum Körper gerichtet.
- Halte den Rücken gerade, aktiviere die Bauch- und die Gesäßmuskulatur und atme ein.
- Ziehe den Ellbogen weit nach hinten oben, eng am Körper entlang, und atme dabei aus. Halte kurz die Position (B).
- Senke kontrolliert die Hantel, und atme ein. Dann wiederholst du die Übung.
- Vermeide es, während der Übung die Schultern anzuziehen, und halte den Oberkörper gerade.

VARIANTEN

Du kannst alternativ deine Stützhand auf deinen vorderen Oberschenkel positionieren. Fortgeschrittene können ohne Abstützen üben und dazu die freie Hand hinter den Rücken legen.

Als weitere Option kannst du das Rudern beidarmig mit vorgebeugtem Oberkörper ausführen. Ziehe die Ellbogen nach hinten oben (C) und am Ende der Bewegung die Schulterblätter zueinander. Der Rücken darf dabei nicht bewegt werden.

K 5 Handstand-Liegestütz

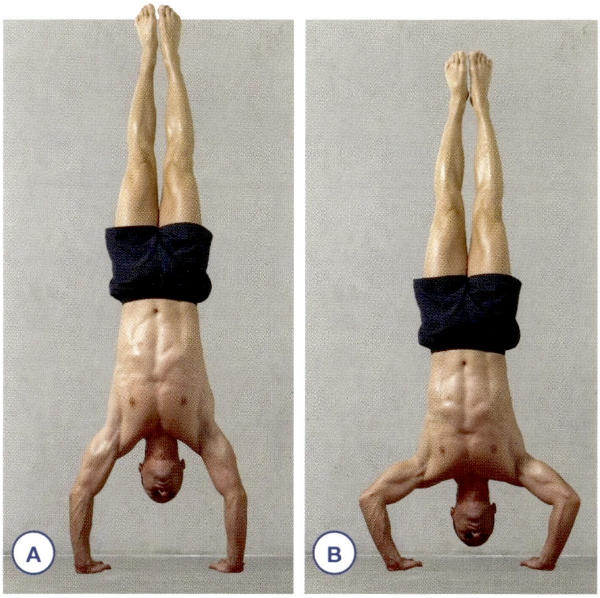

KRÄFTIGUNG

++ seitliche Schulter-, Nacken-, Unterarm- und hintere Oberarmmuskulatur

+ Brust-, Rumpf-, vordere und hintere Schultermuskulatur

Die Anfangs- und die Endposition.

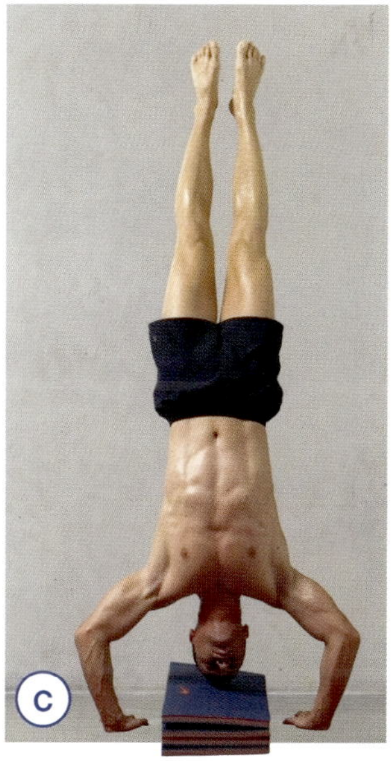

Die reduzierte Übung.

SO GEHT'S

- Stütze dich mit den Händen etwa 20–30 cm vor einer Wand auf dem Boden ab. Die Hände sind mindestens schulterbreit auseinander, die Finger zeigen zur Wand und sind gespreizt. Ein Bein ist etwas angezogen und das andere Bein ist nach hinten gestreckt.
- Hole Schwung und bringe die Beine an die Wand, das gestreckte Bein zuerst.
- Balanciere die Position aus und spanne die Hände fest in den Boden und die Schultern weg von den Ohren (A). Aktiviere die Bauch- und die Gesäßmuskulatur.
- Beuge langsam die Arme (B), bis der Kopf den Boden berührt. Stütze dich jedoch nicht mit dem Kopf ab.
- Drücke die Hände fest auf den Boden, strecke die Arme und atme dabei aus, um dich in die Anfangsposition zurückzubewegen. Dann wiederholst du die Übung.
- Halte den ganzen Körper in Spannung und achte auf geraden Rücken.

VARIANTEN

Einsteiger führen die Übung mit verringertem Bewegungsradius aus. Dazu kannst du einen kleinen Gegenstand (C) oder Bücherstapel so platzieren, dass sich dein Kopf während der Übung darüber befindet. Wenn du die beabsichtigte Wiederholungszahl erreichst, dann verringerst du die Höhe.
Gelingt dir das Beugen der Arme jedoch noch nicht, dann übe zuerst die statische Position zu halten, bis dir dies für 60 Sekunden gelingt. Fortgeschrittene können einen Fuß von der Wand nehmen.

K6 Schulterpresse

KRÄFTIGUNG

++ seitliche und vordere Schultermuskulatur

+ Brust- und hintere Oberarmmuskulatur

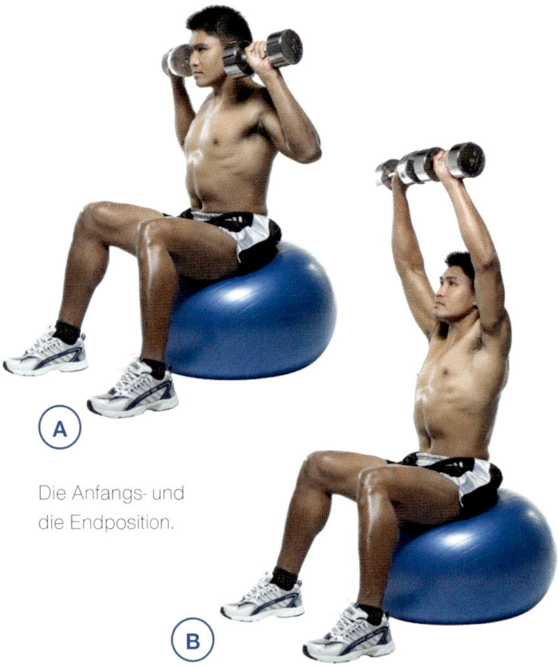

(A) (B)

Die Anfangs- und die Endposition.

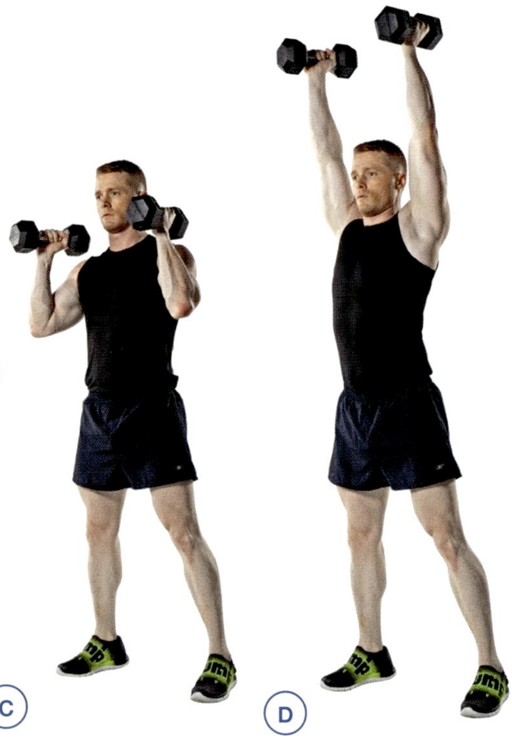

(C) (D)

Die Variante im Stand.

SO GEHT'S

- Setze dich aufrecht auf einen Gym-Ball (A), eine Trainingsbank oder einen Stuhl. Die gebeugten Arme sind in der Luft, die Ellbogen weisen nach außen. In den Händen hast du Kurzhanteln, mit zueinander gerichteten Daumen.
- Drücke die Füße auf den Boden, spanne die Bauch- und die Gesäßmuskulatur an und ziehe die Schulterblätter nach hinten unten. Dabei atmest du ein.
- Drücke die Hanteln nach oben und zusammen (B), wobei du ausatmest. Die Handhaltung bleibt dabei bestehen.
- Senke die Hanteln ab und atme ein. Dann wiederholst du die Übung.
- Halte den Rumpf in Spannung, um ein Hohlkreuz zu vermeiden. Vermeide es, den Kopf vorzuschieben sowie Ausweichbewegungen mit den Hanteln.

VARIANTEN

Du kannst die Hanteln abwechselnd hochdrücken, ebenso kannst du sie mit den Handflächen zueinander halten. So erreichst du etwas unterschiedliche Muskelanteile.

Als Option kannst du die »Arnold«-Presse durchführen, wobei die Handflächen in der Anfangsposition zu dir zeigen und beim Hochdrücken nach vorn gedreht werden.

Alternativ kannst du die Übung im Stand machen (C)–(D).

K 7 Nackenziehen

KRÄFTIGUNG
++ Nacken-, Hals- und Kiefermuskulatur

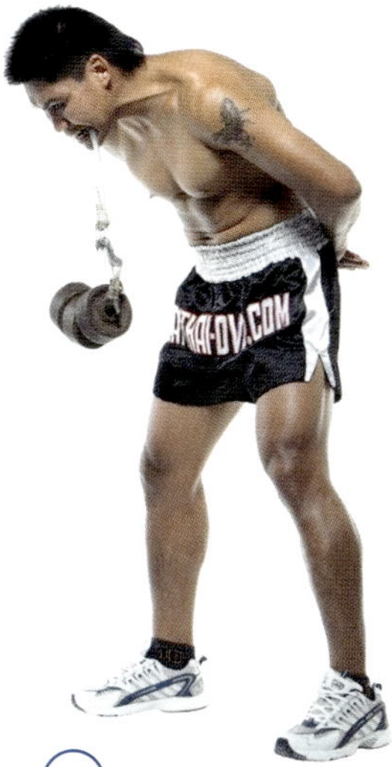

(A)

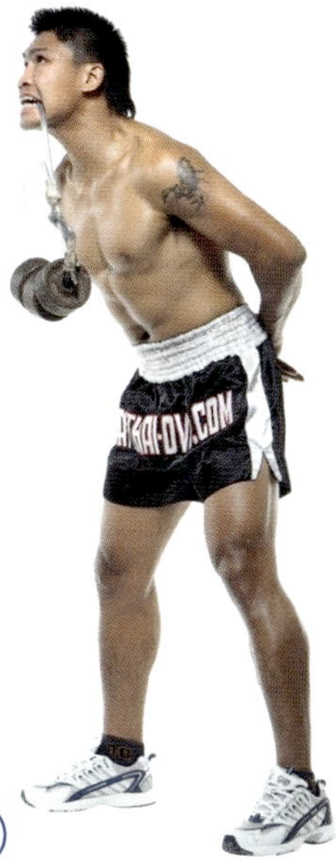

(B)

Die Spannung nach hinten.

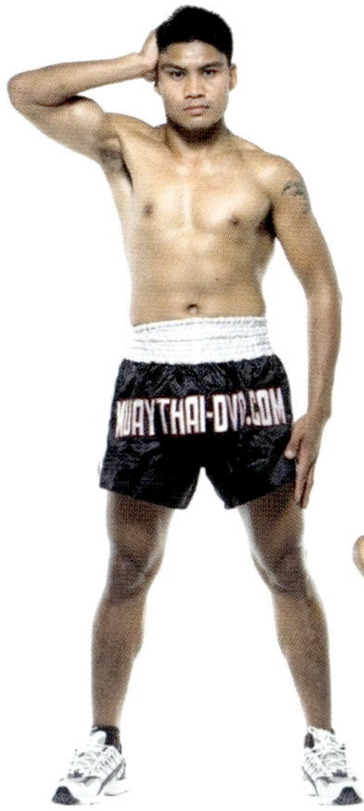

(C)

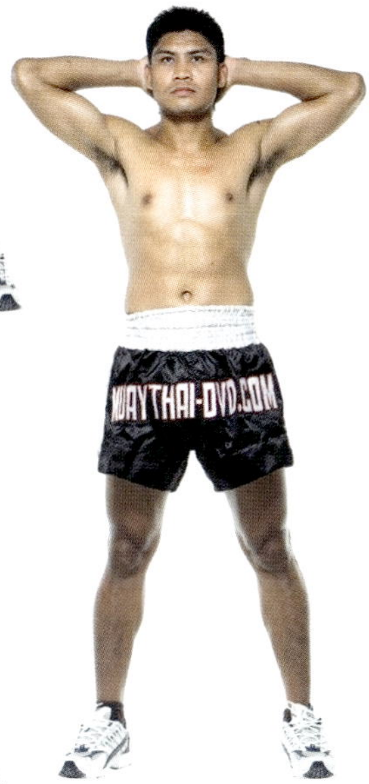

(D)

Die Spannung gegen die Handfläche nach rechts und nach hinten.

SO GEHT'S

- Du stehst in stabiler Position, mit etwas auseinandergestellten Beinen. In den Zähnen hast du ein Kabel, an dem sich eine oder mehrere Gewichtsscheiben befinden (A). Nimm jedoch kein hohes Gewicht, um eine Verletzung der Zähne zu vermeiden.
- Bringe den Rumpf in Spannung und beuge den Kopf etwas nach vorn.
- Bewege den Hinterkopf langsam nach oben (B) und halte kurz die Position.
- Senke den Kopf wieder, um die Übung zu wiederholen.
- Achte auf langsame und gleichmäßige Bewegungen.

VARIANTEN

Du kannst die Übung auch mit einer Befestigung am Hinterkopf ausführen.
Als Option kannst du Kopf gegen deine Handfläche oder ein Fitnessband drücken. So ist die Spannung nach rechts (C), links, vorn und hinten (D) möglich, was die Halsmuskulatur ausgeglichen kräftigt. Bei diesen Varianten trainierst du allerdings nicht die Kiefermuskulatur mit.

K8 Beidbeinige Kniebeuge

KRÄFTIGUNG

++ Oberschenkelmuskulatur, insbesondere vorderer Anteil, Gesäß- und Wadenmuskulatur

+ Arm- und Rumpfmuskulatur, insbesondere untere Rückenmuskulatur

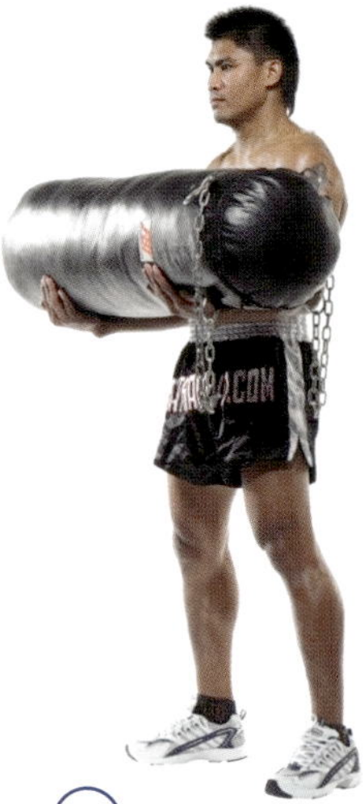

A

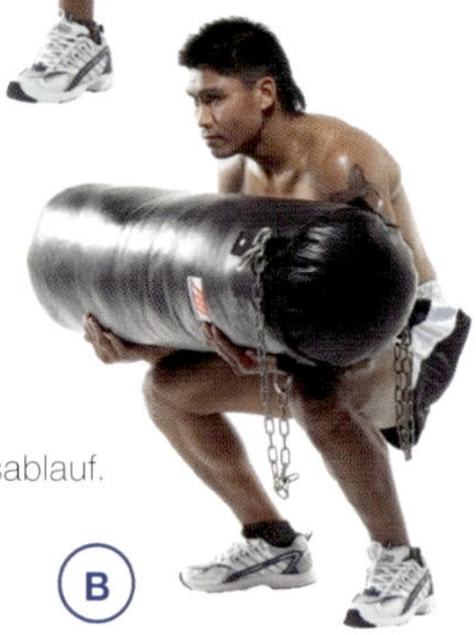

B

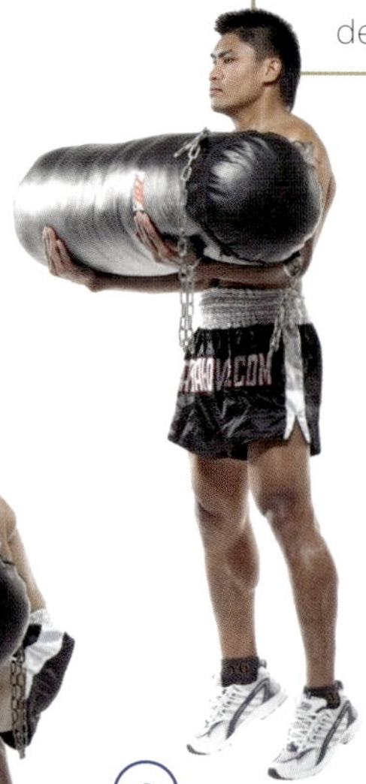

C

Der Bewegungsablauf.

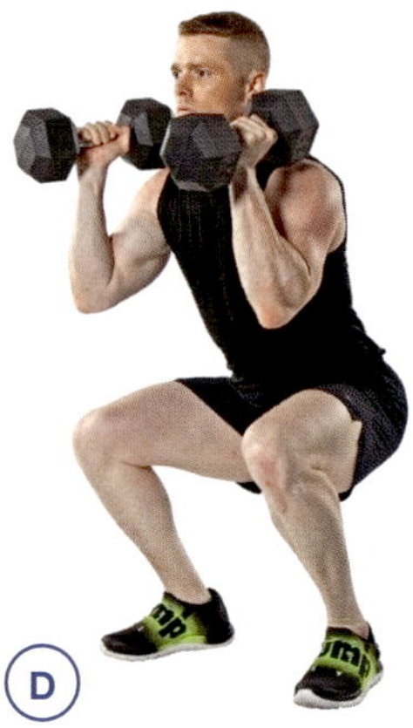

D

Die Variante mit Kurzhanteln über den Schultern.

SO GEHT'S

- Du stehst im aufrechten Stand, die Beine sind hüft- bis schulterbreit auseinander und die Füße zeigen vor oder leicht nach außen. Mit den Unterarmen hebst du einen Boxsack vor dem Körper (A) oder als Option hast du Kurzhanteln in den Händen.
- Spanne die Bauch- und Gesäßmuskulatur an und ziehe die Schulterblätter nach hinten unten.
- Beuge die Beine, indem du die Hüften nach hinten schiebst, bis die Oberschenkelknochen mindestens die senkrechte Position erreichen (B). Gleichzeitig atmest du ein. Halte kurz die Position.
- Drücke dich mit Ausatmung nach oben, wobei du auf die Zehen gehst (C). Halte auch kurz diese Position, bevor du dich in die Anfangsposition zurückbewegst. Wiederhole die Übung.
- Achte durchgehend auf Rumpfspannung und geraden Rücken, sowie darauf, dass die Knie nicht aus der Beinachse ausweichen.

VARIANTE

Einsteiger können ohne Zusatzgewicht trainieren.

Du kannst die Übung intensivieren, indem du den Boxsack auf den Schultern oder die Kurzhanteln über den Schultern (D) hebst.

Wenn du mit hohen Gewichten trainierst, dann verzichte auf das Anheben der Fersen in der Endphase der Übung.

K9 Ausfallschritt

KRÄFTIGUNG

++ Oberschenkelmuskulatur, insbesondere vorderer Anteil, Waden- und Gesäßmuskulatur
+ Rumpfmuskulatur

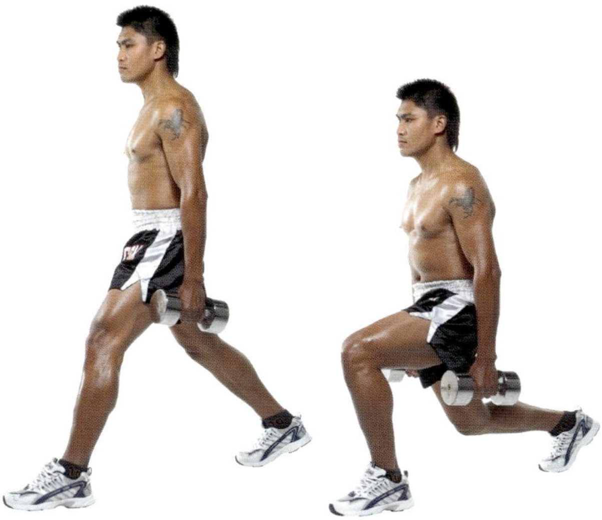

(A) (B)

Der Schritt nach vorn und die Kniebeuge.

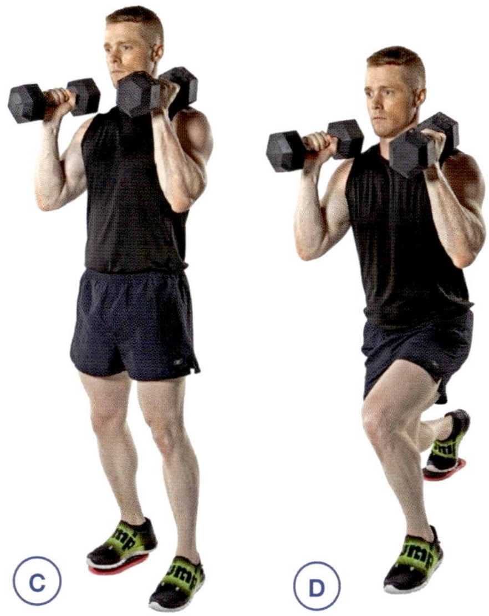

(C) (D)

Das Gleiten nach hinten, intensiviert mit Kurzhanteln.

SO GEHT'S

- Du stehst aufrecht, die Füße sind hüftbreit auseinander und nach vorn gerichtet. In den Händen hast du Kurzhanteln.
- Bringe die Rumpfmuskulatur in Spannung und ziehe die Schulterblätter nach hinten unten.
- Mache einen großen Schritt nach vorn und beuge die Beine (A)–(B), jedoch ohne das hintere Knie abzulegen. Gleichzeitig atmest du ein. Halte kurz die Position.
- Drücke dich mit Ausatmung zurück, wobei du vorrangig die Ferse des vorderen Fußes belastest. Du kommst wieder in die Anfangsposition mit den Füßen nebeneinander auf. Wiederhole die Übung.
- Halte den Oberkörper aufrecht, achte auf dein Gleichgewicht und vermeide Ausweichbewegungen mit dem vorderen Knie nach vorn oder zur Seite.

VARIANTEN

Du kannst die Schritte abwechselnd nach vorn machen.
Einsteiger können ohne Zusatzgewicht den Bewegungsablauf üben.
Du kannst intensivieren, indem du die Kurzhanteln gebeugt oder gestreckt über den Schultern hebst. Auch kannst du das Gewicht erhöhen.
Als weitere Option kannst du mit einer Slide-Scheibe nach hinten gleiten, um den Ausfallschritt einzunehmen (C)–(D).

K10 Sprung-Kniebeuge

KRÄFTIGUNG

++ Oberschenkelmuskulatur, insbesondere vorderer Anteil

\+ Waden-, Rumpf- und Gesäßmuskulatur

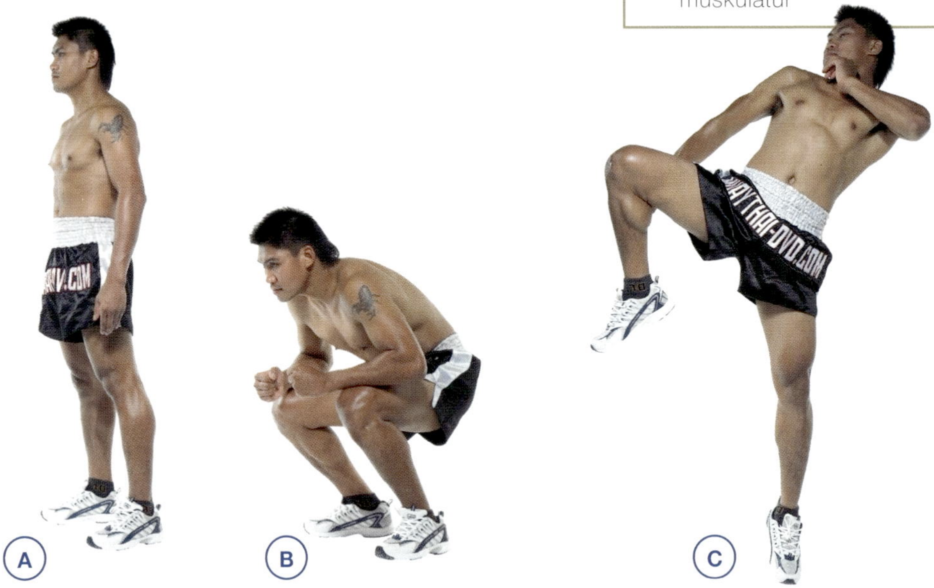

Der Kniestoßsprung aus der beidbeinigen Kniebeuge.

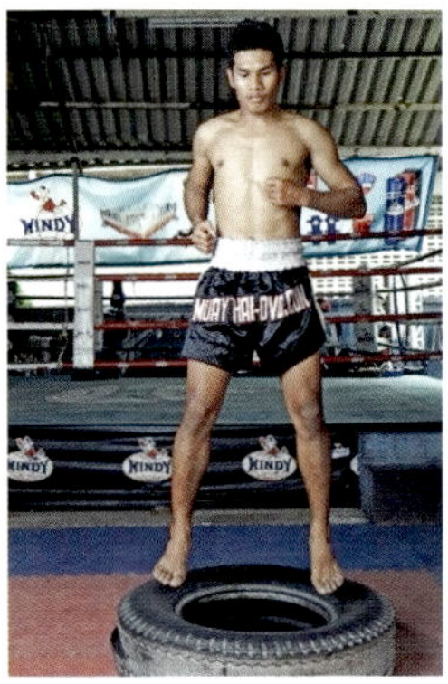

Das Sprungtraining auf dem Reifen.

SO GEHT'S

- Nimm den aufrechten Stand ein, mit hüft- bis schulterbreit auseinandergestellten Füßen (A).
- Bringe die Rumpfmuskulatur in Spannung und hebe die Unterarme gebeugt an, ähnlich als hast du eine Deckungshaltung.
- Beuge die Beine, indem du die Hüften nach hinten schiebst (B), bis die Oberschenkel etwa in waagrechter Position sind. Achte darauf, dass die Knie in der Beinachse bleiben.
- Springe explosiv nach oben und führen einen Kniestoß in der Luft aus (C).
- Komme kontrolliert auf dem Boden auf, möglichst leicht, und wiederhole dann die Übung.

VARIANTEN

Du kannst die Sprünge variieren und Kick-, Ellbogen- und Fausttechniken im Sprung ausführen.

Fortgeschrittene können einbeinig üben.

Eine Variante aus Thailand ist das Training der Sprungkraft auf dem Reifen (D).

K 11 Einbeinige Kniebeuge

KRÄFTIGUNG
++ Oberschenkel-, Gesäß- und Wadenmuskulatur
+ Rumpfmuskulatur

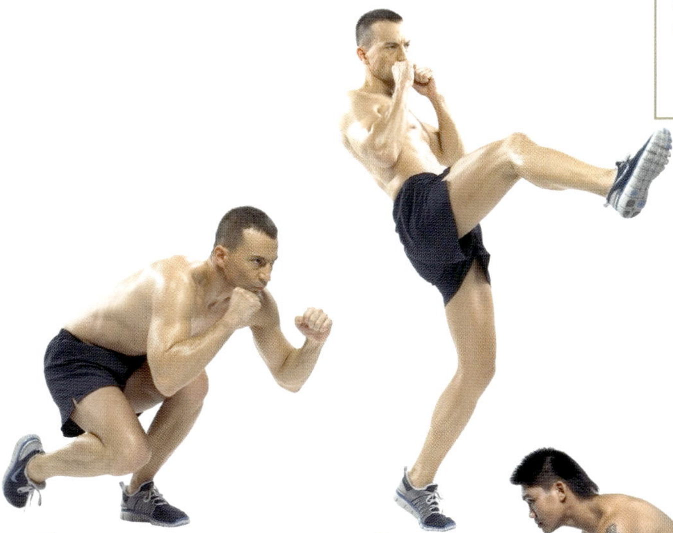

(A) (B)

Der Vorwärtstritt aus der einbeinigen Kniebeuge.

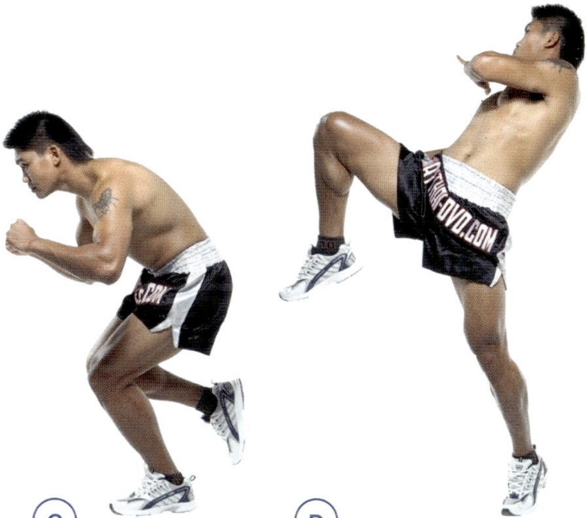

(C) (D)

Der Kniestoß aus der Kniebeuge.

SO GEHT'S

- Du stehst aufrecht auf einem Fuß, der andere Fuß ist nach hinten gerichtet in der Luft. Konzentriere dich auf die Belastung von Fußballen, Außenkante und Ferse, um stabil zu stehen. Die Arme befinden sich in leichter Deckungsposition vor dem Körper.
- Spanne die Bauch- und die Gesäßmuskulatur an und halte den Rücken gerade.
- Beuge langsam das Standbein und schiebe gleichzeitig die Hüften nach hinten (A). Während der Beugung atmest du ein. Halte kurz die gebeugte Position.
- Strecke explosiv mit Ausatmung das Bein und führe dabei mit dem anderen Bein einen Vorwärtstritt aus (B). Danach wiederholst du die Übung.
- Halte die Hüften und den Rücken gerade und vermeide mit dem Knie aus der Beinachse auszuweichen.

VARIANTEN

Du regulierst die Intensität durch die Tiefe der Kniebeugung.

Einsteiger können zuerst die Kniebeuge einbeinig üben, bevor sie den Tritt ergänzen. Ist dies noch zu intensiv, dann lege den hinteren Fuß auf einem Stuhl ab und mache so die Kniebeugen.

Du kannst die Tritte gegen einen Boxsack machen.

Als Option kannst du Kniestöße machen (C)–(D) und mit Absprung üben.

K 12 Beckenlift auf Fersen

KRÄFTIGUNG

++ hintere Oberschenkel- und Gesäßmuskulatur

+ Rumpf- und vordere Oberschenkelmuskulatur

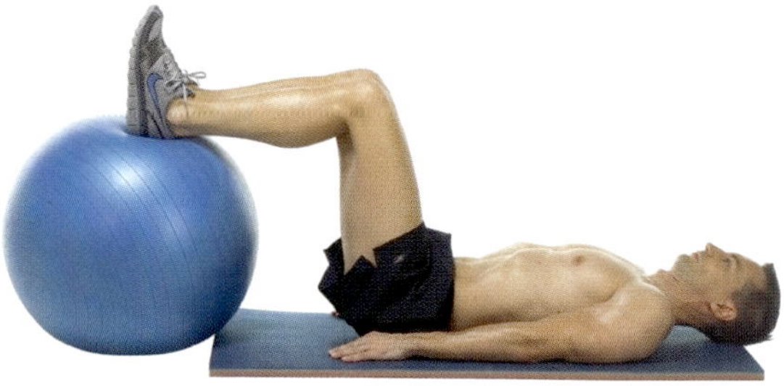

(A)

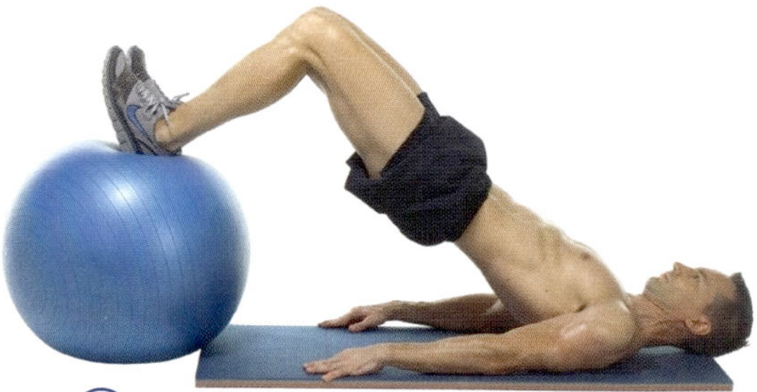

(B)

Der Beckenlift auf dem Gym-Ball.

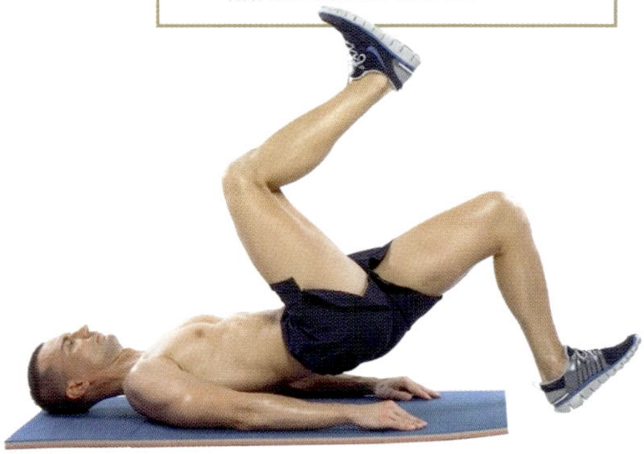

(C) Die einbeinige Variante am Boden.

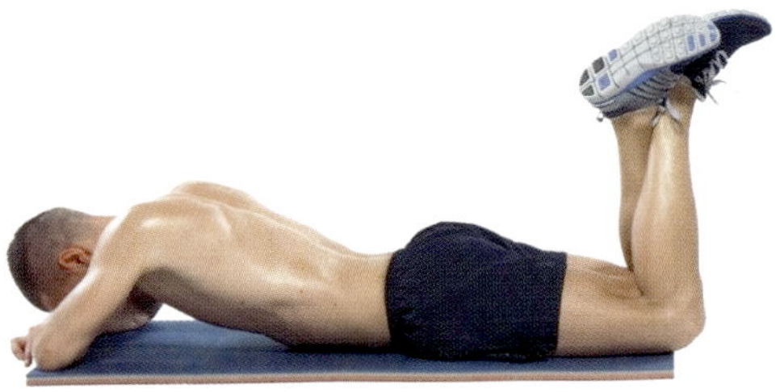

(D) Das Unterschenkelanziehen in Bauchlage.

SO GEHT'S

- Du befindest dich auf dem Rücken, die Fersen sind auf einem Gymball aufgestellt (A). Die Hände liegen locker neben dem Körper. Spanne die Bauch- und die Gesäßmuskulatur an und drücke die Fersen etwas in den Ball, und atme ein.
- Drücke die Fersen fest in den Ball und hebe das Becken so weit hoch, bis Oberschenkel und Rücken in einer Linie sind (B). Dabei atmest du aus. Die Position wird abhängig vom Leistungsniveau 40–60 Sekunden gehalten.
- Führe den nächsten Übungssatz mit einem anderen Kniegelenkswinkel aus.

VARIANTEN

Wenn du keinen Ball verfügbar hast, dann übe auf dem Boden.
Fortgeschrittene können die Übung einbeinig ausführen (C).
Alternativ kannst du Ballrollen machen. Aus der gestreckten Beinposition rollst du den Ball gleichzeitig zum Beckenheben heran.
Eine weitere Option ist das Unterschenkelanziehen in Bauchlage (D), wozu das freie Bein gegen das Übungsbein drückt.

K 13 Sit-up mit Drehung

KRÄFTIGUNG

++ vordere und seitliche Bauchmuskulatur

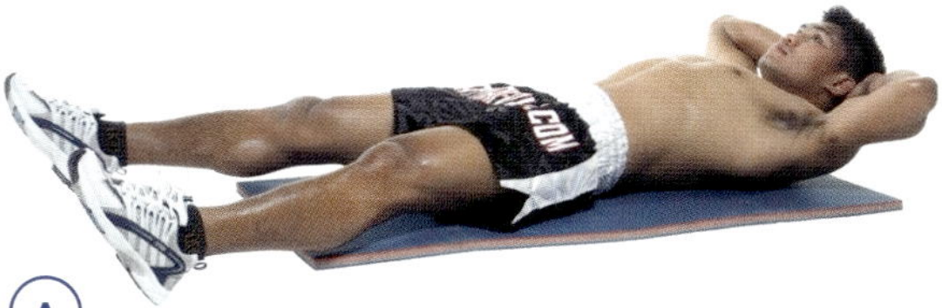

A

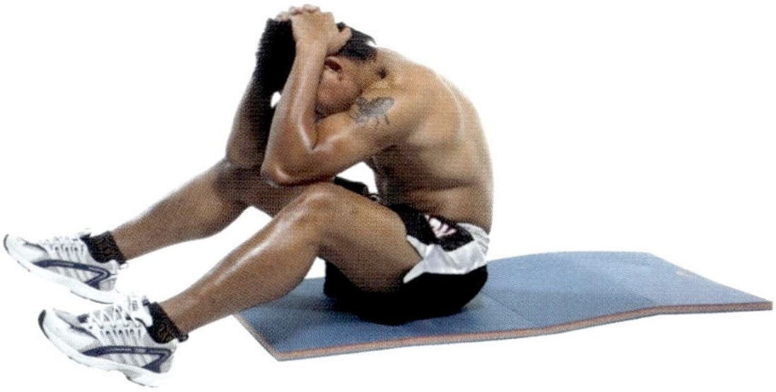

B

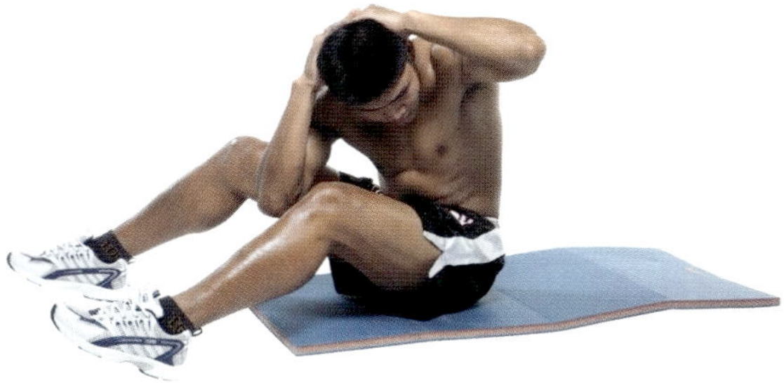

C

Der Bewegungsablauf.

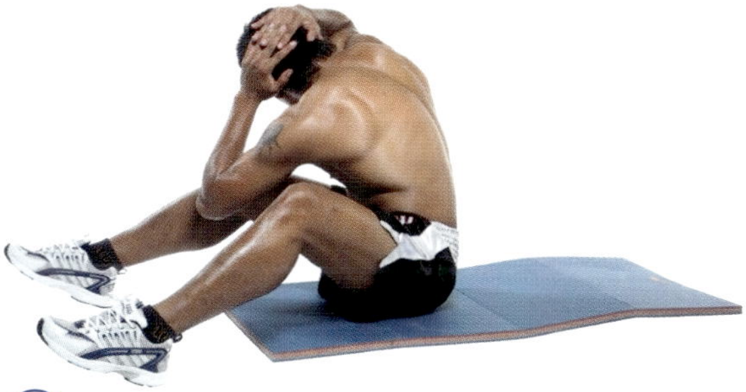

D

SO GEHT'S

- Du liegst auf dem Rücken, die Beine sind etwas angezogen oder gestreckt abgelegt und die Fersen aufgestellt. Die Hände hast du an den Schläfen (A).
- Drücke die Fersen auf den Boden, um die Position zu stabilisieren und ein Hohlkreuz während der Übung zu vermeiden.
- Hebe den Oberkörper mit Ausatmung an (B), ohne Schwung zu holen. Die gesamte Bewegung erfolgt mit der Kraft der Bauchmuskulatur.
- Drehe dich in oberer Position zur linken und zur rechten Seite (C)–(D).
- Senke den Oberkörper wieder, ohne ihn jedoch abzulegen, und atme ein. Dann wiederholst du die Übung.

VARIANTEN

Gelingt dir die Übung noch nicht ohne Schwungholen, dann übe zuerst mit gebeugt aufgestellten Beinen und mache reduziertes Oberkörperanheben (Crunch).
Du kannst die Übung mit Gewichtsscheibe in den Händen intensivieren.
Fortgeschrittene können mit Medizinball üben und den mit Kraft auf den Boden bringen: zuerst zur Mitte, dann nach links und rechts.

K 14 Käfer

KRÄFTIGUNG
++ vordere Bauchmuskulatur, insbesondere schräger Anteil
+ seitliche Bauchmuskulatur

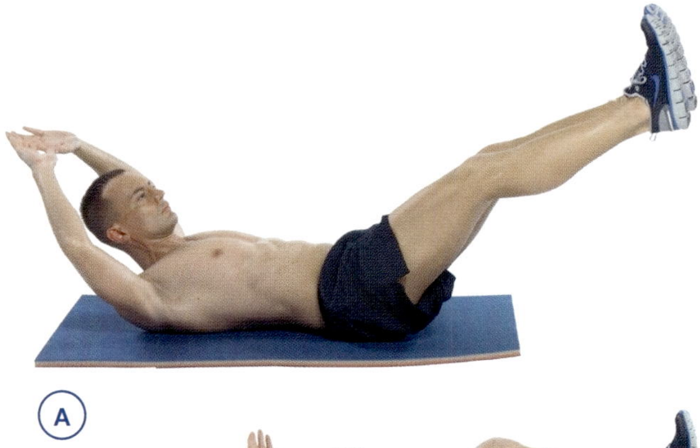

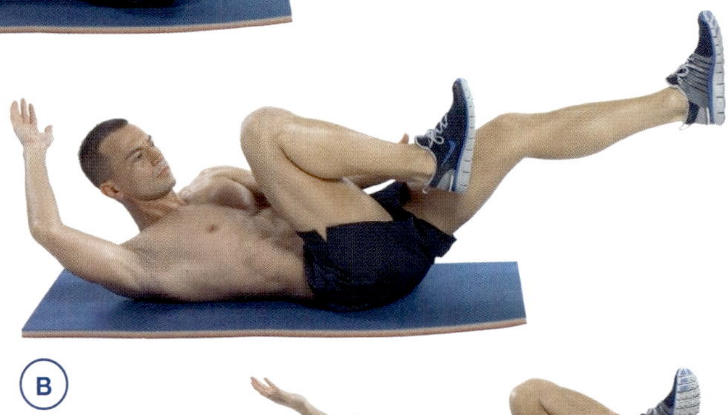

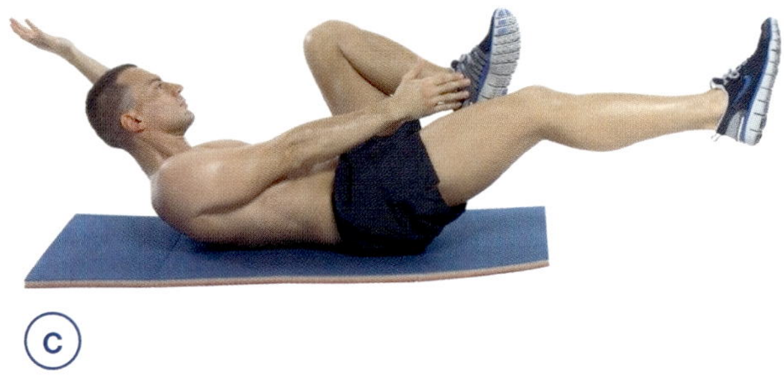

Der Bewegungsablauf.

SO GEHT'S

- Du liegst auf dem Rücken und hast die Arme neben dem Kopf abgelegt. Hebe den Kopf, die Arme und die Beine vom Boden ab (A), um den Körper in Vorspannung zu bringen.
- Bewege den Oberkörper zur rechten Seite. Gleichzeitig ziehst du das rechte Knie an und greifst mit der linken Hand an die rechte Fußinnenseite (B). Bewege dich in die Anfangsposition zurück, ohne den Körper abzulegen.
- Führe die Übung zur linken Seite aus und bringe den linken Fuß und die rechte Hand zueinander (C).
- Fahre entsprechend mit abwechselndem Anheben nach rechts und links fort, bis du die beabsichtige Wiederholungszahl erreicht hast. Vermeide es, die Übung mit Schwung auszuführen und ein Hohlkreuz zu bilden.

VARIANTEN

Zur Vereinfachung kannst du in der Anfangsposition die Hände an den Schläfen halten. Du kannst die Übung mit leichten Kurzhanteln intensivieren.

K 15 Frontstütz

KRÄFTIGUNG

++ Rumpfmuskulatur, insbesondere vordere Bauchmuskulatur

\+ Schulter-, Brust- und vordere Oberschenkelmuskulatur

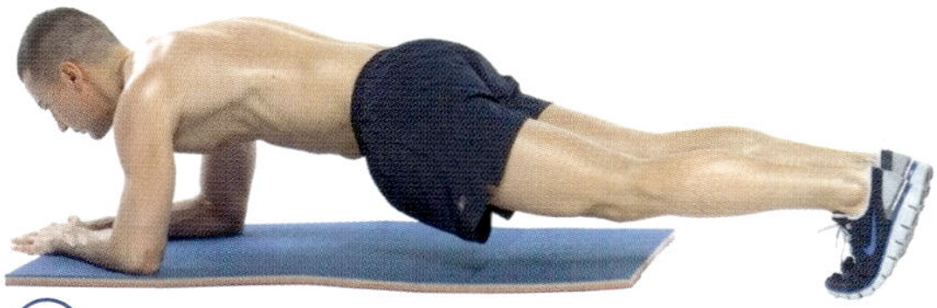

(A)

Der Unterarmstütz.

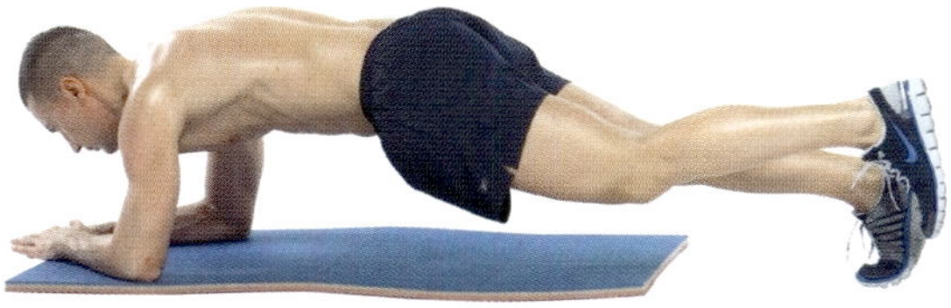

(B)

Der Unterarmstütz intensiviert mit Fußanheben.

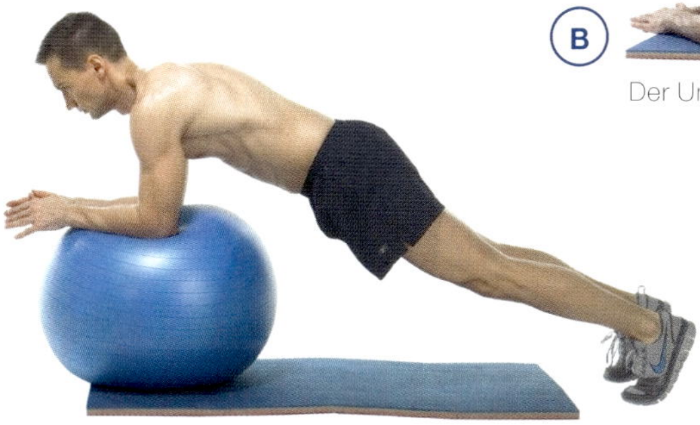

(C)

Die Übung mit den Unterarmen auf dem Gym-Ball.

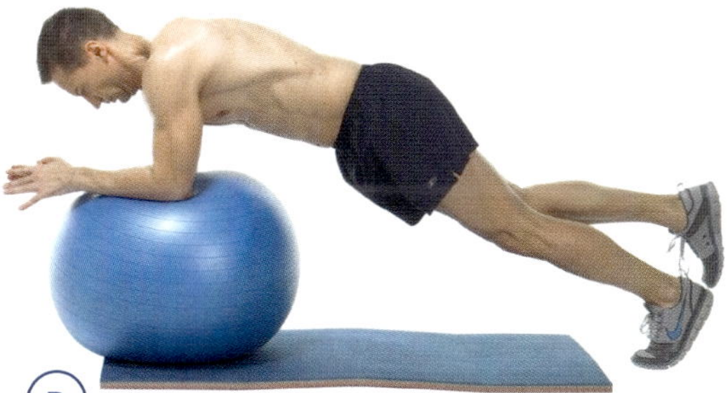

(D)

Die Intensivierung.

SO GEHT'S

- Du befindest dich in Bauchlage, die Füße sind aufgestellt und die Unterarme sind mit den Ellbogen unter den Schultergelenken positioniert.
- Drücke dich hoch, sodass Rücken, Becken und Oberschenkel eine gerade Linie bilden (A). Spanne die Füße und die Ellbogen zueinander und konzentriere dich auf die Aktivität der Bauchmuskulatur.
- Halte die Position für 40–60 Sekunden. Atme dabei durchgehend gleichmäßig. Spanne die Gesäßmuskulatur immer wieder nach.
- Achte darauf, dass du die Rumpfspannung bewahrst und damit ein Hohlkreuz verhinderst.

VARIANTEN

Du intensivierst die Übung, indem du abwechselnd den linken und rechten Fuß anhebst (B). Fortgeschrittene können den Gym-Ball einsetzen. Du kannst entweder die Zehen oder die Unterarme darauf positionieren (C) und auch dies mit Fußanheben intensivieren (D).

K 16 Seitstütz

KRÄFTIGUNG

++ Rumpfmuskulatur, insbesondere seitliche Bauchmuskulatur, und äußere Oberschenkelmuskulatur

\+ Schultermuskulatur

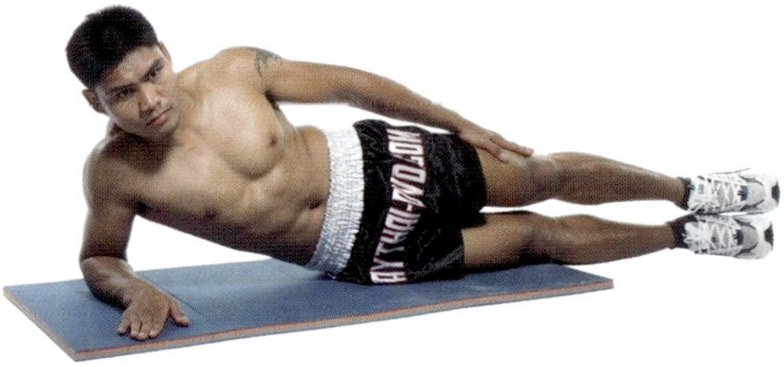

(A)

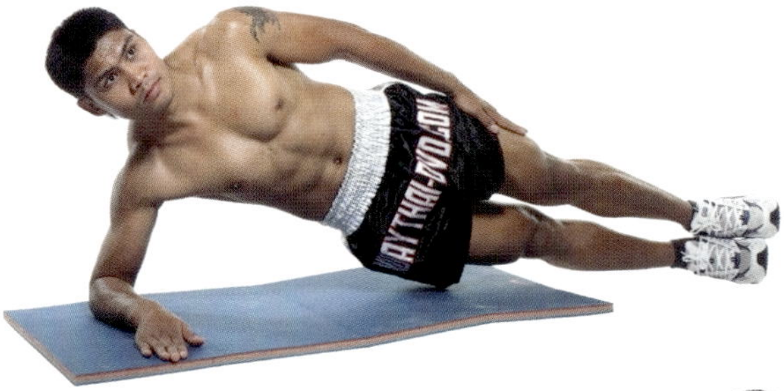

(B)

Die Anfangs- und die Endposition.

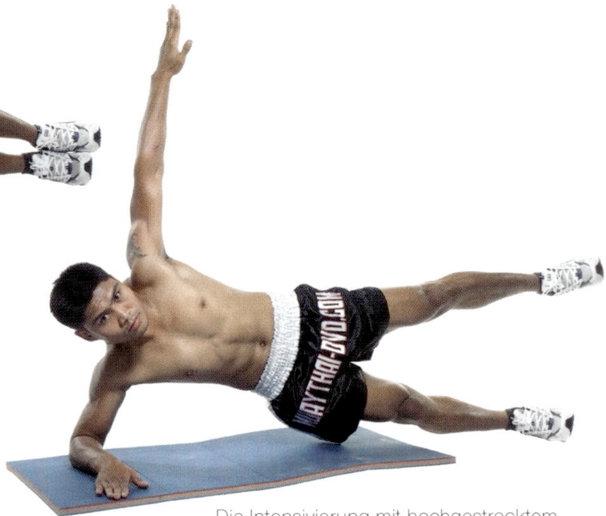

(C)

Die Intensivierung mit hochgestrecktem Arm und angehobenem Bein.

SO GEHT'S

- Du befindest dich im seitlichen Stütz. Der Ellbogen ist unterhalb der Schulter aufgestellt und das Becken ist auf dem Boden abgelegt. Die obere Hand hast du auf dem Oberschenkel (A).
- Hebe das Becken und den Oberschenkel an, sodass der Körper gerade ist (B).
- Halte die Position für 40–60 Sekunden und atme dabei gleichmäßig.
- Danach trainierst du die andere Körperseite entsprechend.
- Vermeide Ausweichbewegungen durch ein Verdrehen des Oberkörpers.

VARIANTEN

Als Option kannst du langsame Bewegungen mit dem Becken nach unten und wieder oben machen. In der unteren Position wird das Becken nicht abgelegt.

Du intensivierst, indem du mit gestrecktem Stützarm übst.

Fortgeschrittene können den oberen Arm hochstrecken und das obere Bein anheben (C). Zudem kannst du mit Kurzhantel in der oberen Hand üben.

K 17 Rückwärtiger Stütz

KRÄFTIGUNG

++ Rumpf-, insbesondere untere Rückenmuskulatur, Schulter-, hintere Oberarm- und hintere Oberschenkelmuskulatur

\+ Gesäßmuskulatur

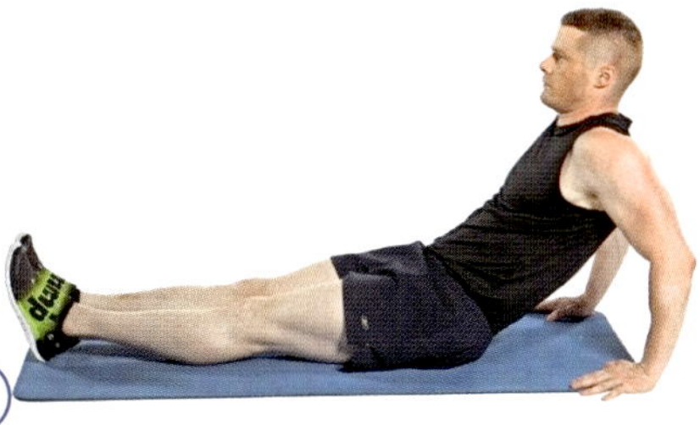

A

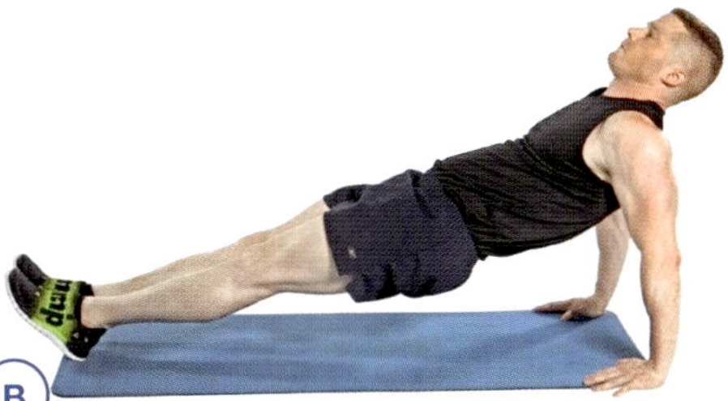

B

Die Anfangs- und die Endposition.

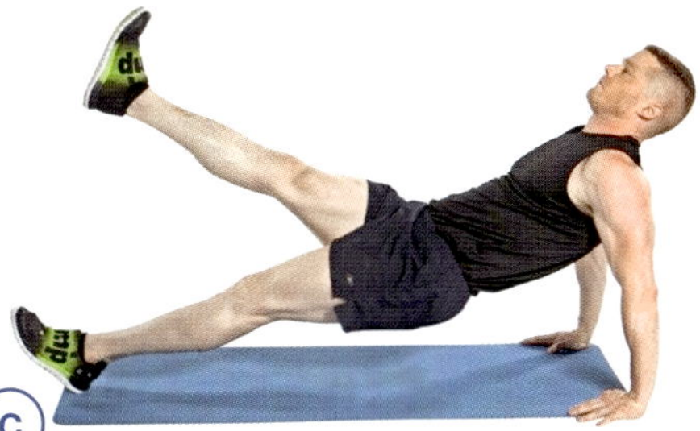

C

Die einbeinige Variante.

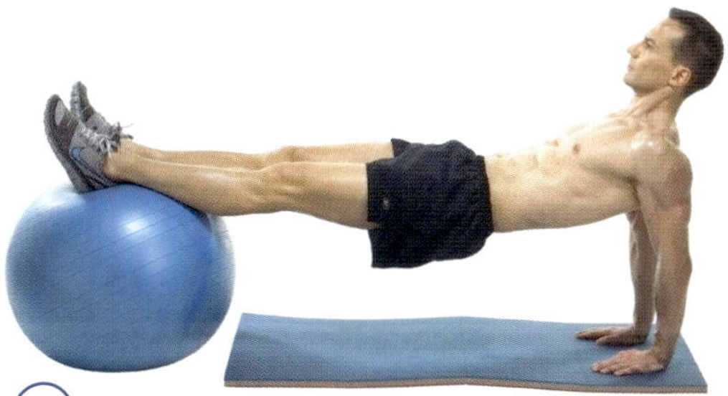

D

Die Intensivierung mit Gym-Ball.

SO GEHT'S

- Du sitzt auf dem Rücken, die Füße sind zusammen und die Beine sind gestreckt. Stütze dich mit den Händen auf den Boden, und zwar so, dass die Hände unter den Schultern sind (A).
- Spanne die Bauch- und die Gesäßmuskulatur an und die Schulterblätter zusammen.
- Drücke das Gesäß nach oben, bis der Rücken gerade ist (B).
- Halte diese Position abhängig von deinem Leistungsniveau für 40–60 Sekunden. Achte dabei auf eine gleichmäßige Atmung und Körperspannung.
- Die statische Ausführung über mehrere Sekunden entspricht der Ausführung eines Satzes bei den dynamischen Übungen.

VARIANTEN

Du intensivierst die Übung, indem du abwechselnd ein Bein hebst (C).
Fortgeschrittene können die Fersen auf einem Gym-Ball positionieren (D).

K 18 Arme und Beine anheben

KRÄFTIGUNG
++ untere Rückenmuskulatur
+ Nacken-, obere Rücken-, Bauch-, hintere Oberschenkel- und Gesäßmuskulatur

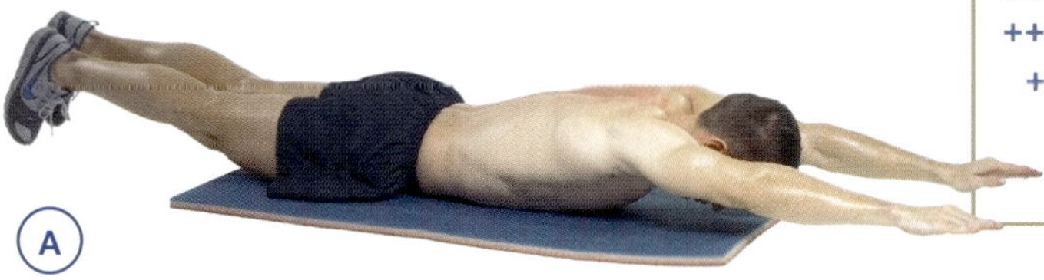

(A) Die Standard-Übung.

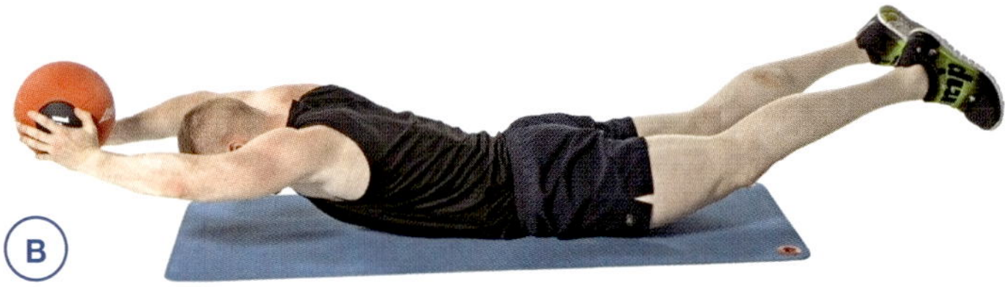

(B) Die Intensivierung mit Medizinball.

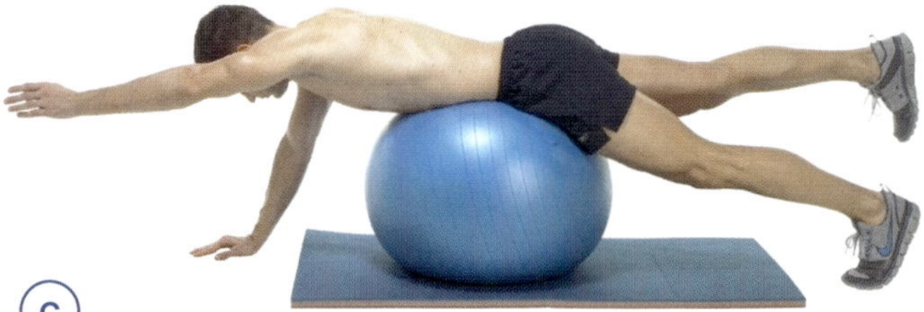

(C) Die Übung auf dem Gym-Ball mit diagonalem Arm- und Beinanheben.

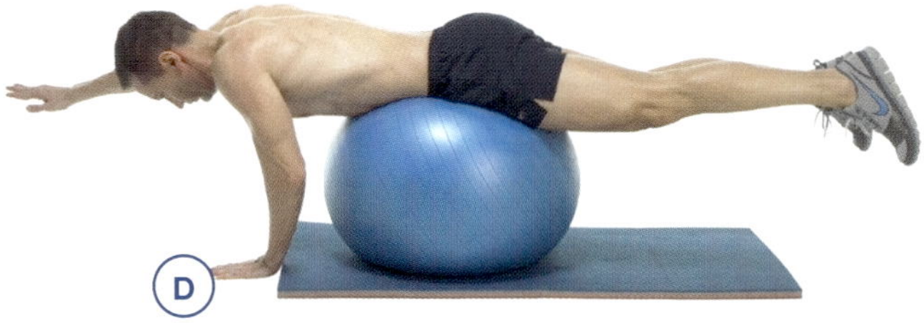

(D) Die Intensivierung mit einer stützenden Hand.

SO GEHT'S

- Du befindest dich in Bauchlage. Die Arme sind nach oben gestreckt. Spanne die Bauchmuskulatur nach innen oben und die Gesäßmuskulatur an.
- Hebe gleichzeitig Kopf, Arme und Beine vom Boden ab (A). Die Stirn ist parallel zum Boden.
- Halte die Position abhängig vom Leistungsniveau für 40–60 Sekunden und atme dabei gleichmäßig.
- Spanne die Bauch- und die Gesäßmuskulatur bewusst nach.

VARIANTEN

Du kannst mit Medizinball (B) oder leichten Kurzhanteln intensivieren.
Wenn du einen Gym-Ball zur Verfügung hast, dann hebe zuerst linkes Bein und rechten Arm ab (C). Danach trainierst du die andere Seite. Als Option kannst du beide Beine oder beide Arme anheben.
Fortgeschrittene können sich nur mit einer Hand (D) oder einem Fuß abstützen.

K 19 Beinanziehen und Liegestütz

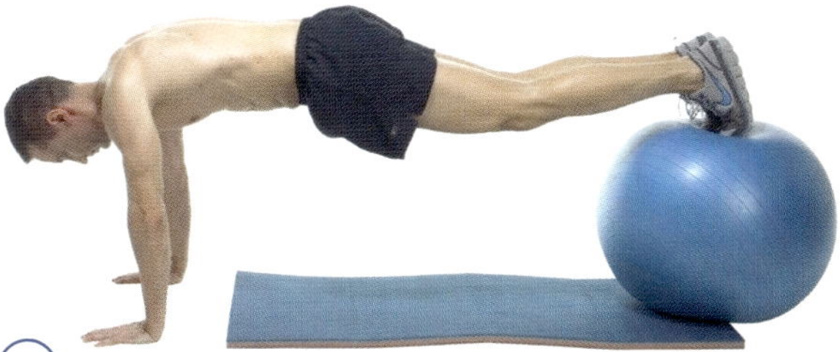

(A)

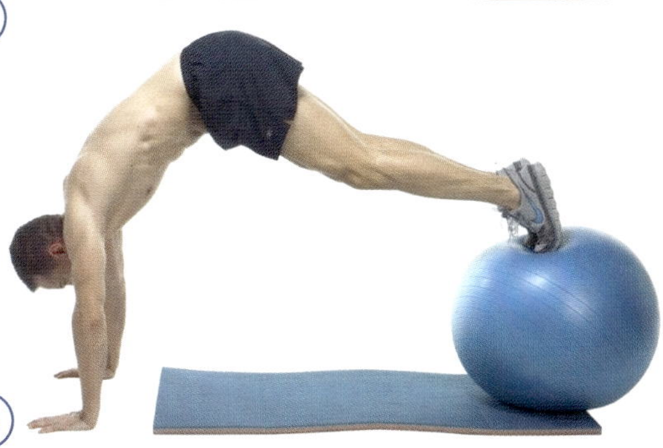

(B)

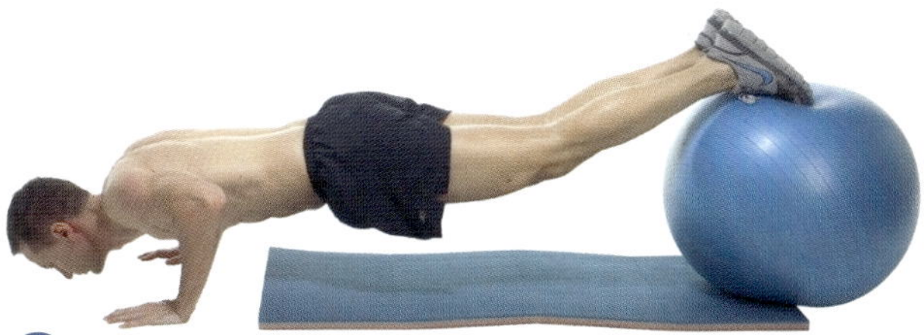

(C) Der Bewegungsablauf.

KRÄFTIGUNG

++ Brust-, hintere Oberarm- und Rumpfmuskulatur, insbesondere vordere Bauchmuskulatur

\+ Schulter- und vordere Oberschenkelmuskulatur

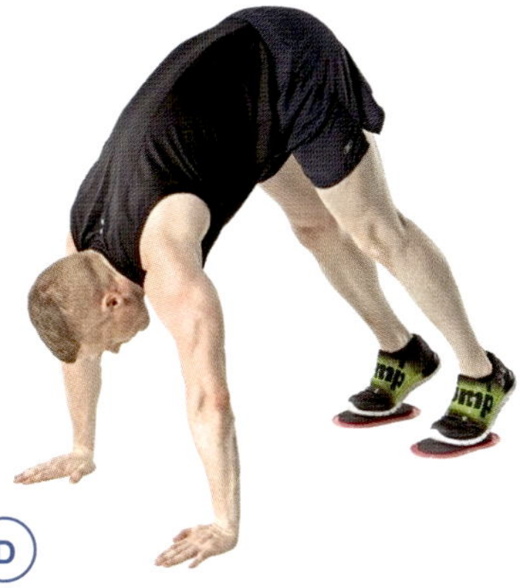

(D) Die Übung mit Slide-Scheiben an den Füßen.

SO GEHT'S

- Du befindest dich in der Liegestütz-Position, wobei die Unterschenkel oder Zehen (A) auf dem Gym-Ball positioniert sind. Die Hände sind unter den Schultergelenken.
- Spanne die Bauch- und die Gesäßmuskulatur an, die Schultern nach hinten unten und halte den Rücken gerade.
- Ziehe die gestreckten Beine an und rolle dadurch den Ball nach vorn. Das Gesäß bewegt sich dabei nach oben (B). Halte kurz die Position.
- Rolle den Ball in die Anfangsposition zurück und führe einen Liegestütz aus (C). Anschließend wiederholst du die Übung.
- Achte darauf, dass du das Anziehen der Beine und den Liegestütz als gleichmäßige Bewegung ausführst und darauf, dass der Rücken gerade oder leicht nach oben gewölbt bleibt.

VARIANTEN

Du kannst die Übung vereinfachen, indem du die Knie statt der gestreckten Beine anziehst. Wenn du keinen Gym-Ball zur Verfügung hast, dann kannst du die Füße auf ein gefaltetes Handtuch aufstellen und die Übung auf einem glatten Boden durchführen. Auch mit Slide-Scheiben kannst du am Boden üben (D).

K 20 Boxsack-Heben

KRÄFTIGUNG

++ Rumpf-, insbesondere untere Rücken-, Oberschenkel- und Gesäßmuskulatur

\+ Arm-, obere Rücken-, Brust-, Nacken- und Wadenmuskulatur

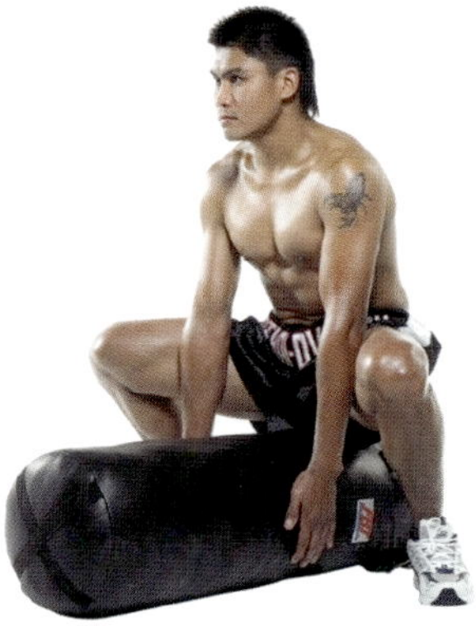

A

Der Bewegungsablauf.

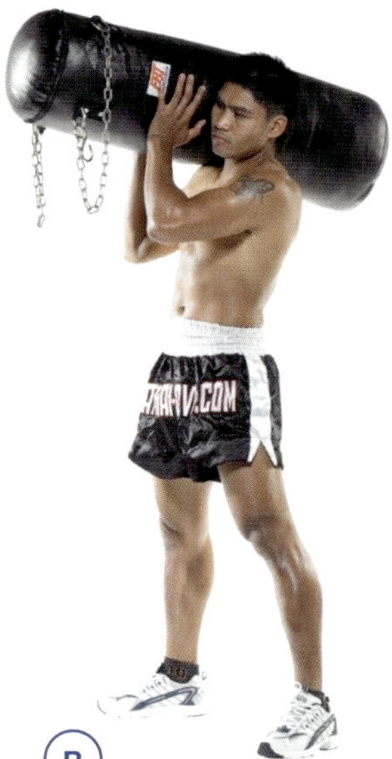

B

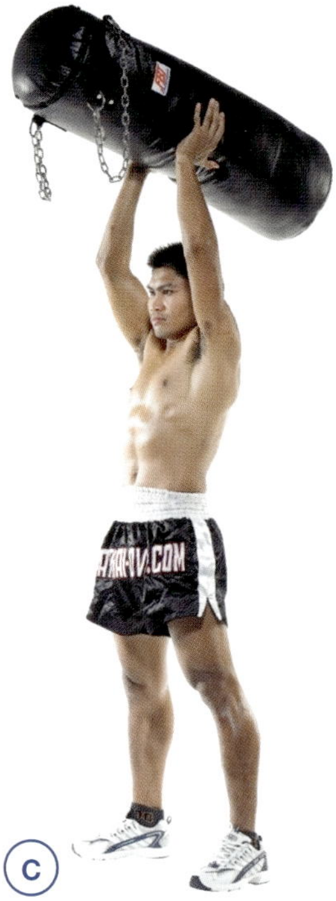

C

SO GEHT'S

- Du stehst aufrecht, zwischen den Beinen ist ein Boxsack abgelegt.
- Beuge die Beine, wozu du die Hüften nach hinten schiebst, und umgreife den Boxsack (A). Halte den Rücken gerade. Spanne die Bauch- und die Gesäßmuskulatur an und atme ein.
- Strecke die Beine, hebe dabei den Boxsack an und atme aus. Lege den Sack kurz auf der Schulter ab (B) und atme ein.
- Drücke den Sack mit Ausatmung gerade hoch (C).
- Senke den Sack zuerst wieder auf die Schulter, bevor du ihn kontrolliert auf dem Boden ablegst, und die Übung wiederholst.
- Achte auf durchgehende Rumpfspannung und auf geraden Rücken.

VARIANTEN

Einsteiger können die Übung mit einem Medizinball ausführen.

Fortgeschrittene legen den Sack weder auf dem Boden noch auf den Schultern ab.

Als Option kannst du die Übung mit Kurzhanteln oder Langhantel machen, wozu breit gegriffen wird.

Workouts

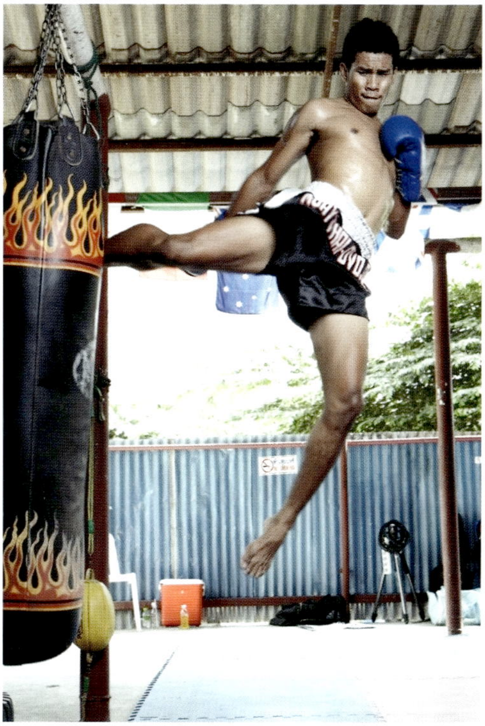

Auf den folgenden Seiten werden Work-outs vorgestellt, die darauf ausgerichtet sind, dass du deine Leistungsfähigkeit im Muay Thai verbesserst. Es sind enthalten: ein Workout für das selbstständige Muay Thai-Training, ein Workout zum gezielten Training deiner Ausdauer sowie mehrere Kraft-Workouts. Im Krafttraining werden Muskeln gekräftigt und gefördert, besser zusammen zu agieren. Auch verringert sich durch diese die Verletzungsgefahr im Muay Thai, da Schwachstellen beseitigt und die Stabilisatoren gekräftigt werden. Jedes Workout umfasst eine Aufwärmphase, einen Hauptteil und schließlich die Abwärmphase. Beginne die **Aufwärmphase** mit einer Übung wie Laufen oder Seilspringen mit lockerer Intensität. Danach bereitest du deinen Körper auf den Hauptteil vor. Hierzu kannst du alles einsetzen, was dir guttut und deine Tagesform verlangt (z. B. Abrollen, Mobilisieren und Dehnen). Entscheide abhängig von deinen Erfahrungen.

Im **Hauptteil** widmest du dich gezielt dem Technik-, Ausdauer- oder Krafttraining. Beim Krafttraining wird davon ausgegangen, dass eine Wiederholung etwa 4 Sekunden dauert. Du kannst mit Wiederholungen und/oder Zeitintervallen trainieren.

Beende das Training mit der **Abwärmphase**. Dazu kannst du einige Minuten locker Seilspringen, was aber nicht zwingend ist. Abschließend dehnst du statisch, und zwar die vorrangig trainierten und zur Verkürzung neigenden Muskeln. Bei Bedarf kannst du den Körper auch mit der Faszienrolle abrollen, was Verspannung beseitigt und die Regenerationsprozesse etwas beschleunigen kann.

Die **Workouts** sind möglichst kurzgehalten, damit du den Körper nicht so intensiv belastest, dass er eine lange Regenerationspause benötigt. Ist dir ein Workout nicht intensiv genug, dann kannst du intensivieren, indem du die Rundenzahlen erhöhst, das Seilspringen verlängerst oder im Krafttraining optionale Übungen ergänzt. Zudem kannst du Kombinationen, Techniken und Kraftübungen austauschen, um die Workouts zu variieren. Nutze die Workouts als Anregung für deine Trainingsplanung und passe sie an deine individuellen Bedürfnisse an. Beachte bei deiner Trainingsplanung, dass du das gleiche Workout nicht an 2 Tagen hintereinander ausführst. Auch empfiehlt es sich, an einem Tag in der Woche vollständig vom Training zu pausieren, insbesondere dann, wenn du an den anderen Wochentagen intensiv trainierst, gleich welche Trainingsform du ausführst. Nach einem Trainingszyklus von 6-12 Wochen solltest du zumindest einige Umstellungen am Trainingsprogramm vornehmen, damit dein Körper neu gefordert wird.

WORKOUT A Techniktraining

Mit diesem Workout kannst du selbstständig Muay Thai trainieren. Ist kein Boxsack verfügbar, dann mache die Inhalte in die Luft.
Wärme zuerst den Körper mit lockerem Seilspringen auf. Dann führst du Mobility- und/oder Dehnübungen aus. Dann machst du die Muay Thai-Kata in die Luft und übst lockeres Schattenboxen. Danach beginnt das Techniktraining. Trainiere zuerst Techniken, in denen du dich gezielt verbessern willst oder die noch neu für dich sind. Dann wähle einige Kombinationen aus und trainiere diese. Nun trainierst du frei am Boxsack, d. h. du setzt instinktiv die erlernten Techniken ein.
Es empfiehlt sich etwas Schnelligkeitstraining zu machen. Führe dazu hintereinander eine bestimmte Faust-, Ellbogen-, Kick-, Tritt- oder Knietechnik aus. Wichtig dabei ist, dass du diese explosiv, kraftvoll und ohne Unterbrechung einsetzt.
Bei Bedarf kannst du einige Bodyweight-Übungen machen z. B. für den Rumpf. Wähle Übungen aus, die für dein Training wichtig sind.
Trainiere noch Seilspringen mit unterschiedlichen Geschwindigkeiten.
Das Workout wird mit langsamem Seilspringen sowie Dehnübungen abgeschlossen.

		Level 1	Level 2	Level 3
Aufwärmphase	**Lockeres Seilspringen**	10 min	10 min	10 min
Aufwärmphase	**Mobilisieren und Dehnen nach Bedarf**	5 min	5 min	5 min
1	**Muay Thai-Kata, Seite 59**	2 Durchgänge	2 Durchgänge	2 Durchgänge
2	**Schattenboxen**	5 min	10 min	10 min
3	**Techniktraining am Boxsack**	2–3 Runden	2 Runden	1–2 Runden
4	**Kombinationstraining am Boxsack**	2 Runden	2–3 Runden	2–3 Runden
5	**Freies Training am Boxsack**	1 Runde	2 Runden	3 Runden
6	**Speed-Training**	3 Techniken jeweils 30 Wdh.	3 Techniken jeweils 40 Wdh.	3 Techniken jeweils 50 Wdh.
7	**Optional: Bodyweight-Übungen**	5 min	5–10 min	5–10 min
8	**Seilspringen mit Intervallen**	5 min	10 min	15 min
Abwärmphase	**Lockeres Seilspringen**	5 min	5 min	5 min
Abwärmphase	**Dehnen**	5 min	5 min	5 min

WORKOUT B Ausdauertraining mit Laufen

Mit diesem Workout trainierst du deine Ausdauer in allen Bereichen sowie die Schnelligkeit durch Laufen mit unterschiedlichen Geschwindigkeiten. Du kannst das Training auf einer Bahn im Stadion oder auf einem Laufweg ausführen. Es bietet sich auch ein Laufband an, auf dem allerdings die Sprints nicht abrupt beendet werden dürfen, um keine Verletzung zu riskieren. Am besten nutzt du einen Pulsfrequenzmesser für die Trainingskontrolle. Überschätze nicht deinen Leistungsstand, ansonsten wirst du dich beim nächsten Muay Thai- oder Krafttraining sehr müde fühlen. Das Programm dient als Anregung, wie du ein Lauftraining gestalten kannst. Pass es an deine Bedürfnisse an. Starte mit Level 1 in dem du vorrangig die Grundlagen- und Fitnessausdauer förderst. Ist dies erreicht, dann kannst du zum nächsten Level übergehen und Sprints im Training einbauen.
Wärme dich zuerst mit einem langsam ausgeführten Lauf auf. Dann kannst du Mobilisieren (z.B. Gelenkkreisen) und/oder Dehnen.
Nachdem der Körper aufgewärmt ist, mache Steigerungsläufe. Ab Level 2 (Leicht-Fortgeschrittene) ergänzt du Sprints und 400-m-Läufe. Zwischen den Sprints joggst du sehr langsam 1–2 Minuten weiter und zwischen den 400-m-Läufen 2–3 Minuten.
Schließlich wird noch mit Fitnessausdauer-Intensität und dann mit Grundlagenausdauer-Intensität weitergelaufen. Beende die Trainingseinheit mit langsamem Auslaufen sowie einigen Dehnübungen. Fühlt sich deine Muskulatur danach deutlich verspannt und die Faszien verklebt an, dann lohnt es sich, dass du dich später daheim mit der Faszienrolle abrollst.

		Level 1	Level 2	Level 3
Aufwärm-phase	**Lockeres Laufen**	5–10 min	5–10 min	5–10 min
Aufwärm-phase	**Mobilisieren und Dehnen nach Bedarf**	5 min	5 min	5 min
1	**Steigerungsläufe**	10 min	10 min	10 min
2	**60-Meter oder 100-Meter-Sprints**	/	2–5 Wdh.	5–10 Wdh.
3	**400-Meter-Läufe**	/	2 Wdh.	2–5 Wdh.
4	**Laufen mit Fitnessausdauer-Intensität**	10 min	15–20 min	10 min
5	**Laufen mit Grundlagenausdauer-Intensität**	15–20 min	10 min	10 min
Abwärm-phase	**Lockeres Auslaufen**	5 min	5 min	5 min
Abwärm-phase	**Dehnen**	5 min	5 min	5 min
Optional	**Abrollen**	5 min	5 min	5 min

WORKOUT C Ganzkörper-Kraft

Dieses Workout zielt darauf, alle großen Muskeln zu fördern. Es ist ein Einstiegsprogramm, dass du an deine Bedürfnisse anpassen kannst.
Du kannst die Übung »K 7 Nackenziehen« ergänzen, wenn diese Muskulatur für deinen Kampfsport wichtig ist. Ist dir das Workout noch nicht genug, dann kannst du eine weitere Zugübung und/oder 1–2 Beinübungen ergänzen.
Wähle Belastungszeit pro Satz oder die Anzahl der Wiederholungen abhängig von deinen Zielen im Muskeltraining.

Aufwärmphase	**nach individuellem Bedürfnis**	
1	**K 8: Beidbeinige Kniebeuge** **oder K 9: Ausfallschritt**	Seite 92 Seite 93
2	**K 12: Beckenlift auf Fersen**	Seite 96
3	**K 5: Handstand-Liegestütz** **oder K 6: Schulterpresse**	Seite 89 Seite 90
4	**K 3: Klimmzug** **oder K 4: Rudern**	Seite 87 Seite 88
5	**K 1: Liegestütz**	Seite 85
Optional	**K 7: Nackenziehen**	Seite 91
6	**K 13: Sit-up mit Drehung** **oder K 14: Käfer**	Seite 97 Seite 98
7	**K 16: Seitstütz**	Seite 100
8	**K 18: Arme und Beine anheben**	Seite 102
Abwärmphase	**nach individuellem Bedürfnis**	

Belastung	2–3 Sätze je Übung	Belastungszeit: 30–50 (oder 60–80/oder 90–120) Sek. je Übungssatz Wiederholungen: 8–12 (oder 15–20/oder 22–30) je Übungssatz

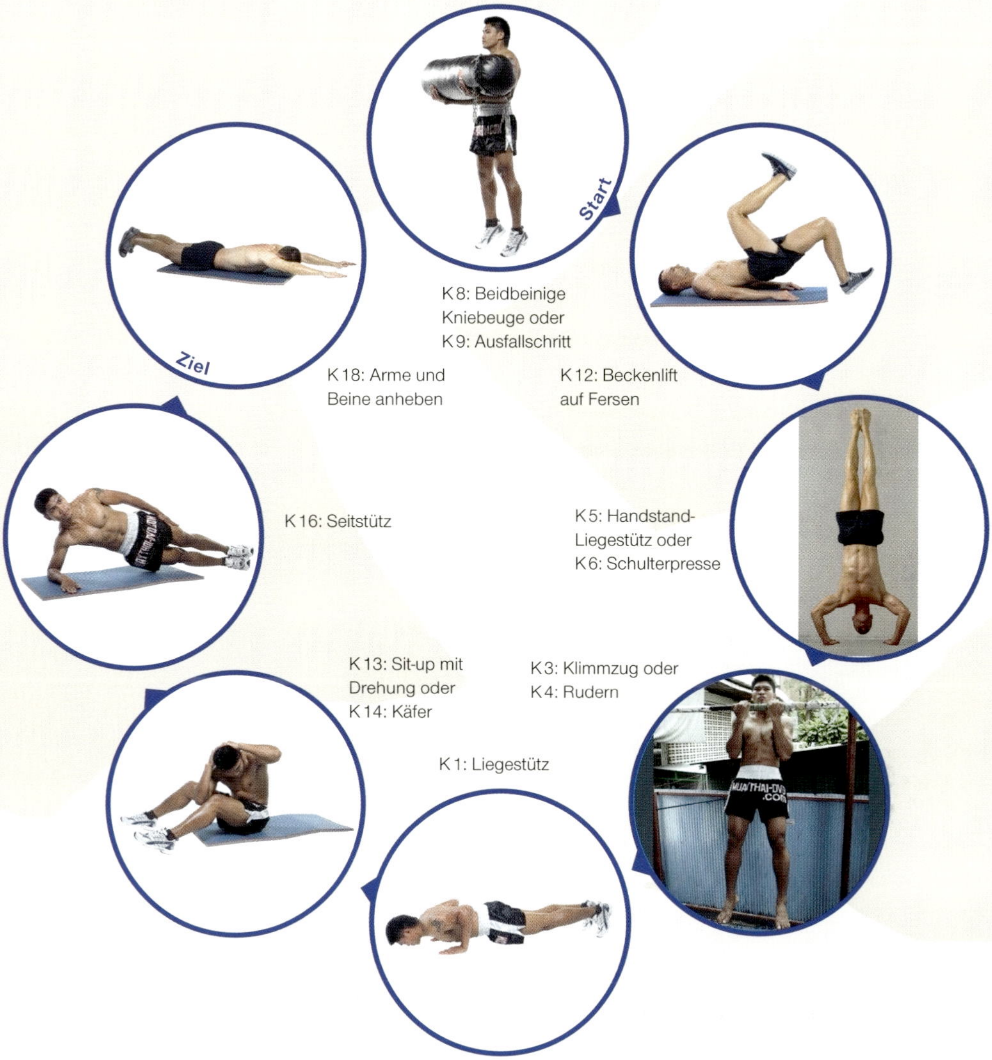
Start
K 8: Beidbeinige Kniebeuge oder K 9: Ausfallschritt
K 12: Beckenlift auf Fersen
K 5: Handstand-Liegestütz oder K 6: Schulterpresse
K 3: Klimmzug oder K 4: Rudern
K 1: Liegestütz
K 13: Sit-up mit Drehung oder K 14: Käfer
K 16: Seitstütz
K 18: Arme und Beine anheben
Ziel

WORKOUT D Schlagkraft

Dieses Workout hat zum Ziel, deine Schlagkraft zu fördern. Du startest mit einer Schnellkraftübung und förderst dann den Muskelaufbau im Hinblick auf das Trainingsziel.
Das Workout ist so gestaltet, dass auch die Muskel-Gegenspieler sowie unterstützende Muskeln trainiert werden.
Vom Sprung-Liegestütz genügen 6–10 Wiederholungen pro Satz, explosiv ausgeführt.

Aufwärmphase	**nach individuellem Bedürfnis**	
1.	**K 2: Sprung-Liegestütz**	Seite 86
2.	**K 1: Liegestütz** **oder Bankdrücken mit Kurzhantel alternierend (ohne Abbildung)**	Seite 85
3.	**K 4: Rudern** **oder K 3: Klimmzug**	Seite 88 Seite 87
4.	**K 6: Schulterpresse** **oder K 5: Handstand-Liegestütz**	Seite 90 Seite 89
5.	**K 20: Boxsack-Heben** **oder K 9: Ausfallschritt**	Seite 104 Seite 93
6.	**K 15: Frontstütz** **oder K 14: Käfer**	Seite 99 Seite 98
7.	**K 17: Rückwärtiger Stütz** **oder K 18: Arme und Beine anheben**	Seite 101 Seite 102
Abwärmphase	**nach individuellem Bedürfnis**	

Belastung	3 Sätze je Übung	Belastungszeit: 30–50 (oder 60–80/oder 90–120) Sek. je Übungssatz Wiederholungen: 8–12 (oder 15–20/oder 22–30) je Übungssatz

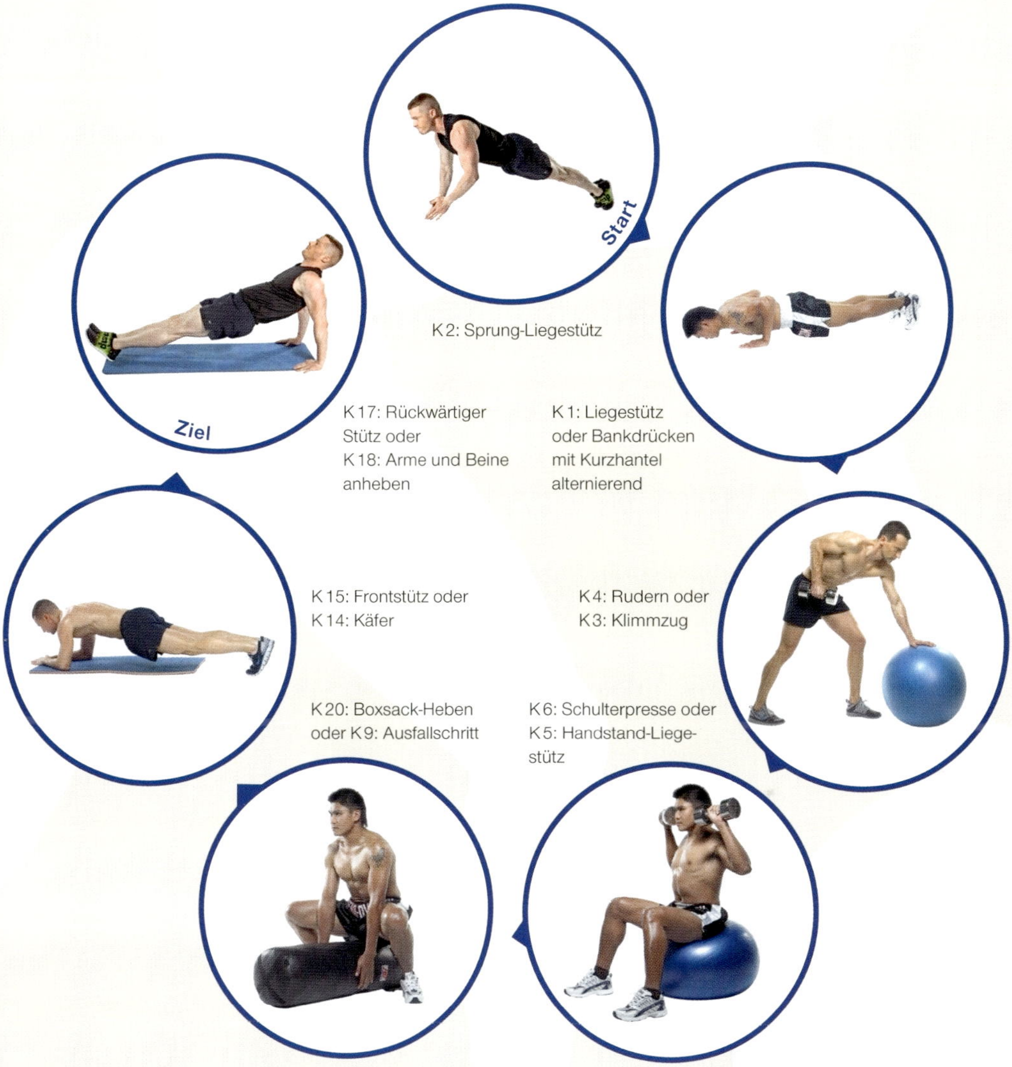
Start
K2: Sprung-Liegestütz
K1: Liegestütz oder Bankdrücken mit Kurzhantel alternierend
K4: Rudern oder K3: Klimmzug
K6: Schulterpresse oder K5: Handstand-Liegestütz
K20: Boxsack-Heben oder K9: Ausfallschritt
K15: Frontstütz oder K14: Käfer
K17: Rückwärtiger Stütz oder K18: Arme und Beine anheben
Ziel

WORKOUT E Explosive Kicks

Dieses Workout zielt darauf ab, deine Explosivität und Kraft für Kicks zu fördern. Du startest mit einer Schnellkraftübung. Dann förderst du Aufbau und Zusammenspiel der Muskulatur. Wichtig sind einbeinig ausgeführte Übungen, da diese auch deine Beinseiten kräftigen. Außerdem musst du auch deine rückwärtige Beinmuskulatur trainieren.
Wenn du die Sprünge aus der Kniebeuge einbeinig machst, dann genügen 6–10 Wiederholungen pro Satz, explosiv ausgeführt.

Aufwärmphase	**Seilspringen, ergänzt nach individuellem Bedürfnis**	
1.	**K 10: Sprung-Kniebeuge oder K 11: Sprung aus einbeiniger Kniebeuge**	Seite 94 Seite 95
2.	**K 11: Tritt oder Kniestoß aus einbeiniger Kniebeuge**	Seite 95
3.	**K 19: Beinanziehen und Liegestütz oder K 20: Boxsack-Heben**	Seite 103 Seite 104
4.	**K 9: Ausfallschritt**	Seite 93
5.	**K 12: Beckenlift auf Fersen**	Seite 96
6.	**K 18: Arme und Beine anheben**	Seite 102
Abwärmphase	**nach individuellem Bedürfnis**	

Belastung	3 Sätze je Übung	Belastungszeit: 30–50 (oder 60–80/oder 90–120) Sek. je Übungssatz Wiederholungen: 8–12 (oder 15–20/oder 22–30) je Übungssatz

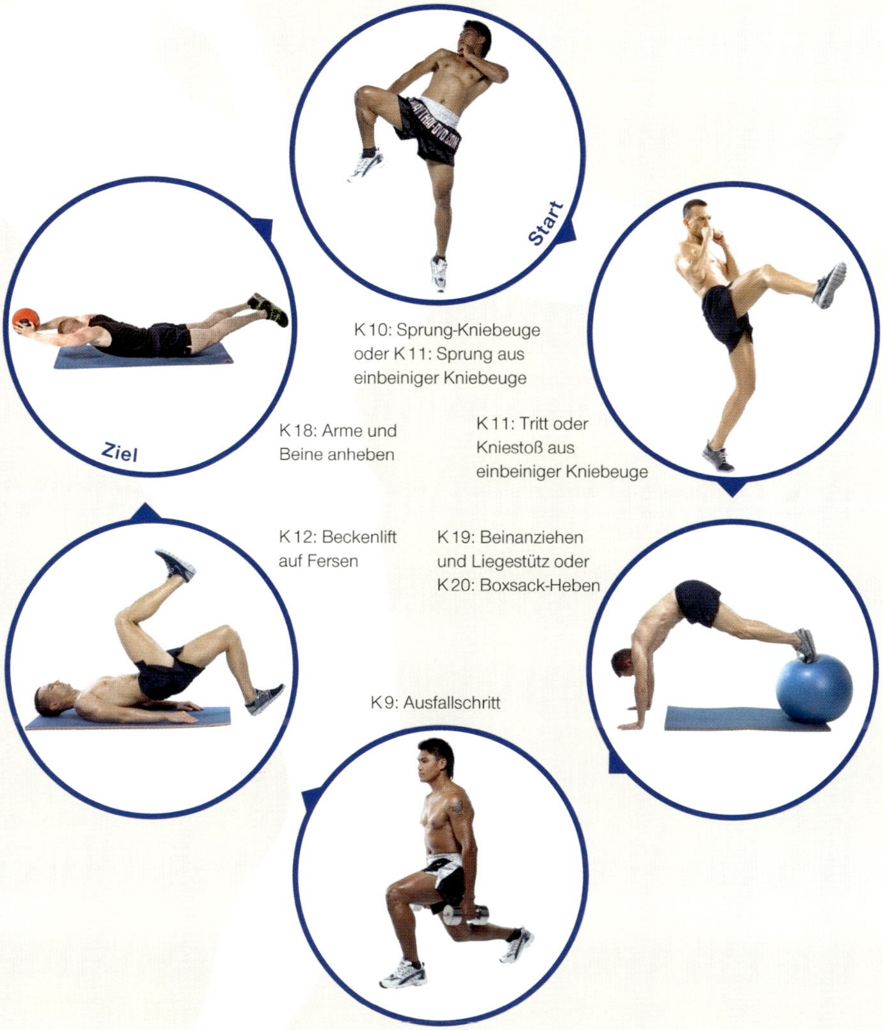
Start
K 10: Sprung-Kniebeuge oder K 11: Sprung aus einbeiniger Kniebeuge
K 11: Tritt oder Kniestoß aus einbeiniger Kniebeuge
K 19: Beinanziehen und Liegestütz oder K 20: Boxsack-Heben
K 9: Ausfallschritt
K 12: Beckenlift auf Fersen
K 18: Arme und Beine anheben
Ziel

WORKOUT F Nehmerqualitäten

Dieses Workout hat zum Ziel, deine Fähigkeit zu fördern, gegnerische Treffer zu verarbeiten. Falls dir Ungleichgewichte und somit Schwachstellen in deiner Muskelkonstitution bekannt sind, dann ergänze hierfür Übungen.

Aufwärmphase	**mit Seilspringen, ergänzt nach individuellem Bedürfnis**	
1.	**K 20: Boxsack-Heben oder K 8: Beidbeinige Kniebeuge**	Seite 104 Seite 92
Optional	**K 5: Handstand-Liegestütz oder K 6: Schulterpresse**	Seite 89 Seite 90
2.	**K 3: Klimmzug mit Beinanziehen oder K 4: Rudern**	Seite 87 Seite 88
3.	**K 7: Nackenziehen**	Seite 91
4.	**K 19: Beinanziehen und Liegestütz oder K 14: Käfer**	Seite 103 Seite 98
5.	**K 15: Frontstütz**	Seite 99
6.	**K 16: Seitstütz**	Seite 100
7.	**K 17: Rückwärtiger Stütz oder K 18: Arme und Beine anheben**	Seite 101 Seite 102
Abwärmphase	**nach individuellem Bedürfnis**	

Belastung	3–4 Sätze je Übung	Belastungszeit: 30–50 (oder 60–80/oder 90–120) Sek. je Übungssatz Wiederholungen: 8–12 (oder 15–20/oder 22–30) je Übungssatz

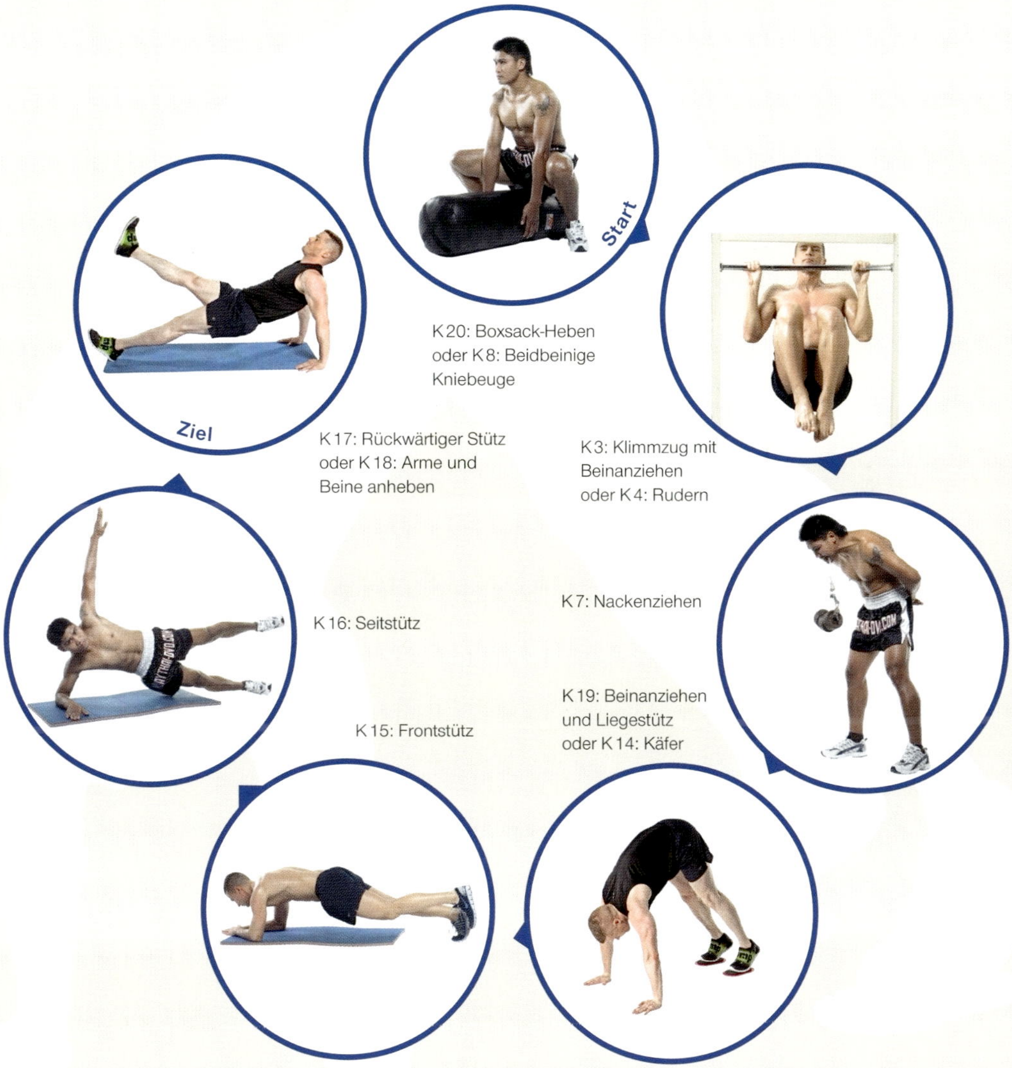
Start
K 20: Boxsack-Heben oder K 8: Beidbeinige Kniebeuge
K 3: Klimmzug mit Beinanziehen oder K 4: Rudern
K 7: Nackenziehen
K 19: Beinanziehen und Liegestütz oder K 14: Käfer
K 15: Frontstütz
K 16: Seitstütz
K 17: Rückwärtiger Stütz oder K 18: Arme und Beine anheben
Ziel

TEIL 4:

Techniken

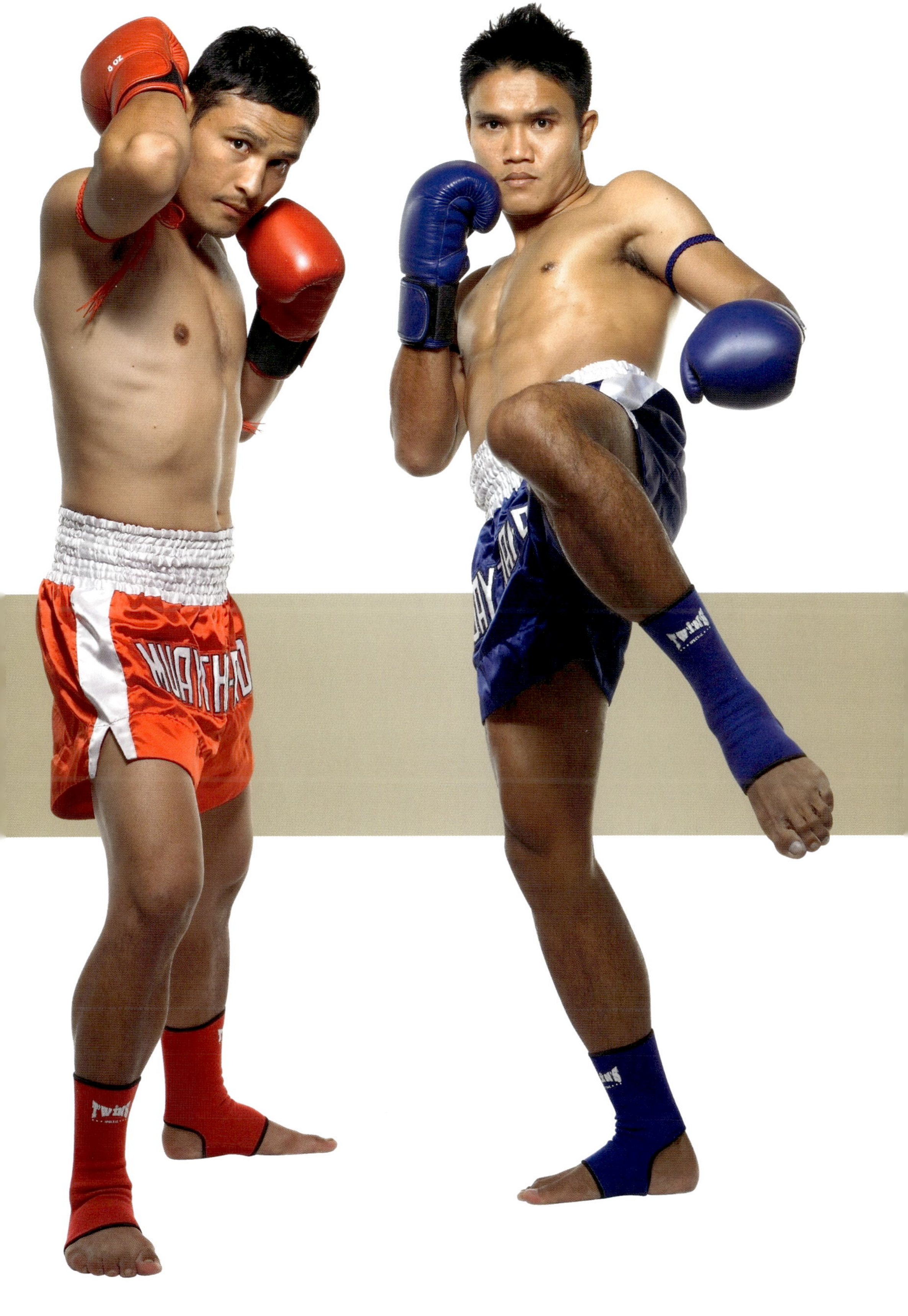

Einleitung

In einem Wettkampf treten zwei Sportler gegeneinander an, die im Normalfall ein ähnliches technisches und körperliches Leistungsniveau besitzen. Um den Wettkampf für sich zu entscheiden, benötigt man einen Vorteil. In diesem Abschnitt zeigen dir die Weltmeister Kem, Saiyok und Nonsai, welche Kombinationen sie im Training nutzen, um Handlungsmuster für den Wettkampf einzustudieren. Auch stellen Kem und Saiyok einige ihre besten Kontertechniken vor, die sie erfolgreich in den Wettkämpfen einsetzen. Du lernst zudem die wichtigsten Finten kennen, denn erfolgreiches Täuschen kann dabei helfen, den Kampf vorzeitig zu entscheiden.

In einem Wettkampf musst du variabel agieren. Studiere den Gegner, entdecke seine Verhaltensmuster und kontere dann wirkungsvoll. Setze ihn mit Kombinationen unter Druck und täusche ihn, um ihn zu einer Abwehrreaktion zu locken, die du erahnst und du somit an einer anderen Stelle treffen kannst. Mit den dargestellten Kombinationen, Kontertechniken und Finten kannst du dir den entscheidenden Kampfvorteil aneignen.

Teste alle gezeigten Techniken und perfektioniere diejenigen, welche sich für deinen Kampfstil am besten eignen. Übe die Techniken immer wieder im Vereinstraining. Zudem kannst du sie im Solotraining, beim Schattenboxen und am Boxsack verbessern. Du musst die Techniken automatisieren, denn nur so gelingt der erfolgreiche Einsatz. Erweitere dein Repertoire an Techniken kontinuierlich und entwickele so deinen Kampfstil immer weiter.

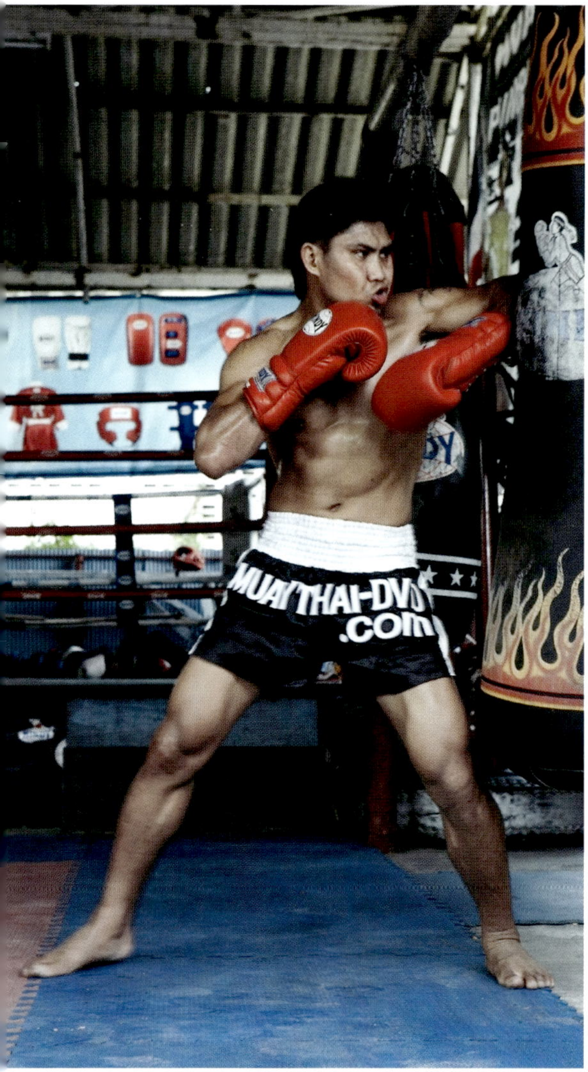

Nonsai trainiert den kreisenden Ellbogen.

INTERVIEW zu Wettkampfstrategien mit Khru Pit

(DURCHGEFÜHRT IN BANGKOK, 2012)

Was rätst du als Kampfverhalten gegen unterschiedliche Kämpfertypen:
Welches Kampfverhalten empfiehlst du gegen einen Clincher?

Du musst den Gegner mit zahlreichen geraden Schlägen und Vorwärtstritten zu Magen und Beinen auf Distanz halten. Auch musst du kraftvolle runde Kicks einsetzen, damit der Gegner keine Kniestöße nutzen kann. Wichtig ist es, ruhig zu bleiben und konzentriert zu kämpfen. Im Kampfverlauf wird der Clincher immer unachtsamer nach vorn stürmen, um zu greifen. Warte auf den richtigen Moment für einen Aufwärtsellbogen zum Kinn, was zu seinem K.o. führen kann.

Welches Kampfverhalten empfiehlst du gegen einen Distanzkämpfer?

Du musst gegen Distanzkämpfer die Distanz überbrücken, ohne dabei unachtsam vorzugehen. Blocke die Kicks in stabiler Standposition und folge dann kraftvoll mit Schlägen, Kicks und Kniestößen. Sobald du die Nahdistanz erreichst, musst du am Gegner dranbleiben; folge ihm, wenn er versucht auszuweichen.

Welches Kampfverhalten empfiehlst du gegen einen trickreichen und unfairen Gegner?

Es ist entscheidend, dass du ruhig bleibst. Lass dich nicht nervös machen und von seinem Verhalten beeindrucken. Du musst von dir selbst überzeugt agieren und deinen Kampfstil unbeeindruckt von Provokationen durchziehen. Die Zuschauer und der Schiedsrichter werden den Stil des Gegners kommentieren und darauf reagieren. Selbst wenn er spucken sollte, darf du dich nicht provozieren lassen. Beeindrucke den Gegner und das Publikum mit dem konsequenten Durchsetzen deines Kampfstils.

Welches Kampfverhalten empfiehlst du gegen einen schnell und aggressiv vorkommenden Gegner?

Am wichtigsten ist eine sehr sichere Schutz- und Verteidigungshaltung. Achte auf deine Deckung, die muss hoch und stabil sein. Ein aggressiv vorwärts stürmender Gegner wird im Verlauf der Kampfrunden immer langsamer und weniger kraftvoll. Wenn dann beispielsweise in der dritten Runde sein Druck nachlässt, dann kannst du aktiver werden und das Kampfgeschehen übernehmen.

Welches Kampfverhalten empfiehlst du gegen einen Rechtsausleger?

Ich achte darauf, dass meine Boxer im Training oft die Auslage wechseln. So haben sie keine Schwierigkeiten, in anderer Auslage oder mit einem Gegner in Rechtsauslage zu kämpfen. Ein Wettkämpfer muss seinen Kampfstand verändern können, um variabel zu sein und den Gegner zu überraschen.

Hast du spezielle Tipps für Sportler, um im Wettkampf erfolgreich zu sein?

Der Sportler muss die Aufregung am Wettkampftag unter Kontrolle bekommen. Konzentriere dich vor Kampfbeginn auf deine Atmung, beruhige und konzentriere dich. Vermeide es, überhastet anzugreifen. In Thailand sagen wir »Sabai, sabai« (Anmerkung: Locker, Locker).

Kombinationen

Mit Kombinationen lernst du die schnelle Ausführung von Angriffstechniken hintereinander. Diese werden beim Schattenboxen, an Boxsack, Pratzen und mit Trainingspartner einstudiert. Du musst die Kombinationen immer wieder üben, denn in einer Kampfsituation besteht keine Zeit zu überlegen, welche Techniken einsetzbar sind und wie sie miteinander kombiniert werden können. Du wirst nur solche Techniken und Kombinationen nutzen, die du so oft geübt hast, dass du sie instinktiv, also automatisiert, ausführst.

Auch professionelle Thai-Boxer üben Kombinationen, um sich Verhaltensmuster für den Wettkampf anzueignen. Nachdem der Gegner bekannt ist und dessen Schwächen und Stärken analysiert sind, wird eine Auswahl festgelegt.

Auf den folgenden Seiten sind Kombinationen vorgestellt, die Nonsai, Kem und Saiyok oft in ihrem Training einsetzen. Du kannst die Kombinationen im Vereinstraining und im Solotraining üben. Am besten führst du 1–2 Kombinationen über eine Trainingsrunde hinweg aus.

Nonsai und Kem kämpfen in der Linksauslage und Saiyok in der Rechtsauslage. Kämpfst du unterschiedlich als in den Bildern dargestellt, dann führe die Angaben seitenverkehrt aus.

Kombination 1 von Nonsai
1. Gerade mit der vorderen Faust, 2. Kreisender Ellbogen mit dem hinteren Arm, 3. Heranziehen und Kniestoß mit dem hinteren Bein

Kombination 2 von Nonsai
1. Seithaken mit der vorderen Faust, 2. Runder Kick mit dem hinteren Bein, 3. Vorwärtstritt mit dem vorderen Bein

Kombination 3 von Nonsai
1–2. Gerade mit der vorderen und hinteren Faust, 3. Auslagenwechsel und Kick mit dem nun hinteren Bein, 4. Kniestoß mit dem hinteren Bein

Kombination 4 von Kem
1. Runder Kick mit dem hinteren Bein, 2. Auslagenwechsel und Kniestoß mit dem nun hinteren Bein, 3. Ellbogenstoß mit dem hinteren Arm

Kombination 5 von Kem
1. Auslagenwechsel und runder Kick mit dem nun hinteren Bein, 2. Kniestoß mit dem hinteren Bein, 3. Stoßbein vorn abstellen und Kniestoß mit dem nun hinteren Bein, 4. Lösen mit Vorwärtstritt

Kombination 6 von Kem
1. Gerade zum Körper mit der hinteren Faust, 2. Seithaken mit der vorderen Faust, 3. Low Kick mit dem hinteren Bein, 4. Kreisender Ellbogen mit dem hinteren Arm, 5. Auslagenwechsel, Heranziehen und Kniestoß mit dem nun hinteren Bein

Kombination 7 von Saiyok
1. Gerade mit der vorderen Faust, 2. Vorwärtstritt mit dem vorderen Bein, 3. Runder Kick mit dem hinteren Bein

Kombination 8 von Saiyok
1. Gerade mit der hinteren Faust, 2. Ellbogenstoß mit dem vorderen Arm, 3. Kniestoß mit dem hinteren Bein

Kombination 9 von Saiyok
1. Gerade mit der vorderen Faust, 2. Aufwärtsellbogen mit dem vorderen Arm, 3. Kreisender Ellbogen mit dem hinteren Arm, 4. Kniestoß mit dem hinteren Bein

Kombination 1 von Nonsai

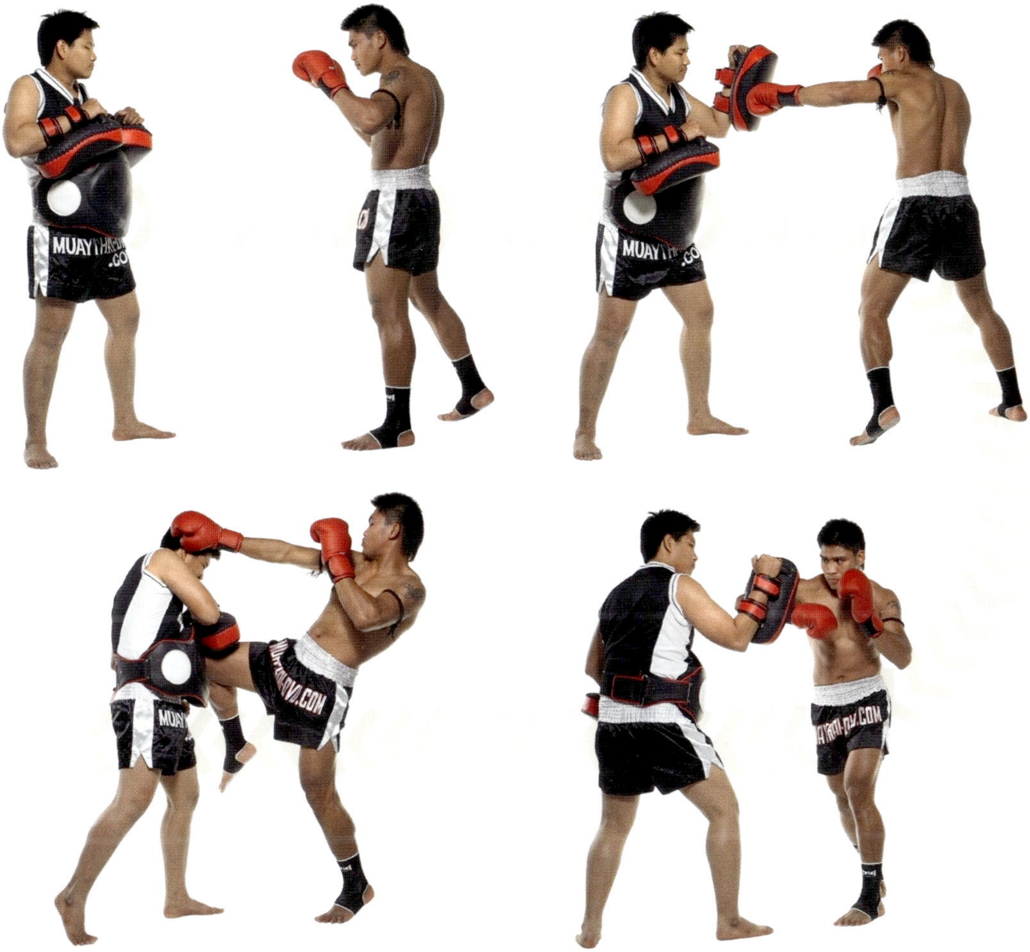

Nonsai führt den Kniestoß zumeist mit vorherigem Greifen aus. Falls es dir leichter fällt ohne Greifen aus der Distanz zu stoßen, dann achte darauf, dass du den vorderen Arm als Schutz vor dem Gesicht hast.

SO GEHT'S

Dies ist eine Grundlagen-Kombination, die Nonsai oft einsetzt. Er rät dir, diese intensiv zu üben.

1–2. Aus der Kampfstellung stellst du den vorderen Fuß vor, um die Distanz zu überbrücken, und führst eine vordere Gerade aus.

3. Folge mit einem kreisenden Ellbogen, den du kraftvoll mit dem hinteren Arm anbringst.

4. Greife mit der hinteren Hand diagonal den Hals oder Hinterkopf des Trainers, ziehe ihn heran, um dann einen kraftvollen Kniestoß anzubringen. Dann bewegst du dich schnell in die Kampfstellung zurück.

Kombination 2 von Nonsai

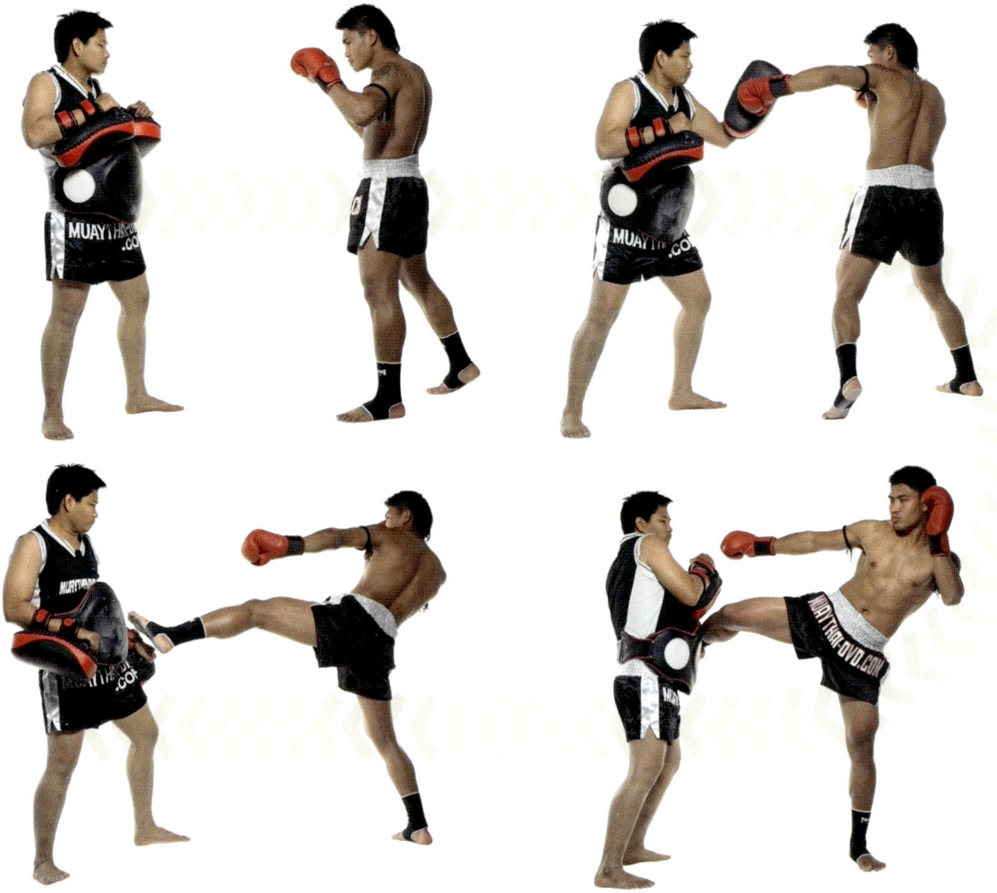

Nonsai zeigt die Kombination. Nach dem Vorwärtstritt stellt er das Bein vorn ab und befindet sich wieder in der Kampfposition.

SO GEHT'S

Nonsai übt diese Kombination häufig und er empfiehlt, sie im Training zu integrieren.

1–2. Aus der Kampfstellung stellst du den vorderen Fuß gerade vor, um die Distanz zu überbrücken. Schlage einen Seithaken mit der vorderen Faust.

3. Folge mit einem kraftvollen runden Kick, den du mit dem hinteren Bein anbringst.

4. Stelle das Kickbein wieder hinten ab und löse dich dann mit einem Vorwärtstritt, den du mit dem vorderen Bein ausführst. Nun stehst du wieder bereit in Kampfstellung.

Als Option kannst du nach dem runden Kick das rechte Bein vorn abstellen, um dann den Gegner mit dem linken Bein von hinten kraftvoll wegzutreten.

Kombination 3 von Nonsai

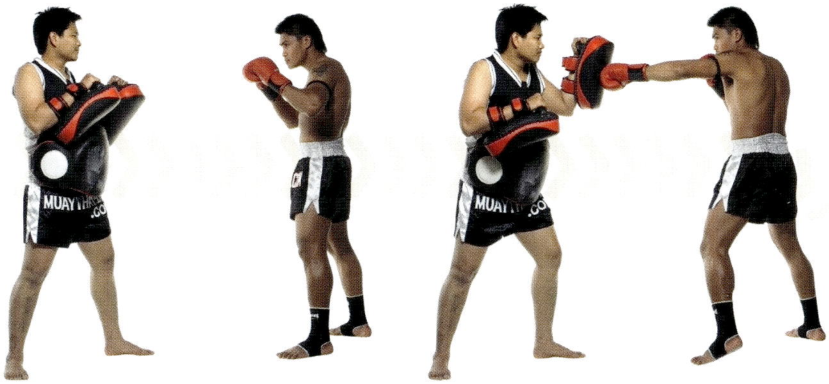

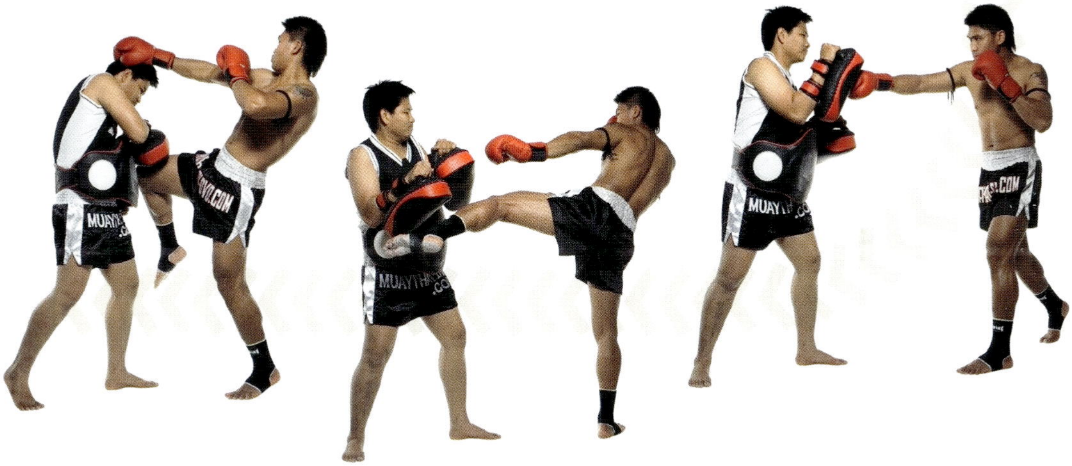

Nach dem Kniestoß stellt Nonsai das Bein wieder hinten in der Kampfposition ab.

SO GEHT'S

Eine Kombination, die sich für den kraftvollen Kampfstil von Nonsai gut eignet, und die auch du einsetzen kannst.

1–2. Aus der Kampfstellung stellst du den vorderen Fuß etwas vor, um die Distanz zu überbrücken, und führst eine vordere Gerade aus.

3. Folge mit einer Geraden, die du kraftvoll von hinten ausführst.

4. Mache einen Auslagenwechselsprung, d.h. springe mit dem linken Fuß zurück und mit dem rechten Fuß vor, um dann einen kraftvollen Kick von hinten mit links auszuführen.

Als alternativer Auslagenwechsel vor dem Kick kannst du den rechten Fuß etwas nach außen vorn stellen, sodass die Zehen etwa 45 Grad nach rechts vorn zeigen. Dieses Vorgehen gelingt gut, wenn der Gegner zurückweicht.

5. Stelle das linke Kickbein wieder vorn ab und greife den Trainer mit der hinteren Hand diagonal an Hals oder Hinterkopf. Nun ziehst du ihn heran und bringst einen kraftvollen Kniestoß mit dem hinteren Bein an. Dann begibst du dich in die Kampfstellung zurück, wobei du den Trainer beim Lösen noch etwas mit dem Greifarm wegstoßen kannst.

Kombination 4 von Kem

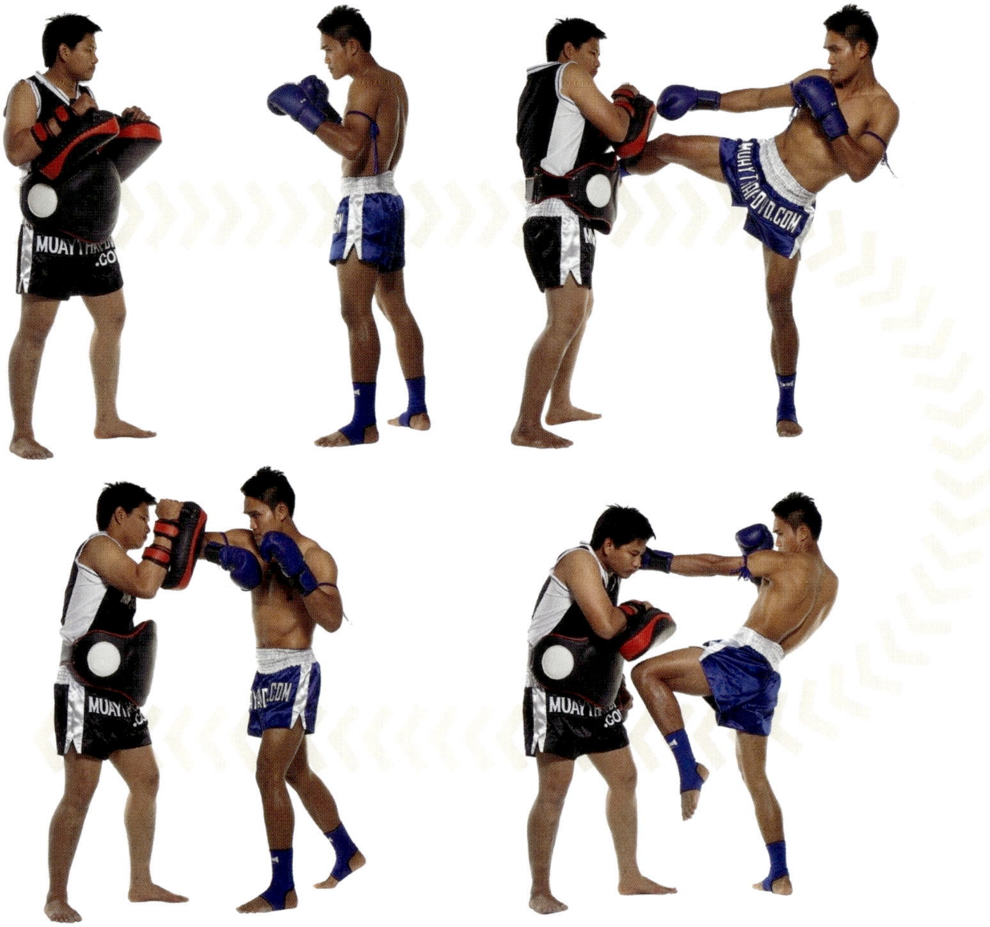

Zuerst stellt Kem den linken Fuß etwas nach links außen, dann kickt er mit rechts. Nach dem Kniestoß schließt er mit einem kreisenden Ellbogen ab.

SO GEHT'S

Kem nutzt diese Kombination häufig und rät dir, diese intensiv zu üben, sodass du diese automatisiert anbringst.

1–2. Aus der Kampfstellung stellst du den vorderen Fuß etwas nach außen vorn, sodass die Zehen 45 Grad nach außen gedreht sind. Nutze einen kraftvollen runden Kick von hinten.

3. Stelle das rechte Trittbein vorn ab. Nun greifst du den Trainer diagonal am Hals, ziehst ihn heran und bringst kraftvoll einen geraden Kniestoß an. Als Option kannst du einen seitlichen oder einen kreisenden Kniestoß einsetzen.

4. Stelle das linke Stoßbein vorn ab und folge mit einem kreisenden Ellbogen oder Aufwärtsellbogen von hinten. Dann erfolgt ein Schritt zurück in die stabile Kampfstellung mit Distanz zum Gegner.

Kombination 5 von Kem

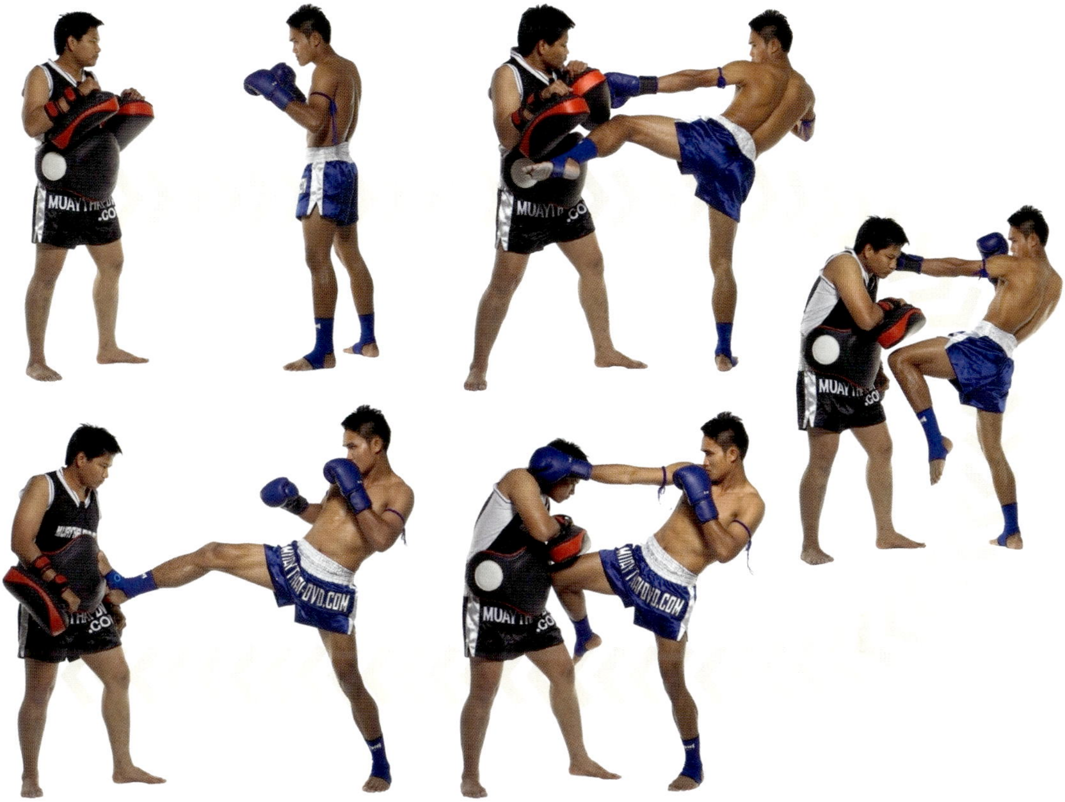

Kem beendet die Kombination mit einem kraftvollen Vorwärtstritt. Dann stellt er das Bein wieder hinten in der Kampfstellung ab.

SO GEHT'S

Diese Kombination von Kem ist recht anspruchsvoll. Sie eignet sich gut für seinen Kampfstil und du kannst sie auch nutzen. Das diagonale Greifen dient nicht nur einem kraftvollen Heranziehen, sondern auch der Kopfdeckung.

1–2. Aus der Kampfstellung beginnst du mit einem Auslagenwechselsprung, wozu du mit dem linken Fuß zurückspringst und mit dem rechten Fuß vor. Sofort führst du mit dem linken Bein einen kraftvollen runden Kick von hinten aus. Als Option kannst du vor dem Kick den rechten Fuß etwas nach außen vorn stellen, sodass die Zehen etwa 45 Grad nach rechts außen zeigen. Dieses Vorgehen gelingt, wenn der Gegner zurückweicht; macht er dies jedoch nicht, dann hast du recht wenig Platz und kannst so nicht kraftvoll treten.

3. Stelle das Kickbein hinten ab. Umgehend greifst du mit links diagonal an den Hals des Trainers, ziehst ihn heran und folgst mit einem Kniestoß von dieser Position.

4. Stelle das Stoßbein vorn ab, greife nun mit rechts diagonal zum Hals und folge mit einem rechten Kniestoß.

5. Stelle das rechte Bein wieder hinten ab und beende die Kombination, indem du dich mit einem kraftvollen Vorwärtstritt von hinten löst. Danach nimmst du wieder die Kampfstellung ein.

Kombination 6 von Kem

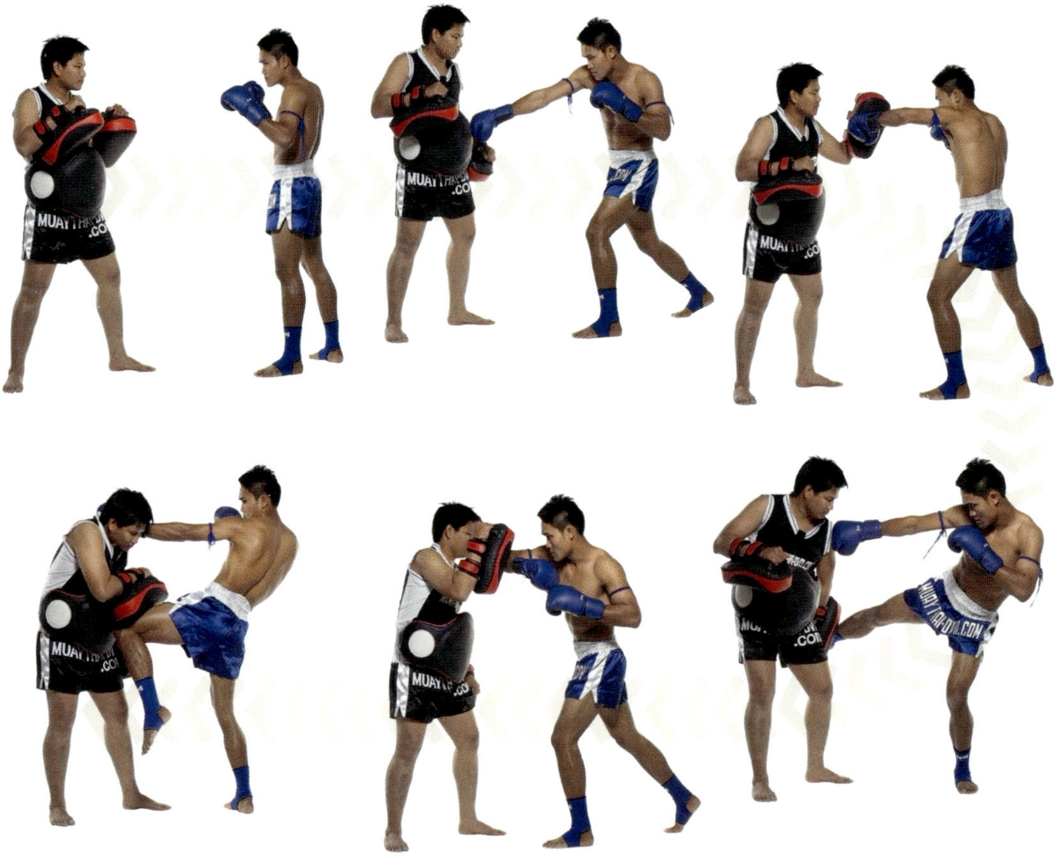

Kem zeigt die Kombination aus 5 Techniken. Vor dem Kniestoß macht er einen Auslagenwechsel, damit er von hinten stoßen kann. Dann stellt er das Bein vorn ab und macht einen Schritt zurück, um Distanz herzustellen.

SO GEHT'S

Bei dieser Kombination von Kem, musst du darauf achten, dass du sie zwar zügig, aber nicht überhastet ausführst. Jede Technik musst du kraftvoll und mit Timing technisch korrekt anbringen. Dazu musst du immer dein Gleichgewicht und somit eine stabile Standposition bewahren.

1–2. Aus der Kampfstellung stellst du vorderen Fuß vor und führst eine kraftvolle Gerade von hinten zum Körper aus.

3. Folge mit einem vorderen Seithaken, um die Aufmerksamkeit des Gegners auf die äußere Kopfdeckung zu lenken.

4. Folge mit einem kraftvollen Low Kick von hinten.

5. Stell das Trittbein wieder hinten ab und führe einen kreisenden Ellbogen aus.

6. Mache einen Auslagenwechsel, ziehe den Trainer an der diagonalen Halsseite heran und beende die Folge mit einem Kniestoß. Dann nimmst du wieder die Kampfstellung ein.

Kombination 7 von Saiyok

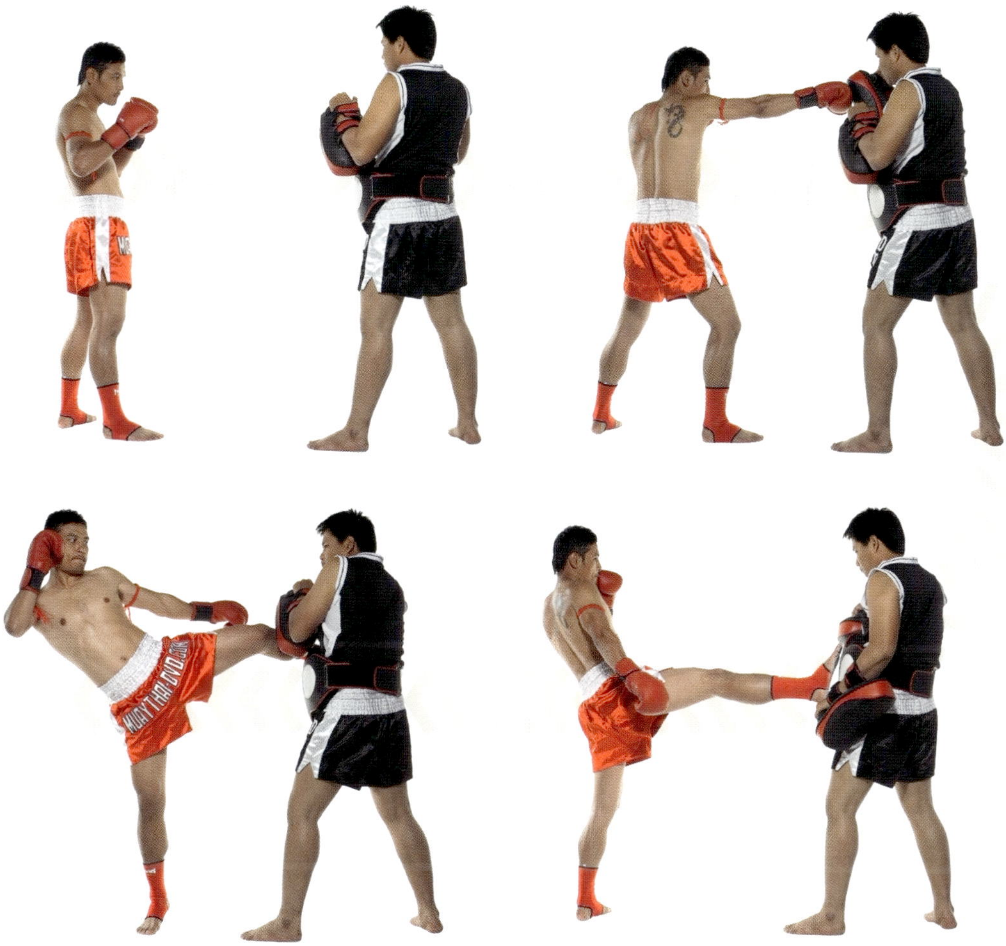

Nach der Kombination stellt Saiyok sein Kickbein hinten ab und steht wieder in der Kampfstellung.

SO GEHT'S

Saiyok kämpft in der Rechtsauslage, hat also die rechte Hand in der Ausgangsstellung vorn. Wenn du hingegen in Linksauslage kämpfst, dann wende diese und seine anderen Kombinationen seitenverkehrt an.

1–2. Stelle den vorderen Fuß vor und schlage eine vordere Gerade.

3. Erzeuge Distanz zum Gegner, indem du schnell mit einem vorderen Vorwärtstritt folgst. Damit die Folge von vorderer Geraden und vorderem Vorwärtstritt gelingt, musst du besonders auf dein Gleichgewicht achten.

4. Stelle das rechte Trittbein vorn ab und folge mit einem kraftvollen runden Kick von hinten. Nun bewegst du dich schnell wieder in die Kampfstellung zurück.

Kombination 8 von Saiyok

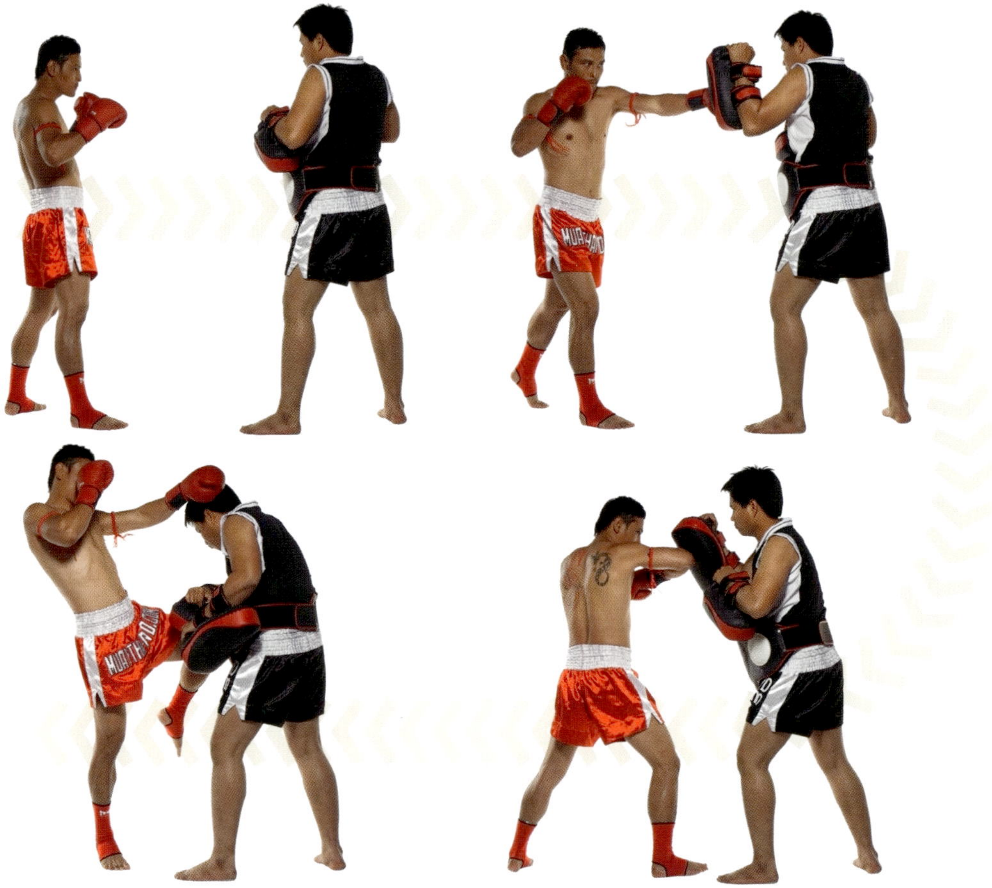

Saiyok führt die Kombination in Rechtsauslage aus. Kämpfst du hingegen in der Linksauslage, dann mache die Kombination entsprechend seitenverkehrt.

SO GEHT'S

Saiyok empfiehlt die Kombination von hinterer Geraden, kreisendem Ellbogen und Kniestoß. Anstatt dem kreisenden Ellbogen rät er auch einen Rückwärtsellbogen zu testen, der ohne vorherige Drehung von unten zum Ziel gestoßen wird. Damit kann der Gegner überrascht und gut getroffen werden.

1–2. Beginne die Kombination mit einem Schritt vor und explosiver Geraden von hinten.

3. Stelle den vorderen Fuß weiter vor und folge mit einem kreisenden Ellbogen (oder alternativ einem rechten Rückwärtsellbogen von unten).

4. Greife den Trainer diagonal mit der hinteren Hand, ziehe ihn heran und führe einen kraftvollen Kniestoß von hinten aus. Stelle das Bein wieder hinten in der Kampfstellung ab. Du kannst zum einarmigen Heranziehen an die äußere Halsseite greifen oder aber die Hand auf den Hinterkopf legen.

Kombination 9 von Saiyok

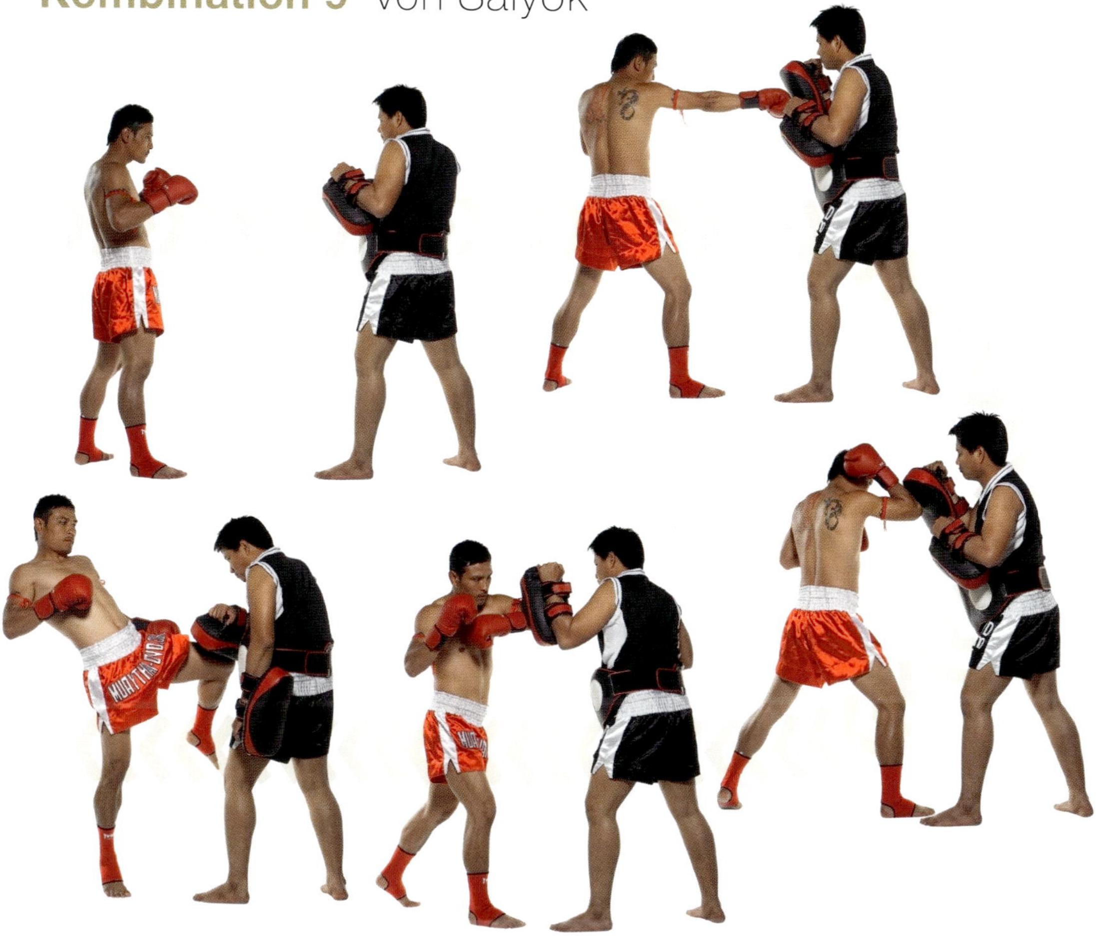

Saiyok achtet hier beim Kniestoß kaum auf seine Deckung. Er agiert sehr explosiv und wenn er die Ellbogentechniken anbringt und mit dem Kniestoß folgt, kann der Gegner kaum attackieren. In der Grundtechnik ist es jedoch empfehlenswert, dass du beim Kniestoß die Hände zum Schutz höher hast.

SO GEHT'S

Saiyok rät diese Kombination intensiv zu üben. Für eine schnelle Ausführung ist es wichtig, dass du den Aufwärtsellbogen direkt nach dem Schlag ausführst, ohne vorher den Arm zurückzuziehen.

1–2. Aus der Kampfstellung stellst du den vorderen Fuß vor und schlägst eine vordere Gerade.

3. In direkter Folge führst du mit diesem Arm einen Aufwärtsellbogen aus.

4. Nutze einen kreisenden oder seitlichen Ellbogen, den du explosiv und kraftvoll mit dem hinteren Arm einsetzt.

5. Beende die Kombination mit einem harten Kniestoß von hinten. Dies kannst du mit oder ohne Greifen und Heranziehen ausführen. Dann stellst du den Fuß wieder hinten in der Kampfstellung ab.

Konter

Kontertechniken sind immer Verteidigungs- und Angriffstechniken zugleich. Entweder wird der Erfolg einer gegnerischen Technik durch eine schnellere Technik verhindert, oder es wird zuerst verteidigt und daraufhin schnell gekontert. So wird der Gegner wirkungsvoll getroffen und vermieden, dass er weitere Techniken anwenden kann. Versuche immer nach einer Verteidigung zu kontern, da der Gegner ansonsten seinen Angriff mit neuen Techniken fortführen kann.

Generell sind Kontertechniken umso erfolgreicher, je weniger Durchführungsschritte ihre Anwendung umfasst. Einige Trainer lehren Techniken über zahlreiche Schritte. Der Einsatz solcher Techniken ist theoretisch möglich, in einem realen Kampf sind sie jedoch äußerst selten zu beobachten. Schließlich wartet ein Kämpfer nicht darauf, bis sein Konkurrent mit der Ausführung seiner Kontertechnik fertig ist, sondern versucht ihn schnellstmöglich zu unterbrechen.

Du musst Kontertechniken immer wieder üben, um die Durchführung und das Timing für den Einsatz zu perfektionieren. Du wirst die Techniken so immer schneller, kraftvoller und mit besserem Timing ausführen, bis es schließlich gelingt, diese in einem Kampf instinktiv einzusetzen. Es hat hingegen keinen Sinn, eine Vielzahl von Kontertechniken kurzzeitig zu üben. Wenn du die Techniken nicht perfektionierst, gelingt die Anwendung im Kampf nicht.

Auch professionelle Sportler üben in jeder Trainingseinheit Kontertechniken und verbessern so ihre Fähigkeiten. Sobald sie ihren Gegner für den nächsten Wettkampf erfahren, lässt sie der Trainer gezielt auf die Kampfeigenschaften des Gegners abgestimmte Konter trainieren.

Hier lernst du einige der besten Konter der beiden Weltmeister Saiyok und Kem kennen. Die Techniken werden von den beiden Sportlern oft eingesetzt. Nutze die Techniken und werde zu einem vielseitigen Kämpfer, der für den Gegner schwer auszurechnen ist. Diese und weitere Konter in Bewegung kannst du in den DVDs »Muay Thai DVD – Konter gegen Faust- und Beintechniken« (2023) und »Muay Thai DVD – Konter gegen Ellbogen-, Knie- und Clinchtechniken« (2023) ansehen.

INFO

In jeder Trainingseinheit sollten einige Kontertechniken geübt und wiederholt werden. Die Angriffstechnik und die folgende Kontertechnik werden zwischen den Übenden abgesprochen. Dein Trainingspartner attackiert dich für die Dauer von wenigen Minuten mit derselben Angriffstechnik und du verteidigst und konterst wie zuvor abgesprochen. Führe die Techniken nicht mit voller Härte aus, um den Partner nicht zu verletzen. Es gilt jedoch, die Techniken exakt auszuüben, da ansonsten der Einsatz oftmals nicht erfolgreich ist. Dann tauscht ihr die Rollen und du attackierst den Trainingspartner und er kontert.

Bei den Darstellungen ist zu beachten, dass Saiyok in der Rechtsauslage kämpft und Kem in der Linksauslage. Sind die Konter in anderer Auslage beschrieben als du agierst, dann wende die Konter umgekehrt an.

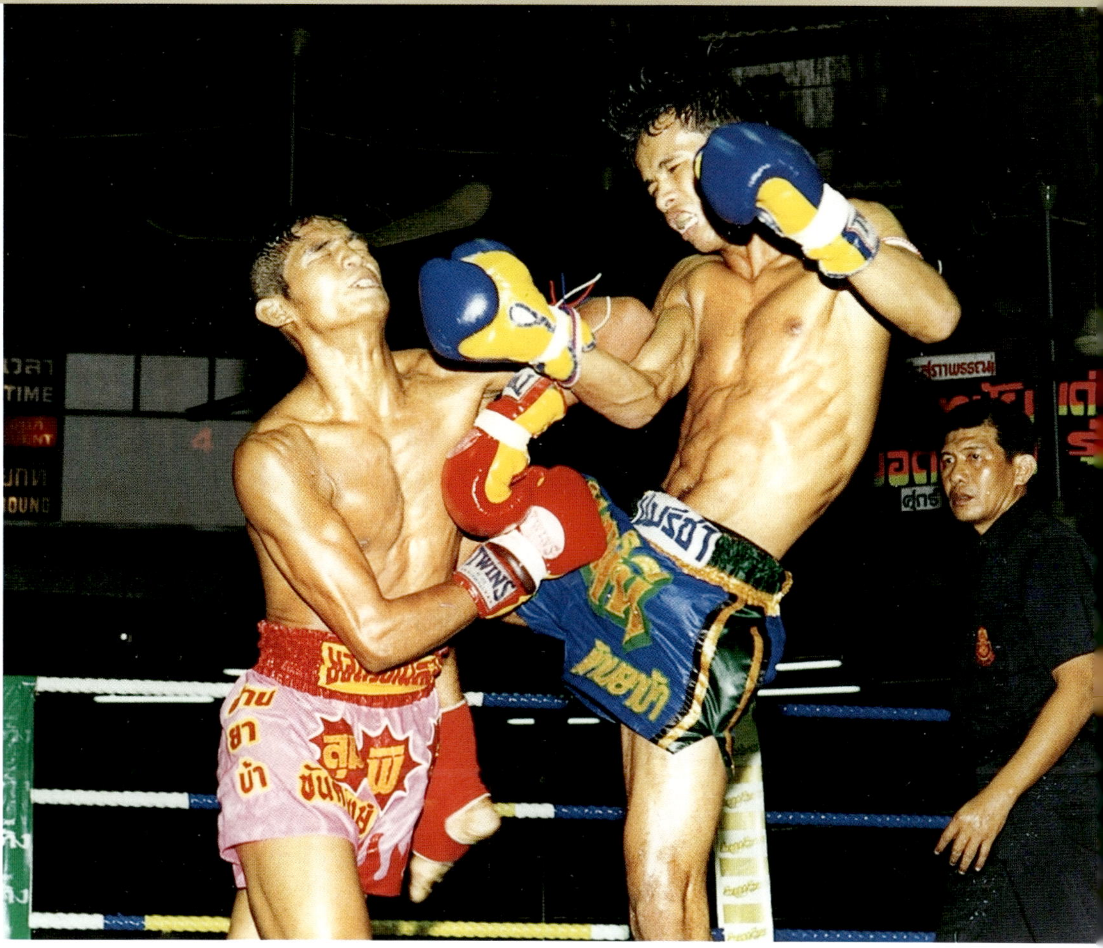

Block eines Ellbogenangriffs und Konter mit Kniestoß.

Konterliste

Konter 1 von Saiyok Gegen Schlag	**Konter 1 von Kem** Gegen Schlag
Konter 2 von Saiyok Gegen Ellbogenstoß	**Konter 2 von Kem** Gegen Ellbogenstoß
Konter 3 von Saiyok Gegen Kick	**Konter 3 von Kem** Gegen Kick
Konter 4 von Saiyok Gegen Vorwärtstritt	**Konter 4 von Kem** Gegen Vorwärtstritt
Konter 5 von Saiyok Gegen Kniestoß	**Konter 5 von Kem** Gegen Kniestoß
Konter 6 von Saiyok Gegen Clinch	**Konter 6 von Kem** Gegen Clinch

Konter 1 von Saiyok Gegen Schlag

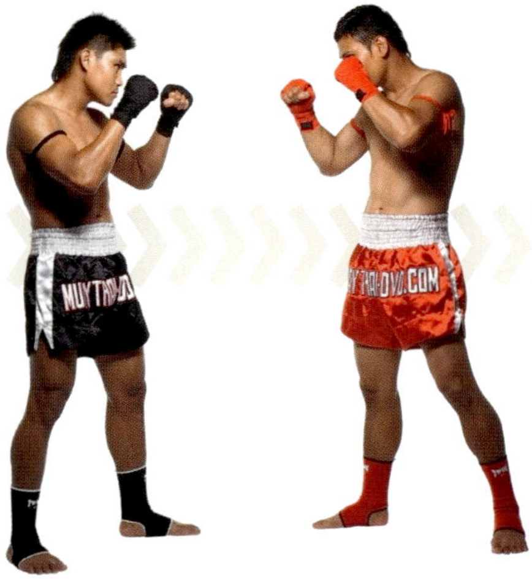

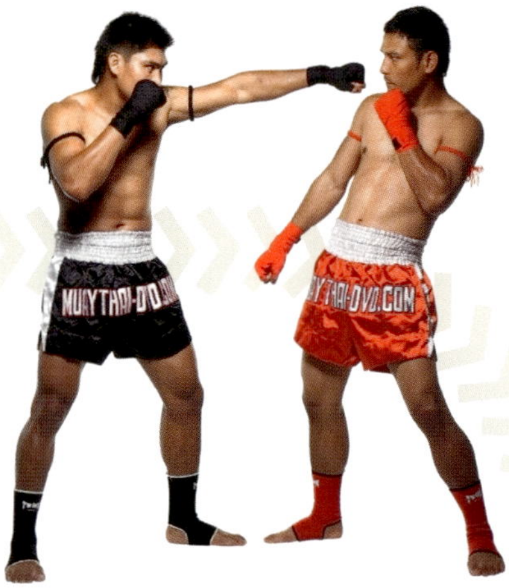

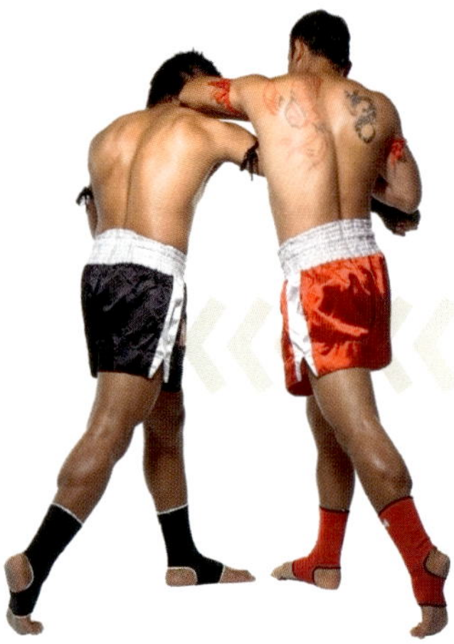

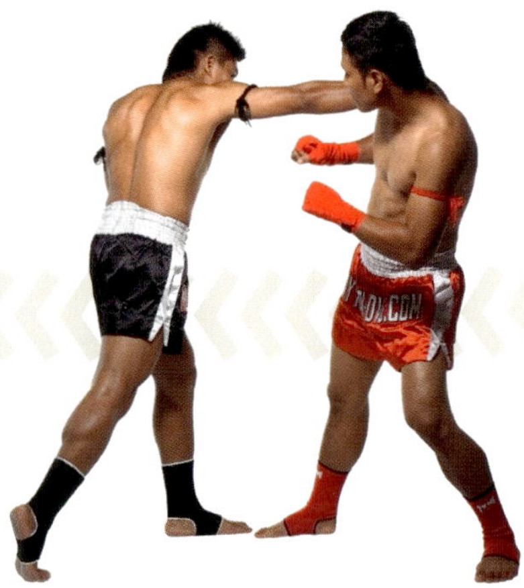

Der Gegner greift mit vorderer und hinterer Geraden an. Saiyok (rot) lehnt sich erst zurück, dann zur Seite und folgt mit einem kreisenden Ellbogen.

SO GEHT'S

Diesen Konter nutzt Saiyok gegen einen Gegner, der häufig gerade Schläge kraftvoll einsetzt. Weiche den Schlägen mit Zurücklehnen aus oder leite sie mit den Händen weg, und warte auf dein Timing für diesen Konter.

1–2. Du stehst in Kampfstellung und der Gegner attackiert mit einer vorderen Geraden. Lehne dich zurück oder leite den Schlag leicht mit der Hand nach innen.

3. Sobald du eine kraftvolle hintere Gerade frühzeitig erkennst, lehnst du dich nach außen, sodass dich die Technik verfehlt und du nahe an den Gegner kommst.

Alternativ kannst du gleichzeitig zum Seitlehnen den gegnerischen Schlag mit der Hand zur anderen Seite wegleiten.

4. Folge sofort mit einem kreisenden Ellbogen und verlagere dabei das Gewicht nach vorn, damit du kraftvoll triffst. Attackiere weiter oder nimm wieder die Kampfstellung ein.

Konter 2 von Saiyok Gegen Ellbogenstoß

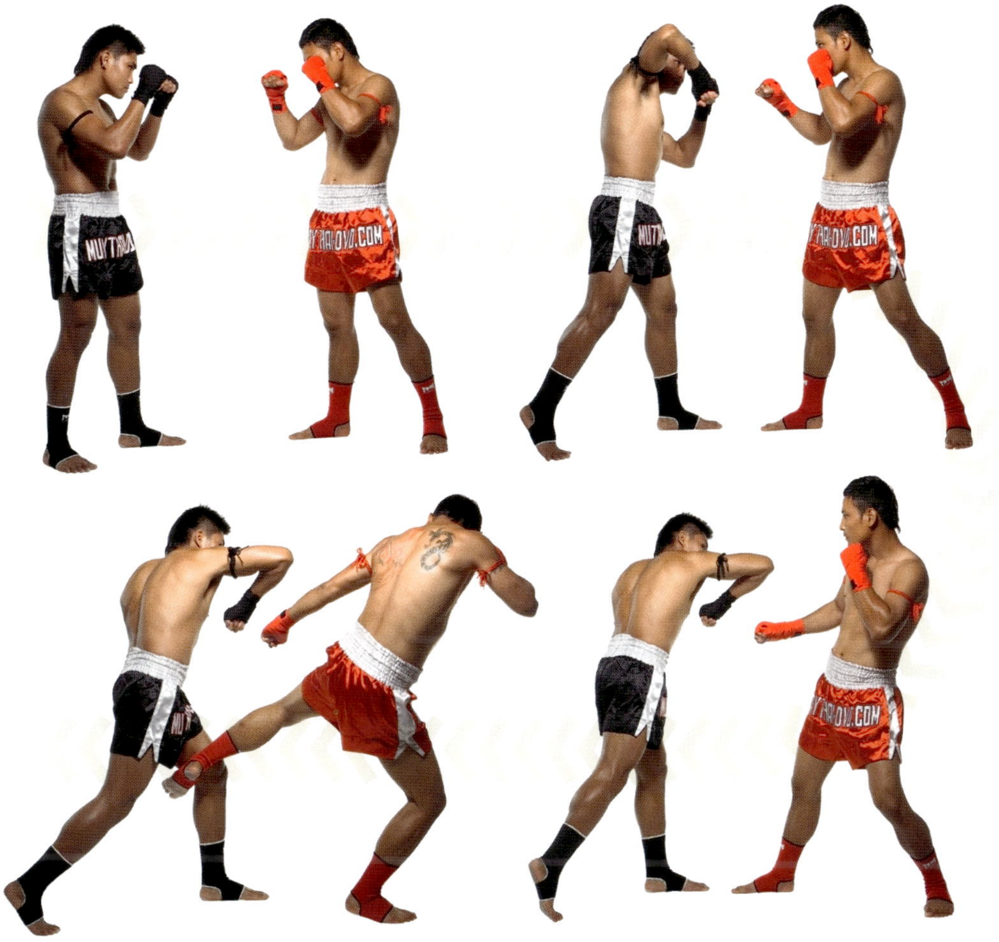

Saiyok (rot) verteidigt sich mit Zurücklehnen gegen einen kreisenden Ellbogen. Sofort folgt er mit einem Beinkick.

SO GEHT'S

Diesen Konter nutzt Saiyok gegen einen kreisenden Ellbogen, Seitellbogen oder Aufwärtsellbogen.

1–2. Aus der Kampfstellung setzt der Gegner zu einem kreisenden Ellbogen an.

3. Verteidige dich, indem du das hintere Bein weiter nach hinten stellst und den Oberkörper zurücklehnst, sodass der Ellbogenangriff sein Ziel verfehlt. Achte dabei auf deine Kopfdeckung sowie auf eine sehr schnelle Ausführung.

4. Folge mit einem Kick zur Beininnenseite, den du kraftvoll ausführst. Attackiere weiter oder bewege dich in die Kampfstellung zurück.

Als Variante kannst du zusätzlich zum Zurücklehnen einen Schritt zurück machen und so etwas mehr Distanz zum Gegner erzeugen.

Konter 3 von Saiyok Gegen Kick

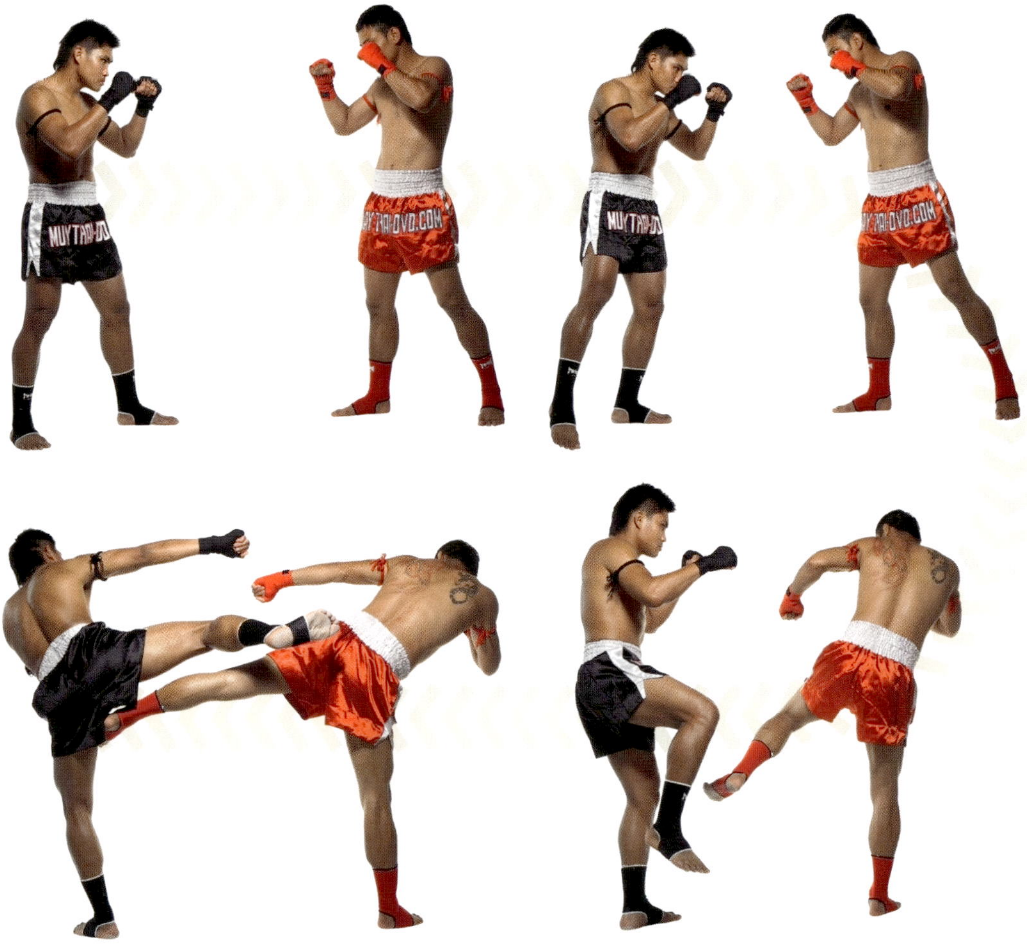

Der Gegner greift mit einem runden Kick an. Saiyok (rot) verteidigt sich mit einem schnellen Seitkick zum Standbein.

SO GEHT'S

Saiyok nutzt viele Kontertechniken gegen runde Kicks, wobei er diesen Konter besonders empfiehlt. Achte auf dein Timing und Gleichgewicht.

1–2. Der Gegner steht dir in Kampfstellung gegenüber und setzt zu einem runden Kick mit dem hinteren Bein an.

3. Erkennst du seine Absicht frühzeitig, dann verteidige dich durch einen schnellen seitlichen Tritt mit dem gegenüberliegenden Bein zu seinem Standbein. Lehne dabei den Oberkörper von ihm weg.

4. Der Gegner verliert sein Gleichgewicht und sein Angriff wird gestoppt. Nun befindet er sich in einer ungünstigen Position und du kannst mit weiteren Angriffstechniken folgen.

Konter 4 von Saiyok Gegen Vorwärtstritt

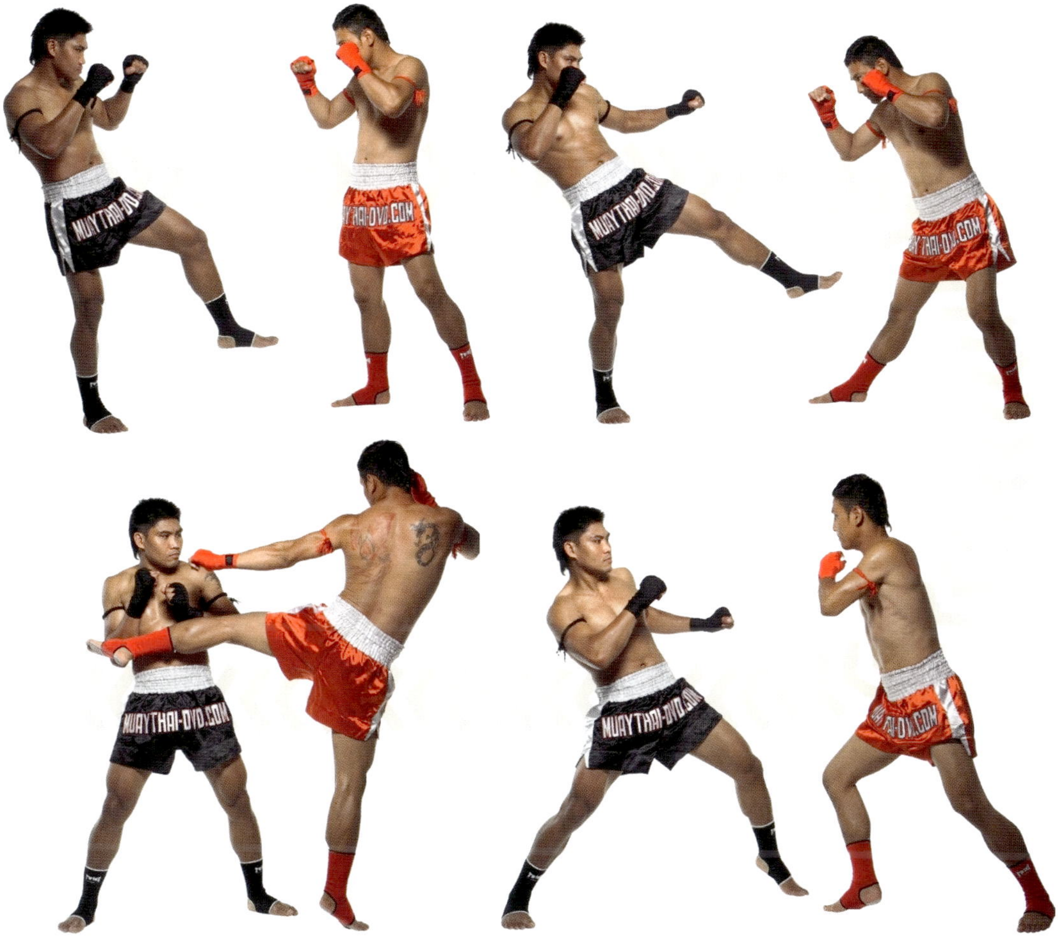

Der Gegner greift mit einem Vorwärtstritt zum Bein an. Saiyok (rot) verteidigt sich mit einem großen Schritt zurück, bevor er mit einem Kick von hinten kontert.

SO GEHT'S

Diesen Konter nutzt Saiyok gegen einen Vorwärtstritt zu Bein oder Körper.

1–2. Aus der Kampfstellung beginnt der Gegner einen kraftvollen Vorwärtstritt zu deinem Bein. Mache schnell einen großen Schritt oder Sprung zurück, um dich gegen den Tritt zu verteidigen.

3. Nach dem Verfehlen des Ziels befindet sich der Gegner in einer ungünstigen Verteidigungsposition.

4. Folge mit einem runden Kick zum Körper. Alternativ kannst du geraden Schlag, Kniestoß oder Ellbogenstoß im Sprung nutzen. Attackiere den Gegner weiter oder bewege dich in die stabile Kampfstellung zurück.

Konter 5 von Saiyok Gegen Kniestoß

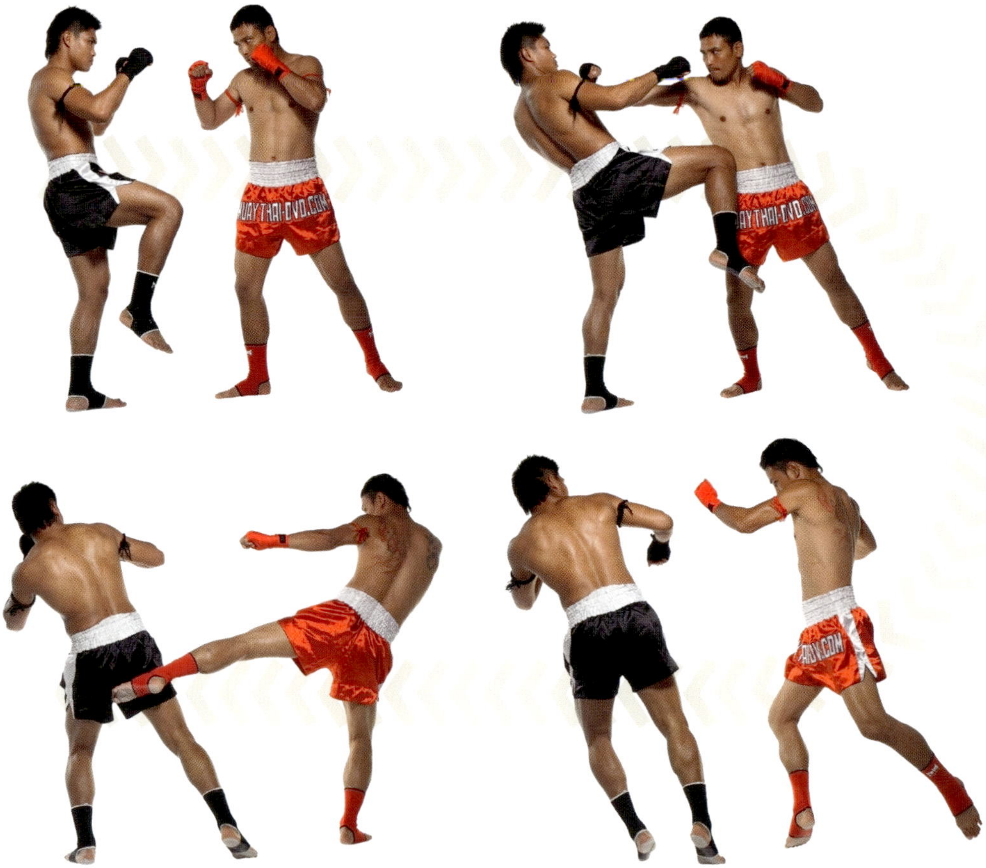

Der Gegner greift mit einem Kniestoß an. Saiyok (rot) verteidigt sich mit einer vorderen Geraden und folgt mit einem Beinkick.

SO GEHT'S

Diesen Konter empfiehlt Saiyok gegen einen hinteren Kniestoß aus der Distanz. Der Konter ist auch gegen einen vorderen Kniestoß möglich.

1. Aus der Kampfstellung stellt der Gegner das vordere Bein etwas vor und setzt zum Kniestoß von hinten an.

2. Verteidige dich gegen den Kniestoß, indem du einen Schritt nach vorn machst und dabei den Gegner mit einer vorderen Geraden ins Gesicht attackierst. Bewege dich schnell und gerade vor, strecke gleichzeitig den Arm und verlagere dein Gewicht vor.

Im Training darfst du hingegen nur leicht mit der Handfläche zur Brust stoßen, um den Partner nicht zu verletzen.

3. Der Gegner wird bei seiner Technik gestoppt und kommt in eine ungünstige Position.

4. Folge sofort mit einer kraftvollen Technik wie einem Low Kick. Attackiere mit weiteren Techniken, abhängig von der Position des Gegners, oder bewege dich schnell in die Kampfstellung zurück.

Konter 6 von Saiyok Gegen Clinch

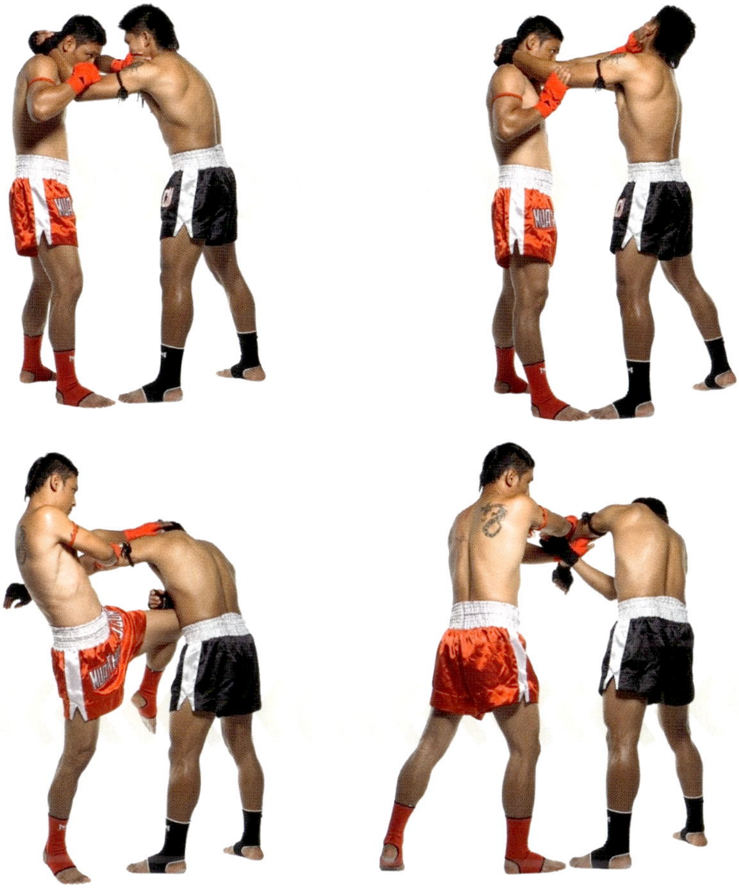

Saiyok (rot) befreit sich aus dem Clinch-Griff, wobei er seinen linken Fuß nach rechts hinten stellt. Sofort folgt er mit einem Kniestoß.

SO GEHT'S

Diesen Konter setzt Saiyok ein, wenn der Gegner einen Haltegriff im Clinch angelegt hat. Wichtig ist es, dass du die lösenden Bewegungen schnell, ruckartig und direkt folgend ausführst.

1. Du befindest dich in einer Clinch-Situation. Lege die linke Hand von unten an das Kinn des Gegners und greife mit der anderen Hand zu seinem Ellbogen.

2. Positioniere deine rechte Hand unter seinem Ellbogen und drücke dann mit der linken Hand sein Kinn nach hinten weg.

3. Schiebe seinen Ellbogen hoch und nach außen, um dich zu lösen, und ziehe direkt folgend dein linkes Bein zurück, damit du dir Platz schaffst.

4. Folge mit einem kraftvollen Kniestoß – der Gegner kann sich dagegen kaum verteidigen. Attackiere weiter mit Knie oder Ellbogen, oder bewege dich in die Kampfstellung zurück.

Konter 1 von Kem Gegen Schlag

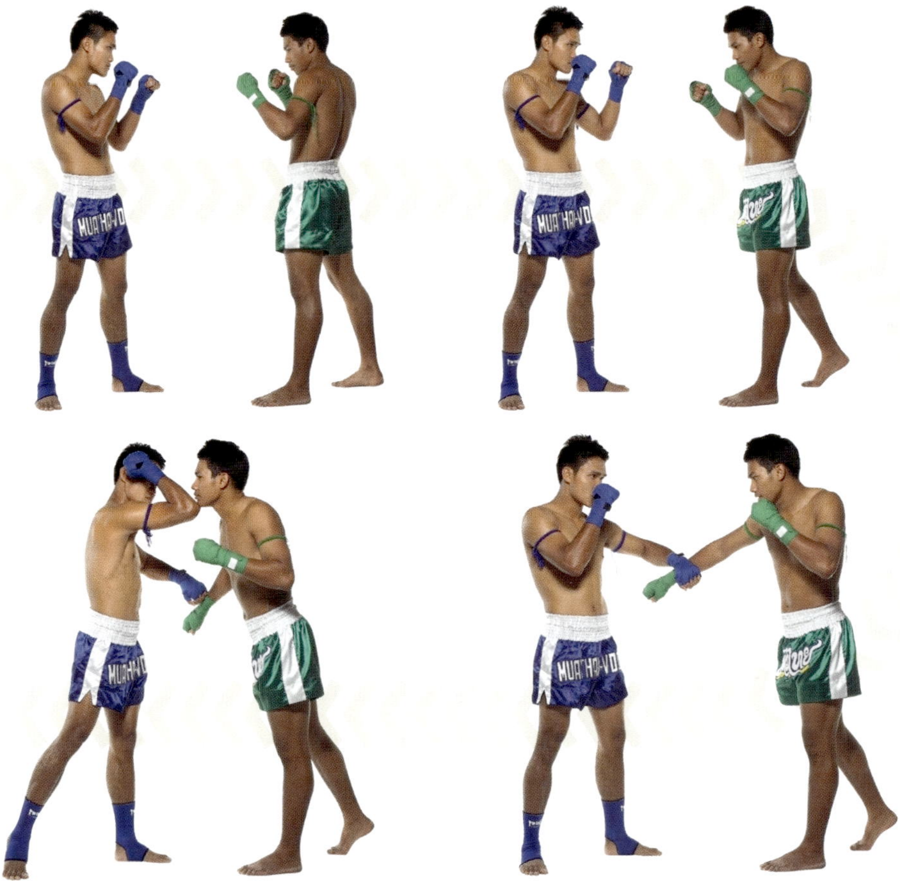

Kem (blau) leitet die hintere Gerade nach außen unten. Er folgt mit einem Aufwärtsellbogen, wozu er einen kleinen Schritt nach vorn macht.

SO GEHT'S

Diesen Konter nutzt Kem gegen eine kraftvolle hintere Gerade. Das Weiterleiten und der Ellbogenkonter müssen in einer schnellen und gleichmäßigen Bewegung durchgeführt werden.

1–2. Der Gegner steht dir in Kampfstellung gegenüber und setzt zu einer hinteren Geraden an.

3. Leite den geraden Schlag mit der gegenüberliegenden Hand nach außen unten. Du kannst dies mit einer Schaufelbewegung machen, wie auf dem Bild gezeigt, oder mit einem Unterarmblock.

4. Folge mit einem Aufwärtsellbogen, den du mit dem anderen Arm anbringst. Mache dazu einen Schritt vor und setze dein Gewicht ein. Attackiere den Gegner weiter oder bewege dich schnell in die Kampfstellung zurück.

Als Alternative zum Ellbogenstoß kannst du den Gegner mit der hinteren Hand diagonal am Hals greifen, heranziehen und einen Kniestoß von hinten anbringen.

Konter 2 von Kem Gegen Ellbogenstoß

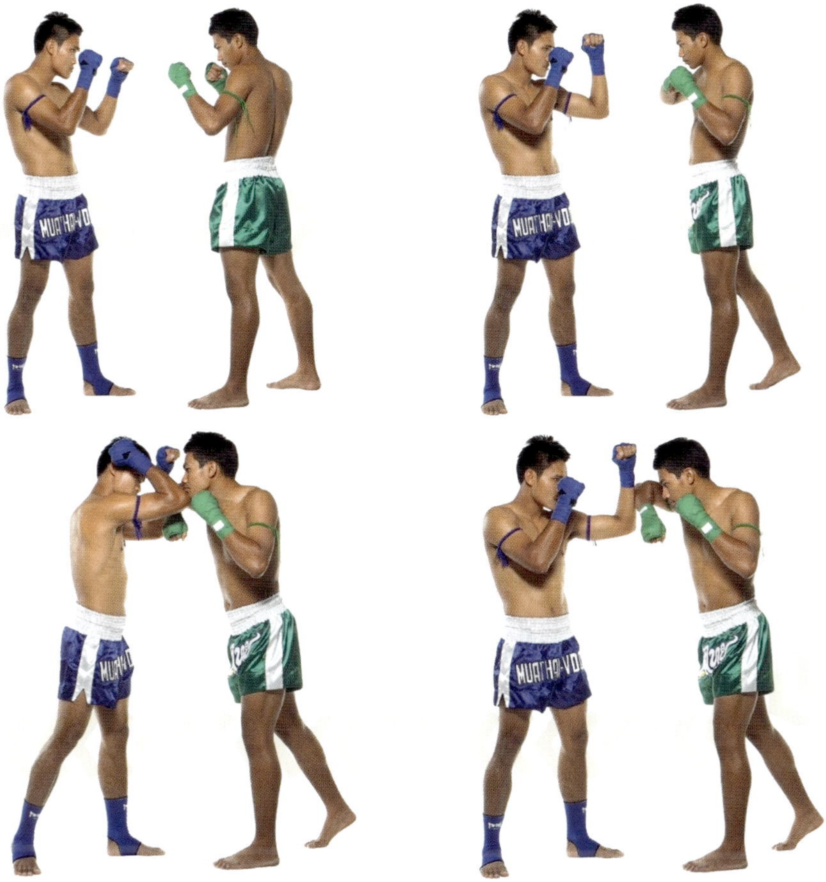

Kem (blau) blockt den seitlichen Ellbogenangriff und folgt mit einem rechten Aufwärtsellbogen.

SO GEHT'S

Diesen Konter nutzt Kem gegen einen kreisenden Ellbogen oder einen Seitellbogen. Wichtig für das Gelingen ist, dass du deinen Block direkt – ohne Verzögern – aus der Kampfstellung nach vorn stößt.

1–2. Aus der Kampfstellung macht der Gegner einen kleinen Schritt vor und setzt zu einem Ellbogen von außen an.

3. Blocke den Angriff des Gegners, indem du deinen Unterarm vorstößt, ähnlich als würdest du einen Aufwärtsellbogen ausführen. Stoße möglichst zur Mitte des Arms, da du so am wenigsten Trefferwirkung absorbieren musst. Verlagere dabei dein Gewicht nach vorn.

4. Folge mit einem Aufwärtsellbogen, wie in der Abbildung, oder einem kreisenden Ellbogen von hinten. Attackiere den Gegner weiter oder bewege dich in die Kampfstellung zurück.

Konter 3 von Kem Gegen Kick

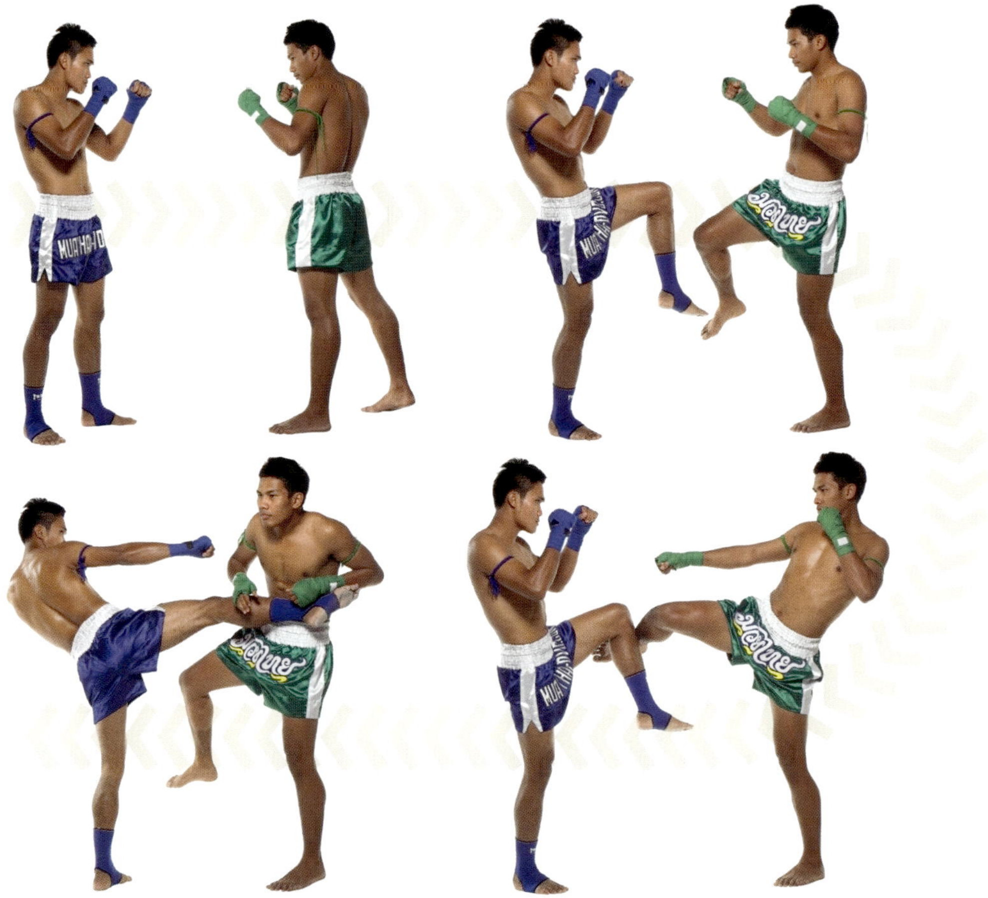

Kem (blau) blockt den runden Kick und stellt das Bein vorn ab. Er folgt mit einem runden Kick von hinten.

SO GEHT'S

Hier zeigt Kem eine Technik, die er oft gegen einen runden Kick zu Bein oder Körper ausführt.

1–2. Du stehst dem Gegner in Kampfstellung gegenüber. Er macht einen kleinen Schritt mit dem vorderen Fuß vor und setzt zu einem runden Kick mit dem hinteren Bein an. Ziehe schnell dein gegenüberliegendes Knie hoch.

3. Blocke den Kick mit dem oberen Bereich des Schienbeins, wobei du auf einen stabilen Stand achten musst.

4. Stelle dein Bein ab und folge mit einem kraftvollen runden Kick von hinten. Begib dich in Kampfstellung zurück oder attackiere ihn weiter z. B. mit einem Ellbogenstoß.

Alternativ zum runden Kick kannst du eine hintere Gerade einsetzen oder den Gegner mit der hinteren Hand heranziehen und einen Kniestoß einsetzen.

Konter 4 von Kem Gegen Vorwärtstritt

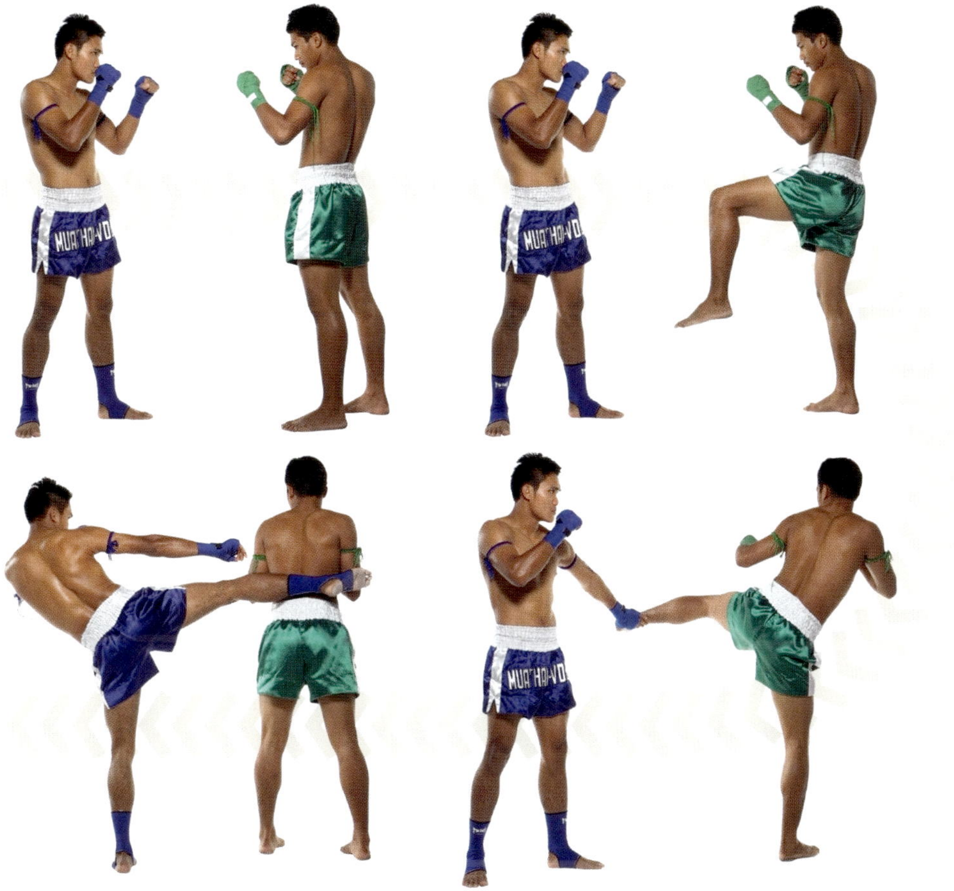

Kem (blau) leitet den Vorwärtstritt zur Seite weiter, sodass der Rücken des Gegners zu ihm gerichtet ist. Er folgt mit einem runden Kick.

SO GEHT'S

Diesen Konter nutzt Kem häufig gegen einen Vorwärtstritt zum Körper. Halte bei dieser Kontertechnik das gegnerische Bein nicht fest, sondern leite es in einer gleichmäßigen Bewegung nach außen.

1–2. Du stehst dem Gegner in Kampfstellung gegenüber. Er zieht sein Bein an, um einen Vorwärtstritt durchzuführen.

3. Leite den Angriff zur Seite weiter, sodass der Gegner sich in einer unvorteilhaften Position befindet. Das Weiterleiten ist mit der inneren oder äußeren Hand möglich. Gleichzeitig kannst du einen Schritt zurück oder einen Schritt nach außen machen.

4. Folge mit einem runden Kick (Foto), geraden Schlag oder Kniestoß, was abhängig von der Distanz zum Gegner ist. Attackiere ihn weiter oder bewege dich in die Kampfstellung zurück.

Konter 5 von Kem Gegen Kniestoß

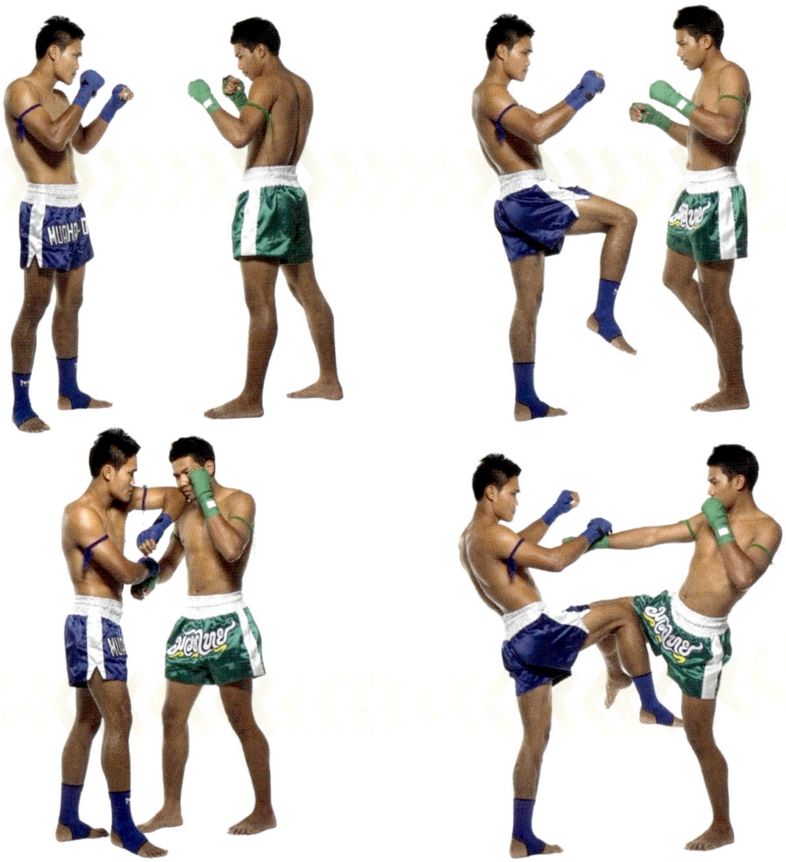

Kem (blau) blockt den Kniestoß nach außen, öffnet die gegnerische Deckung und folgt mit einem kreisenden Ellbogen.

SO GEHT'S

Diesen Konter empfiehlt Kem gegen einen Kniestoß aus der Distanz (z. B. gerader, seitlicher oder runder Kniestoß).

1. Der Gegner steht dir in Kampfstellung gegenüber.

2–3. Er stellt den vorderen Fuß etwas vor, um eine Kniestoß von hinten zu beginnen. Verteidige dich gegen den Kniestoß, indem du mit einem Stoß zur Oberschenkelinnenseite blockst. Dazu bewegst du dein Knie erst vor und drehst es dann nach außen. Achte auf einen stabilen Stand und halte die Deckung oben. Lege dabei die vordere Hand auf die deckende Hand des Gegners.

4. Stelle das Bein vorn ab, drücke seine Hand herunter und folge direkt mit einem kreisenden Ellbogen von hinten. Verlagere dazu das Gewicht vor. Attackiere den Gegner weiter oder nimm die Kampfstellung ein.

Als Option kannst du direkt nach dem Beinabstellen mit der gleichen Körperseite einen kreisenden Ellbogen oder einen Aufwärtsellbogen anbringen. Das Herunterdrücken der gegnerischen Deckung ist dann nicht notwendig.

Konter 6 von Kem Gegen Clinch

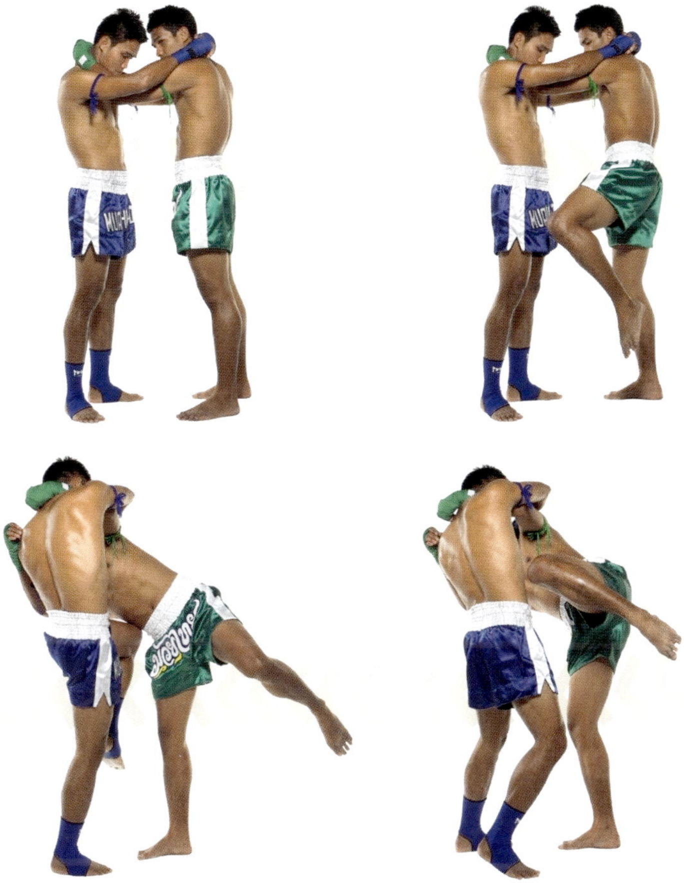

Kem (blau) wirft den Gegner in Stoßrichtung und folgt mit einem Kniestoß.

SO GEHT'S

Diesen Konter nutzt Kem im Clinch gegen einen Kniestoß von außen. Achte auf das richtige Timing zum Wurf sowie auf dein Gleichgewicht.

1–2. Du befindest dich in einer Clinch-Situation mit dem Gegner und er setzt zu einem Kniestoß an. Er kann von außen oder von vorn stoßen.

3. Verteidige dich gegen den Angriff, indem du den Gegner in Stoßrichtung wirfst. Dazu stellst du das äußere Bein etwas nach außen vorn (hier das rechte Bein) und reißt ihn dann ruckartig mit Hüftbewegung zur Seite, wobei du dein inneres Bein zurückziehst.

4. Attackiere den unkontrolliert zur Seite fallenden Gegner mit einem Kniestoß mit dem zurückgestellten Bein.

Finten

Nutze Finten, um den Gegner zu täuschen und ihn aus seiner Schutzhaltung zu locken. Führe die Finte zu einer bestimmten Körperstelle aus. Der Gegner muss, um sich dort zu verteidigen, den Schutz einer anderen Körperstelle verringern. Dorthin kannst du mit der Folgetechnik wirkungsvoll treffen.
Du musst die Finte schnell ausführen und dazu den Körper locker halten. Wenn du hingegen die Finte langsam einsetzt, kann der Gegner die Folgetechnik verhindern. Oftmals wird die Finte mit reduziertem Bewegungsradius ausgeführt und der Gegner nur leicht getroffen. Erst die Folgetechnik wird kraftvoll ausgeführt.
Führe die Finten in eine andere Höhe oder zu einer anderen Körperseite als die Folgetechnik aus. Ziel ist, dass der Gegner die Deckung verändert und du danach mit der Folgetechnik eine ungeschützte Körperstelle attackieren kannst. Dazu wird das Ziel der Finte mit dem Blick anvisiert, nicht das eigentliche Ziel der Folgetechnik.
Es sind nicht alle Finten für jeden Thai-Boxer einfach auszuführen. Teste die Finten und wähle solche aus, die dir recht leicht gelingen und sich für deinen Kampfstil eignen. Trainiere die Finten bis du die Ausführung automatisiert hast. Nur eine perfekt ausgeführte Finte, wird im Kampf erfolgreich sein. Deshalb musst du auch die bereits erlernten Finten immer wieder üben, um die Durchführung und das Timing zu optimieren. Die Finten kannst du mit vorderer und hinterer Körperseite einsetzen.

1. Finte: Vordere Gerade Folgetechnik: Ellbogenstoß aus der Drehung
2. Finte: Kick zur Beininnenseite Folgetechnik: Kick zum Kopf mit dem gleichen Bein
3. Finte: Runder Kick Folgetechnik: Vorwärtstritt mit dem gleichen Bein
4. Finte: Runder Kick Folgetechnik: Seittritt mit dem gleichen Bein
5. Finte: Hoher Kick Folgetechnik: Ellbogenstoß
6. Finte: Vorwärtstritt Folgetechnik: Vordere Gerade

7. Finte: Vorwärtstritt Folgetechnik: Ellbogenstoß
8. Finte: Vorwärtstritt zum Bein Folgetechnik: Kniestoß
9. Finte: Kniestoß Folgetechnik: Kreisender Ellbogen
10. Finte: Kniestoß Folgetechnik: Ellbogenstoß aus der Drehung
11. Finte: Kniestoß im Clinch Folgetechnik: Feger

1. Finte Vordere Gerade

FOLGETECHNIK: Ellbogenstoß aus der Drehung

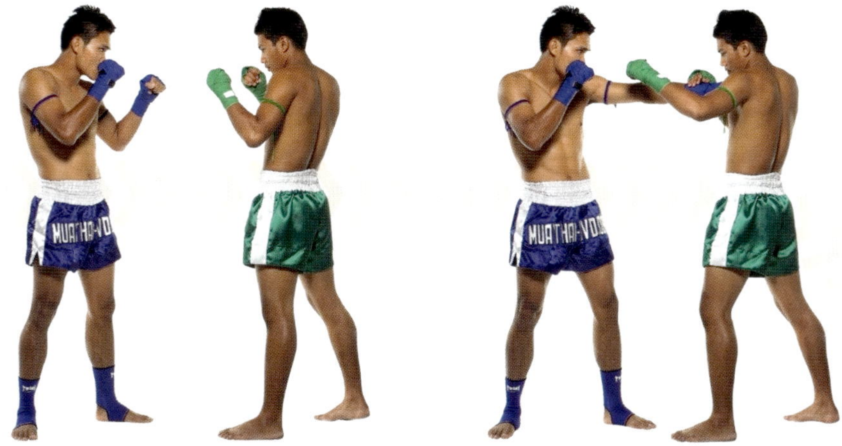

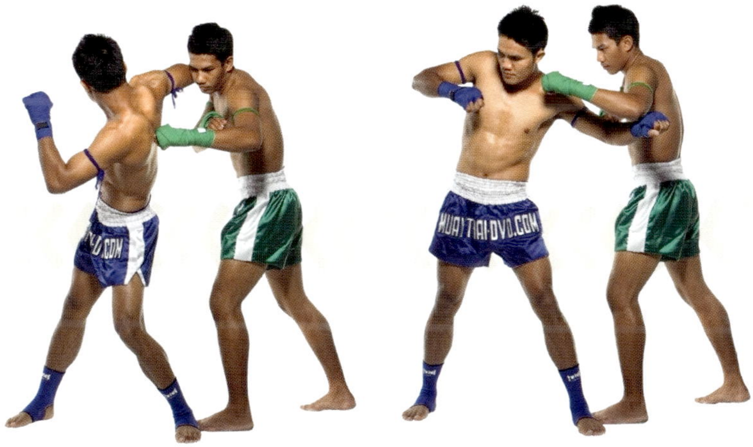

Kem (blau) täuscht eine Gerade mit links an. Er stellt den linken Fuß nach außen rechts, dreht sich im Uhrzeigersinn und folgt mit einem rechten Ellbogenstoß von außen.

SO GEHT'S

1–2. Du stehst dem Gegner in der Kampfstellung gegenüber. Mache einen schnellen Schritt mit dem vorderen Fuß vor und täusche den Gegner mit einer vorderen Geraden oder alternativ einem Seithaken. Ziel ist, den Gegner zu einer schnellen Schutzaktion mit den Händen zu verleiten – du musst dazu nicht kraftvoll schlagen.

3. Stelle sofort den Fuß der gleichen Körperseite nach außen zeigend ab und drehe dich über diesen Fuß.

4. Folge mit einem Ellbogenstoß aus der Drehung. Der Stoß kann von unten zum Kinn oder seitlich von außen zum Kiefer (Foto) treffen. Dann nimmst du wieder die Kampfstellung ein. Wenn du einen linken Schlag antäuschst, dann drehst du dich im Uhrzeigersinn und stößt mit dem rechten Ellbogen. Machst du hingegen die Finte mit rechts, dann drehst du dich entgegen dem Uhrzeigersinn und triffst mit dem linken Ellbogen.

2. Finte Kick zur Beininnenseite

FOLGETECHNIK: Kick zum Kopf mit dem gleichen Bein

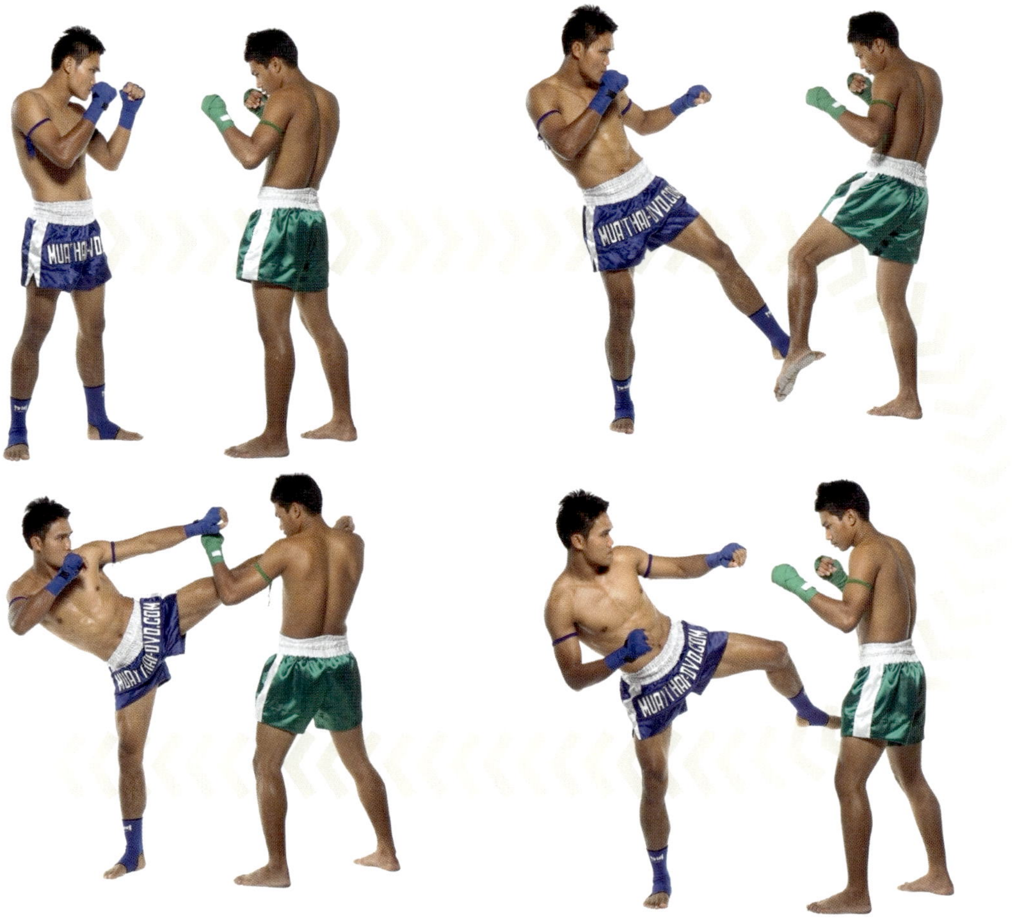

Kem (blau) setzt zu einem Low Kick an. Der Gegner konzentriert sich darauf, den Kick zu blocken. Sofort folgt Kem mit einem runden Kick zum Kopf.

SO GEHT'S

1–2. Aus der Kampfstellung machst du einen schnellen Low Kick mit dem vorderen Bein. Je nachdem in welcher Auslage der Gegner steht, trittst du zur Beininnenseite (Foto 2) oder zur Beinaußenseite. Es genügt ein leichtes Treffen mit dem Spann. Achte auf eine schnelle Ausführung, damit der Gegner überrascht wird und sich auf die Beinverteidigung konzentriert.

3–4. Reiße sofort das Bein hoch und folge mit einem kraftvollen runden Kick zum Kopf. Dazu drehst du die Hüfte vollständig ein und das Standbein weiter nach hinten.
Meistens führen die Kämpfer den zweiten Kick ohne vorheriges Fußabstellen aus. Wenn du sehr schnell agierst, dann kannst du den Fuß zwischen den beiden Kicks zum Schwungholen kurz auf den Boden bringen.

3. Finte Runder Kick

FOLGETECHNIK: Vorwärtstritt mit dem gleichen Bein

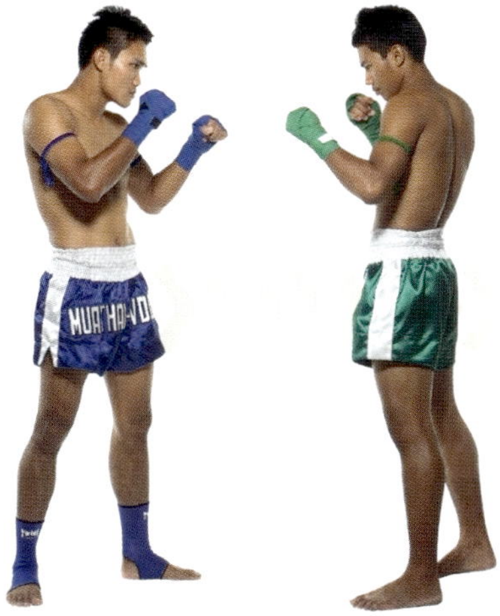

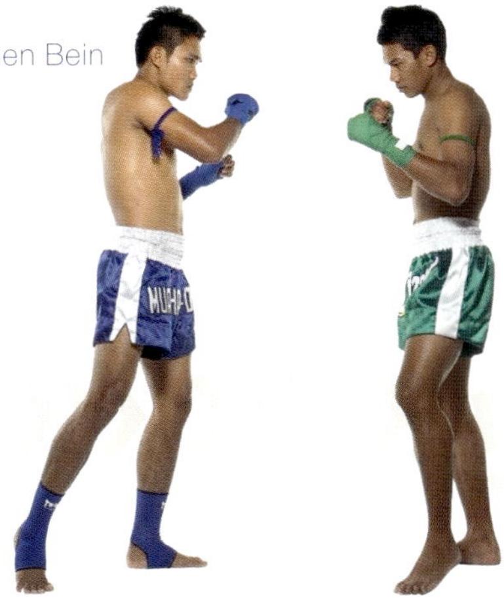

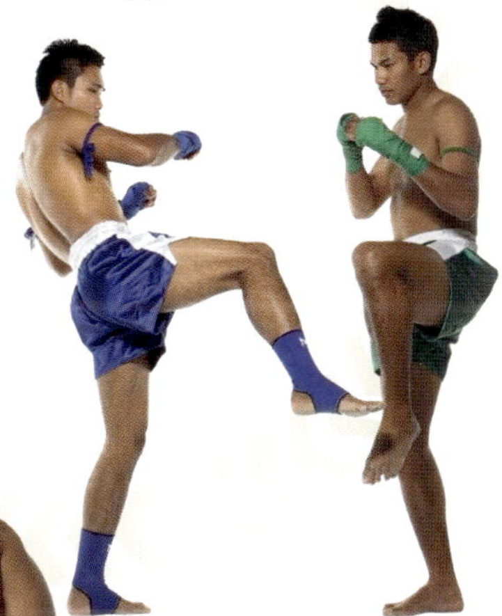

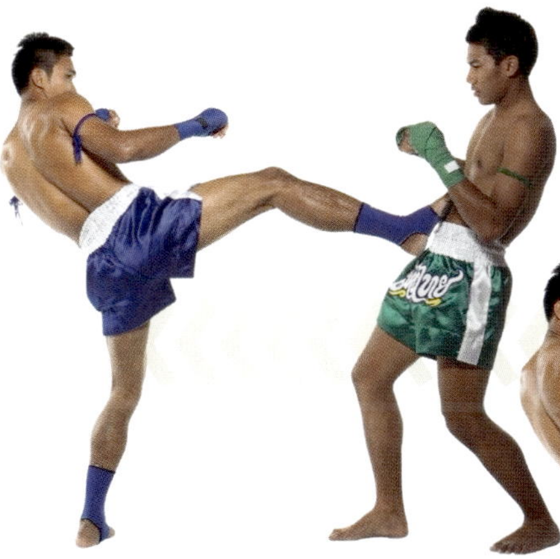

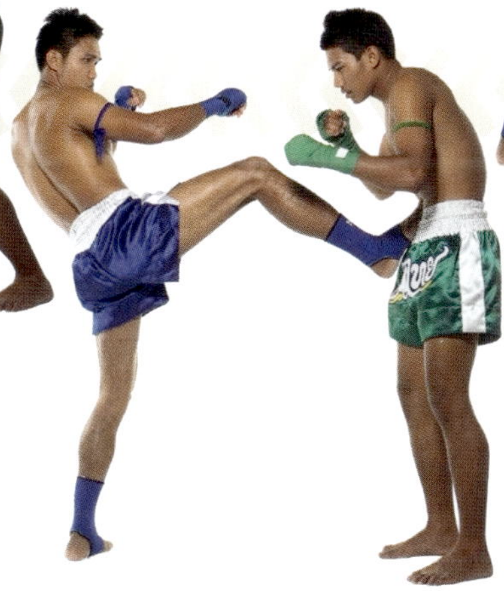

Kem (blau) beginnt einen runden Kick von hinten. Der Gegner hebt sein Bein zum Blocken. Während der Trittbewegung dreht Kem das Bein und trifft mit einem Vorwärtstritt.

SO GEHT'S

1–2. Aus der Kampfstellung startest du die Bewegung eines runden Kicks zum Körper, um den Gegner zu einer Verteidigungsaktion zu veranlassen.

3–5. Führe den runden Kick nicht vollständig aus, sondern drehe das Bein in der Bewegung und überrasche den Gegner mit einem Vorwärtstritt zu Körper (Foto 4–5) oder Kopf. Das Bein wird zwischen den Tritten nicht abgestellt. Die Finte wird meistens mit dem hinteren Bein ausgeführt, ist aber auch mit dem vorderen Bein möglich.

4. Finte Runder Kick

FOLGETECHNIK: Seittritt mit dem gleichen Bein

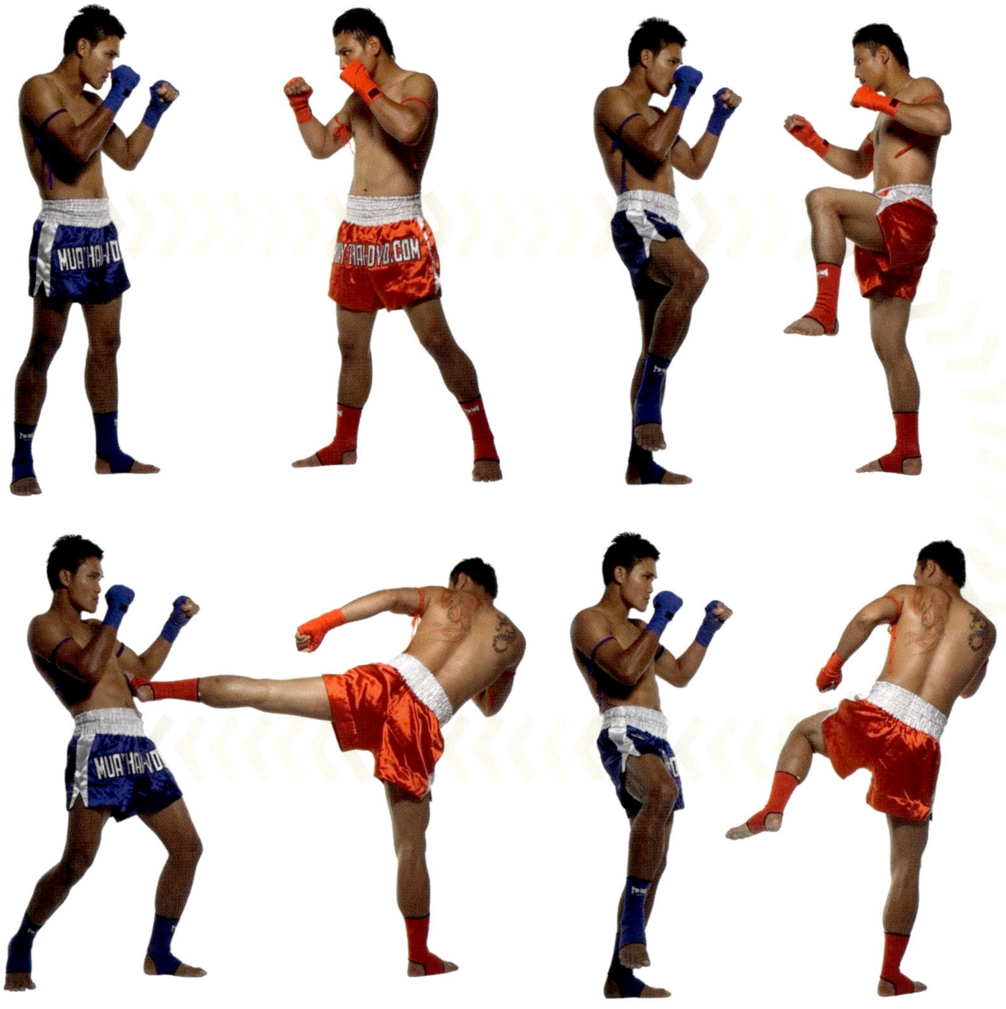

Saiyok (rot) beginnt einen runden Kick. Der Gegner hebt sein Bein zum Blocken. In der Trittbewegung zieht Saiyok sein Bein an und führt einen Seittritt aus.

SO GEHT'S

1–2. Aus der Kampfstellung täuschst du einen runden Kick zum Körper an, damit der Gegner versucht zu blocken.

3–4. In der Kickbewegung drehst du das Bein und ziehst es etwas zu deinem Körper, um dann einen Seittritt zur Körpermitte auszuführen.

Achte auf Schnelligkeit und führe die Bewegung ohne Beinabstellen aus.

Auch falls der Gegner sein Bein nicht zum Blocken anheben sollte, kann er mit der Technik überrascht und wirkungsvoll getroffen werden.

5. Finte Hoher Kick

FOLGETECHNIK: Ellbogenstoß

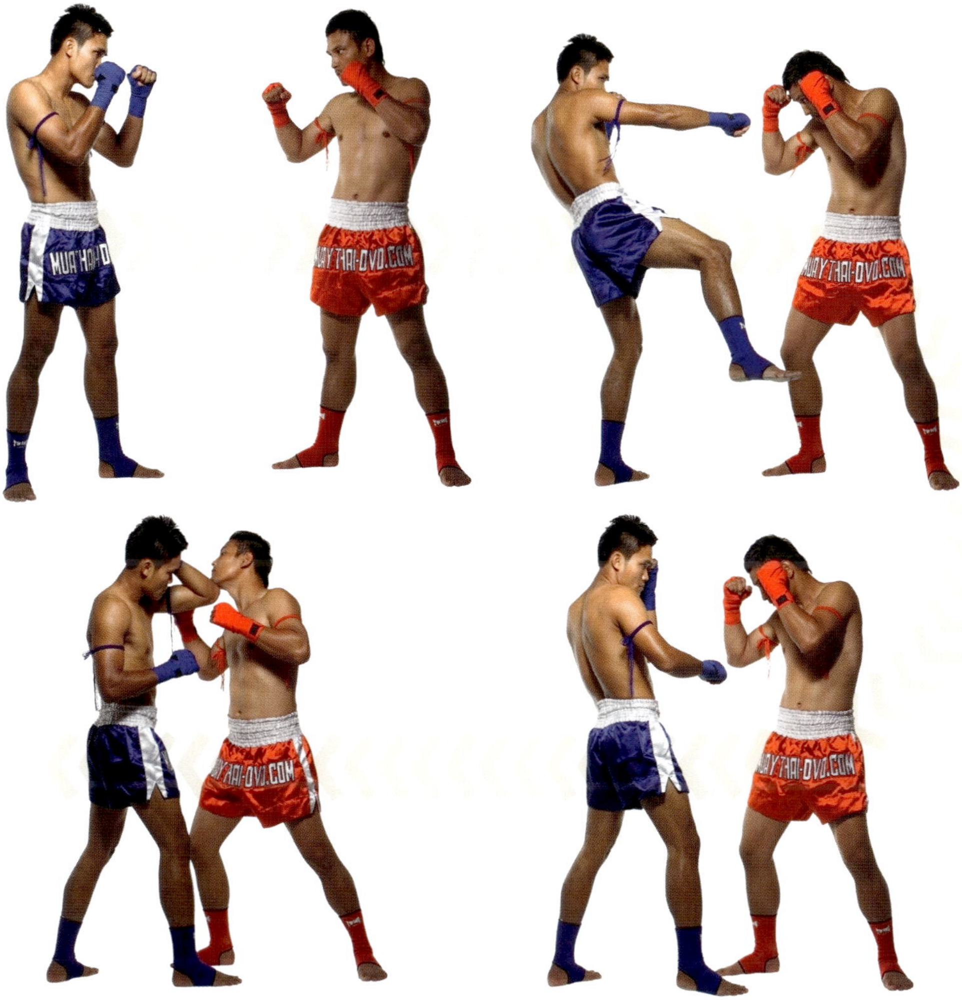

Kem (blau) täuscht einen hohen Kick an. Er stellt das Bein vorn ab und folgt mit einem Aufwärtsellbogen.

SO GEHT'S

1–2. Aus der Kampfstellung beginnst du einen hohen Kick, um den Gegner zu täuschen.

3–4. Stelle das Kickbein vorn ab und folge sofort mit einem Aufwärtsellbogen, den du kraftvoll mit der hinteren Körperseite ausführst. Achte auf schnelle Ausführung und verlagere bei der Ellbogentechnik das Gewicht zum Gegner.

Ziel ist es, dass der Gegner sich auf die Deckung des hohen Kicks konzentriert. Dann kannst du die Kopfmitte oder die andere Kopfseite attackieren.

6. Finte Vorwärtstritt

FOLGETECHNIK: Vordere Gerade

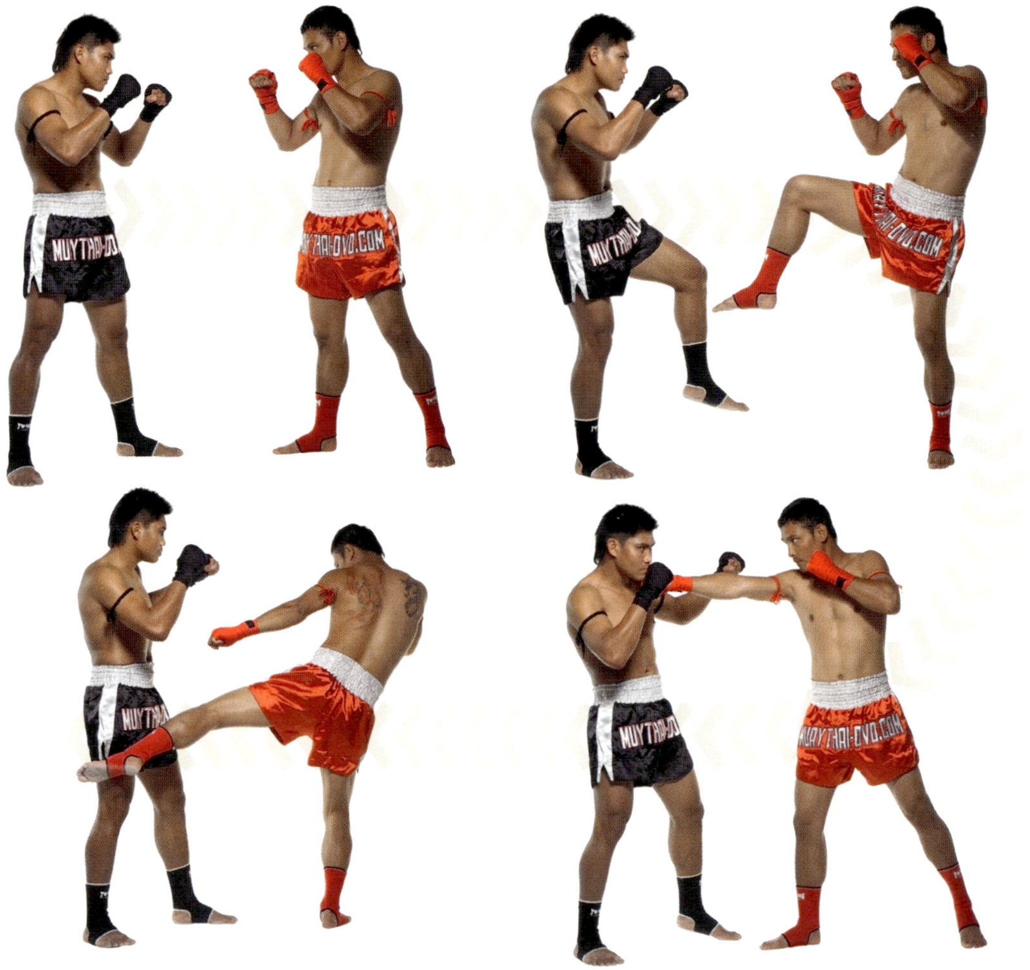

Saiyok (rot) täuscht einen Vorwärtstritt an. Der Gegner versucht, sich mit einem Knieblock zu verteidigen. Saiyok stellt das Bein ab und folgt mit Gerade und Low Kick.

SO GEHT'S

1–2. Aus der Kampfstellung ziehst du das Knie hoch, um einen Vorwärtstritt zum Körper anzutäuschen, damit sich der Gegner auf die Verteidigung konzentriert. Er könnte mit dem Knie blocken oder nach unten greifen, um dein Bein wegzuleiten oder zu fangen.

3. Anstatt den Tritt kraftvoll auszuführen, stellst du das Bein vorn ab und führst gleichzeitig eine vordere Gerade aus. Verlagere beim Schlag das Gewicht vor und achte auf eine schnelle Ausführung.

4. Folge mit einem Low Kick (Foto) oder einer anderen Technik, welche die Position des Gegners zulässt.

7. Finte Vorwärtstritt

FOLGETECHNIK: Ellbogenstoß

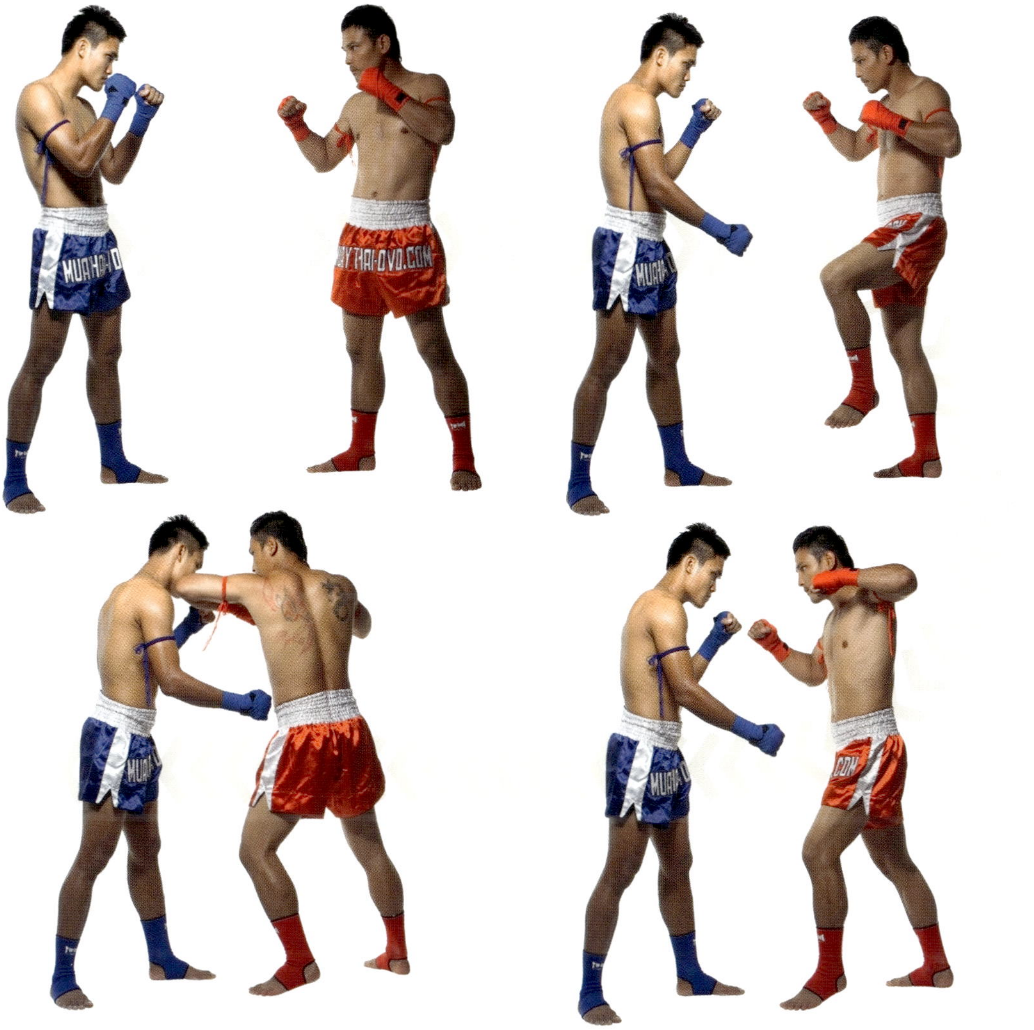

Saiyok (rot) täuscht einen Vorwärtstritt zum Körper an. Der Gegner bewegt die Hand nach unten, um den Tritt zu fangen oder wegzuleiten. Saiyok stellt das Bein ab und folgt mit einem kreisenden Ellbogen zu der nun ungeschützten Kopfseite.

SO GEHT'S

1–2. Täusche einen Vorwärtstritt zum Körper an, damit der Gegner eine Hand zum Fangen oder Weiterleiten des Tritts nach unten nimmt.

3–4. Anstatt den Tritt durchzuziehen, stellst du das Bein schnell ab. Folge sofort mit einem Ellbogenstoß und verlagere dabei das Gewicht vor. Achte auf schnelle Ausführung, denn sonst kann der Gegner die Deckung wieder hochziehen.

8. Finte Vorwärtstritt zum Bein

FOLGETECHNIK: Kniestoß

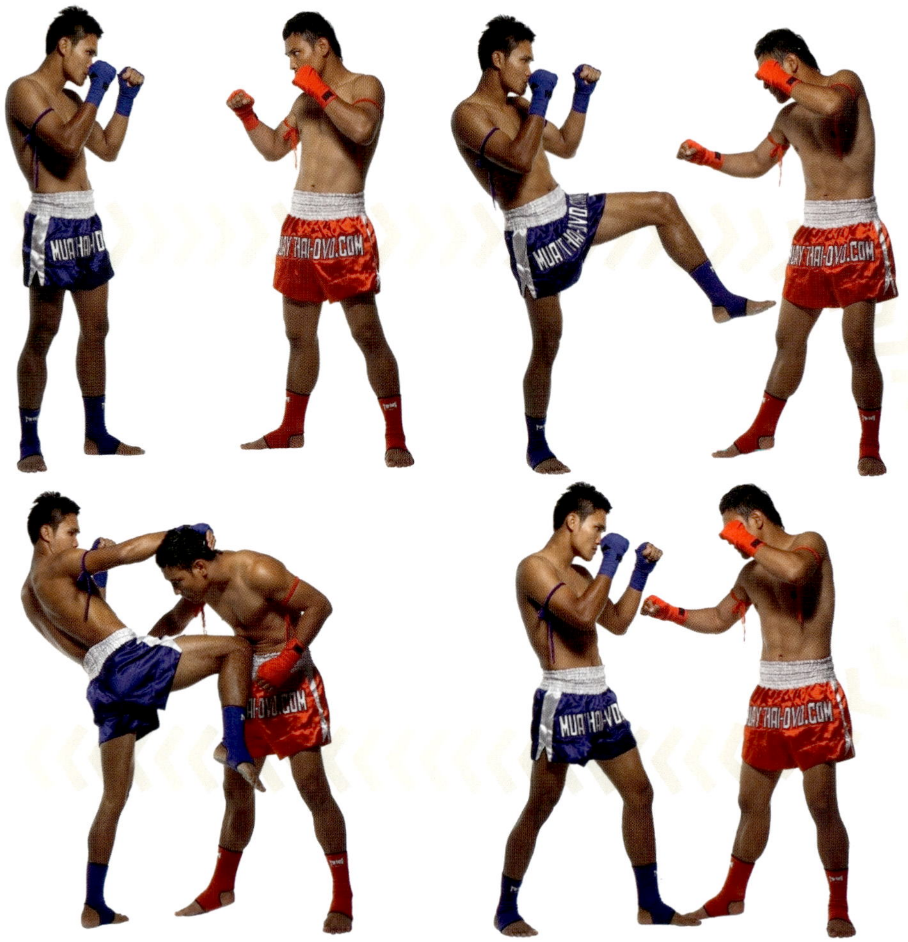

Kem (blau) täuscht einen Vorwärtstritt zum Bein an, worauf der Gegner das Bein zurückzieht. Kem stellt sein Trittbein vorn ab, zieht den Gegner heran und nutzt einen Kniestoß von hinten.

SO GEHT'S

1–2. Aus der Kampfstellung deutest du einen Vorwärtstritt zum Bein an. Ziel ist es, den Gegner zu einer Verteidigungsaktion wie Beinrückziehen oder Schritt nach hinten zu verleiten.

3. Anstatt den Tritt vollständig durchzuführen, stellst du das Bein schnell vorn ab.

4. Folge sofort mit einem kraftvollen Kniestoß von hinten. Diesen kannst du mit Heranziehen oder aus der Distanz mit angehobener Deckung ausführen.

9. Finte Kniestoß

FOLGETECHNIK: Kreisender Ellbogen

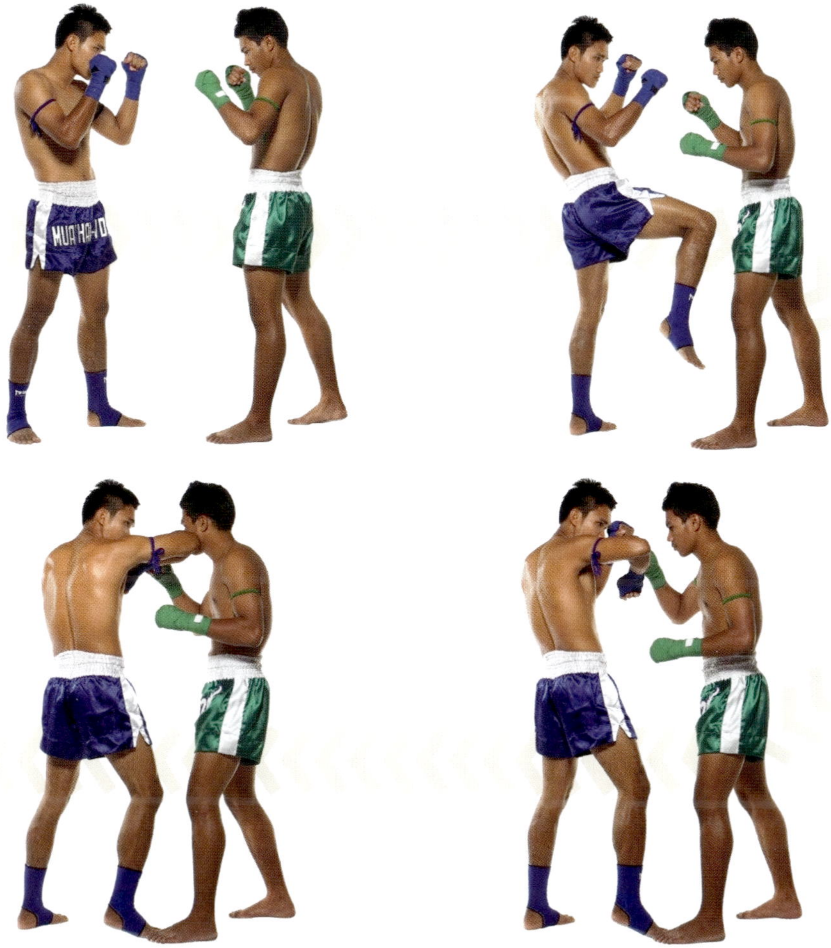

Kem (blau) täuscht einen Kniestoß an. Der Gegner nimmt die Hand runter, um das Bein zu fangen. Kem stellt das Bein vorn ab und folgt mit einem kreisenden Ellbogen.

SO GEHT'S

1–2. Aus der Kampfstellung täuschst du einen Kniestoß zum Körper an, damit sich der Gegner auf dessen Verteidigung konzentriert. Er könnte möglicherweise nach unten greifen, um das Bein zu fangen, oder die Arme zusammenziehen, um sich noch etwas zu schützen.

3–4. Anstatt den Stoß kraftvoll durchzuziehen, stellst du das Bein vorn ab. Folge mit einem kreisenden Ellbogen, den du mit der gleichen Körperseite ausführst.
Halte den Oberkörper beim Kniestoß aufrecht, damit du bei der folgenden Ellbogentechnik das Gewicht einbringen kannst.

10. Finte Kniestoß

FOLGETECHNIK: Ellbogenstoß aus der Drehung

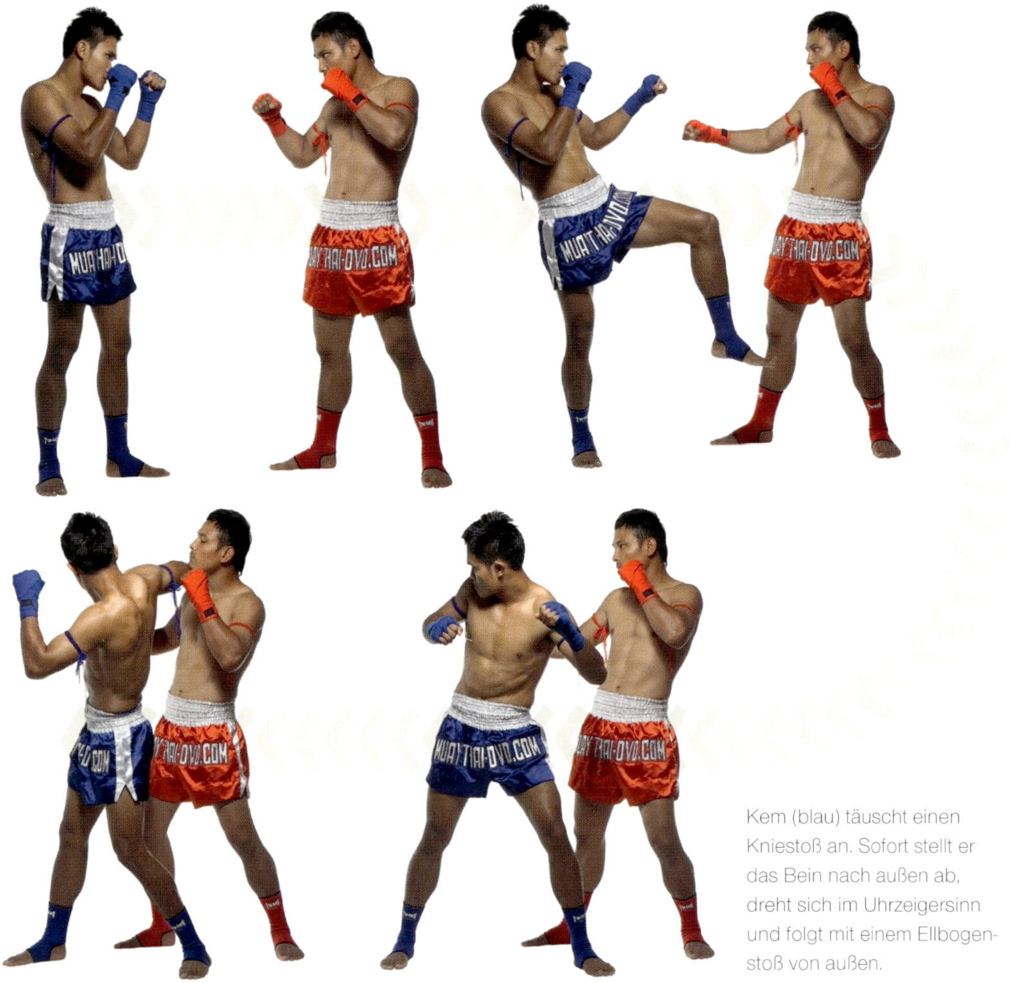

Kem (blau) täuscht einen Kniestoß an. Sofort stellt er das Bein nach außen ab, dreht sich im Uhrzeigersinn und folgt mit einem Ellbogenstoß von außen.

SO GEHT'S

1–2. Bei dieser Finte täuschst du einen Kniestoß an.

3. Stelle den Fuß nach außen zeigend ab und drehe dich über ihn.

4. Folge mit einem Ellbogenstoß aus der Drehung. Der Stoß kann von unten zum Kinn oder von außen zum Kiefer (Foto) treffen.

Wenn du einen linken Kniestoß antäuschst, dann drehst du dich im Uhrzeigersinn und stößt mit dem rechten Ellbogen. Machst du hingegen die Finte mit rechts, dann drehst du dich entgegen dem Uhrzeigersinn und stößt mit dem linken Ellbogen.

Als Alternative kannst du einen Vorwärtstritt antäuschen, bevor du mit Ellbogenstoß aus der Drehung folgst.

11. Finte Kniestoß im Clinch

FOLGETECHNIK: Feger

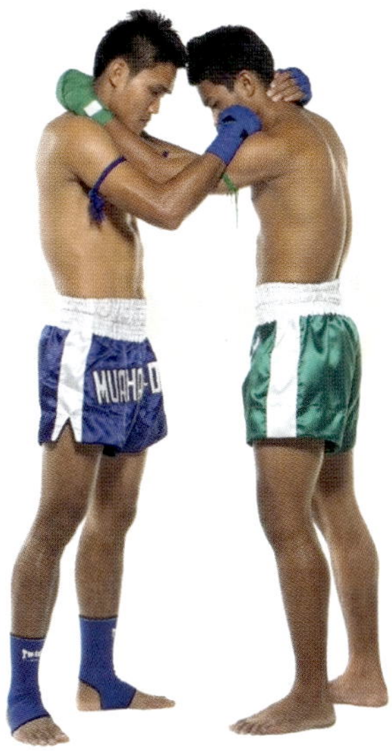
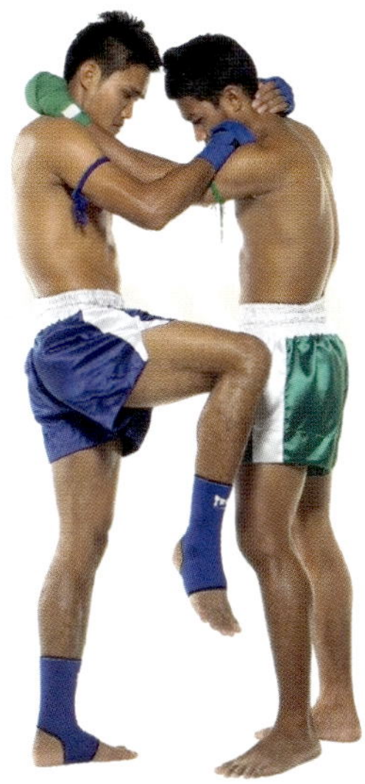
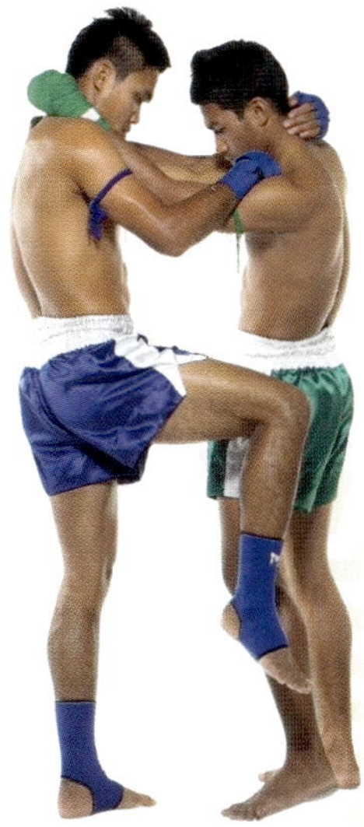
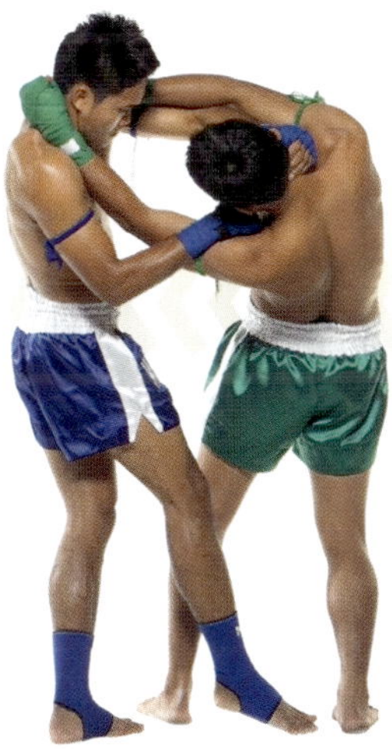
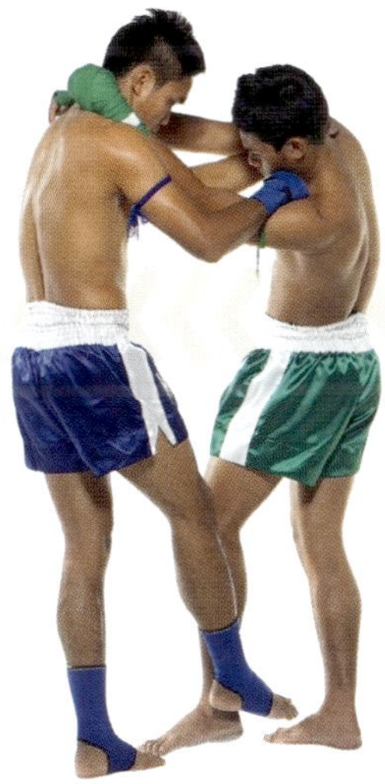

Kem (blau) täuscht einen Kniestoß an und folgt mit einem Feger. Gleichzeitig drückt er den Gegner nach rechts zu Boden.

SO GEHT'S

1–2. Du befindest dich in Clinch-Position. Täusche einen Kniestoß zu den Rippen an.

3–5. Bewege den Fuß schnell nach unten und setze einen Feger ein, um den Gegner zu Fall zu bringen. Unterstütze die Bewegung, indem du mit den Unterarmen auf seinen Oberkörper drückst.

Führe den Feger mit dem Schienbein oder der Beininnenseite aus.

Die Technik mit der Fußinnenseite verstößt häufig gegen das Regelwerk. Falls du es so ausführen willst, erkundige dich zuvor, ob es in dem aktuellen Verbandsregelwerk zulässig ist.

TEIL 5:
Trainingsplanung

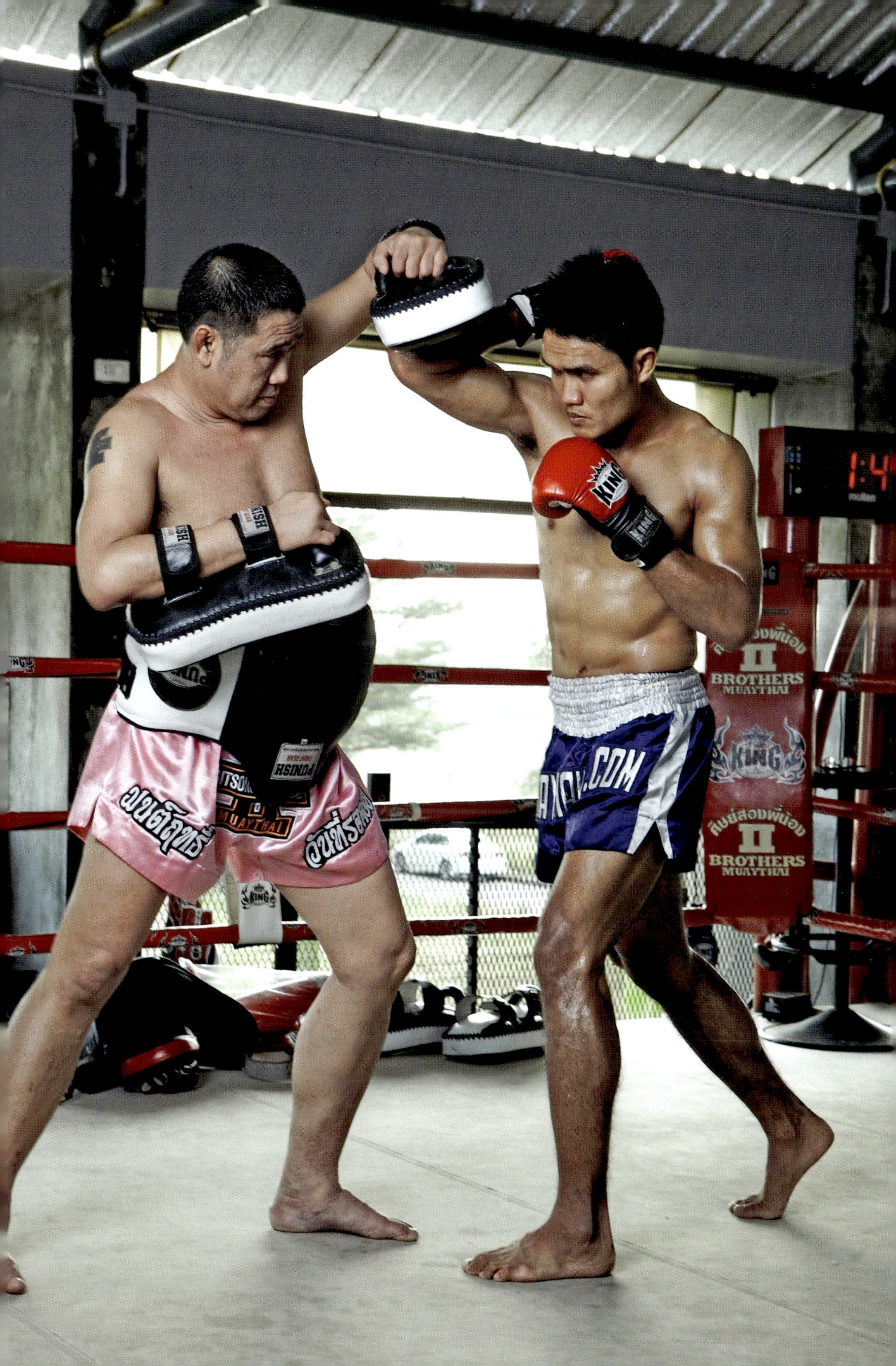
II
BROTHERS
MUAYTHAI
KING
II
BROTHERS
MUAYTHAI

Grundlagen zur Trainingsplanung

Eine sinnvolle Trainingsplanung ist die Grundvoraussetzung, damit du deinen Körper erfolgreich trainierst und deine Leistungsfähigkeit kontinuierlich steigerst. Wähle deine Trainingsplanung abhängig von deinem Leistungsstand und deinen Trainingszielen.

Zuerst wird gezeigt, wie du als Einsteiger und Freizeitsportler deine Trainingseinheit aufbauen kannst. Auch ist ein Wochentrainingsplan enthalten, der eine kontinuierliche Leistungsentwicklung sicherstellt.

Danach wird beschrieben, wie du als Amateursportler deine Trainingsintensität effektiv gestaltest, um für Amateurwettkämpfe fit zu sein. Dazu ist 10-Wochen-Trainingszyklus enthalten, den du an deine Bedürfnisse anpassen kannst. Thai-Boxer, die sich auf professionelle Wettkämpfe vorbereiten, müssen möglichst individuell trainieren. Als Anregung für semi-professionelle Thai-Boxer ist ein 8-Wochen Trainingsplan enthalten, den du an deine individuellen Bedürfnisse anpassen kannst.

Als Motivationshilfe sind die Trainingspläne der beiden thailändischen Stars Saiyok und Kem dargestellt. Diese sollen zeigen, was erreichbar ist, wenn du langfristig kontinuierlich deine Intensität steigerst. Diese Pläne bedeuten nicht, dass du sie kopieren sollst, denn sie erfordern ein professionelles Sportlerleben mit genügend Regeneration. Wenn diese Voraussetzung nicht gegeben ist, dann sind die Pläne viel zu intensiv und würden zur Überlastung führen.

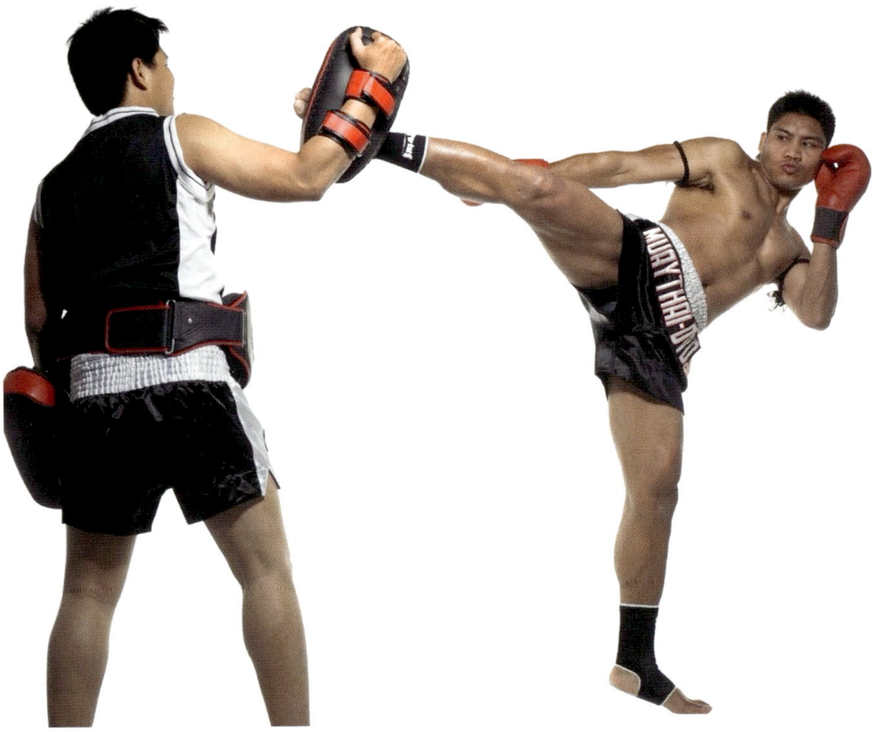

Der runde Kick in Kopfhöhe.

Trainingsplan für Einsteiger

Neueinsteiger im Muay Thai lernen zuerst die Grundtechniken des Angriffs und eine Auswahl an Verteidigungs- und Kontertechniken. Es ist notwendig, mindestens zweimal wöchentlich Muay Thai zu trainieren, um kontinuierlich Verbesserungen zu erreichen. Ist es dein Ziel, deine körperliche Fitness deutlich zu verbessern, dann solltest du 1–2 wöchentliche Trainingseinheiten für deine Fitness ergänzen, insbesondere für deine Kraft, bei Bedarf ergänzt mit Ausdauer- und Beweglichkeitstraining.

Trainierst du mindestens zweimal pro Woche Muay Thai über einen Zeitraum von 6 Monaten, dann wirst du die Grundtechniken korrekt ausführen können. Du musst jedoch die Techniken immer weiter perfektionieren und an ihnen »feilen«. Ergänze zudem anspruchsvolle Techniken in deinem Repertoire, so wirst du dich in einigen Jahren zu einem Könner im Muay Thai entwickelt haben. Um aber an Wettkämpfen teilzunehmen, sind 2 Thai-Box-Einheiten pro Woche zu wenig.

Tagestrainingsplan

Die beschriebene Intensität bietet sich für ein 90minütiges Training an. Wenn du Muay Thai im Solotraining betreibst und kein Trainingspartner verfügbar ist, verlängere das Schattenboxen und das Boxsacktraining. Zudem kannst du im Solotraining dein Aufwärmprogramm nach deinen eigenen Erfahrungen gestalten. Im Anschluss an das Techniktraining können noch einige Übungen zur Kräftigung gemacht werden, insbesondere für den Rumpf.

Aktivität	Intensität
Lockeres Aufwärmen mit Joggen oder Seilspringen	5–10 min
Mobilisieren und/oder Dehnen	5–10 min
Schattenboxen	2–3 Runden á 3 min
Pratzentraining	2–3 Runden á 3 min
Boxsacktraining	2–3 Runden á 3 min
Partnertraining	10–15 min
Clinchen	5 min
Optional: Kraftübungen	5–10 min
Dehnen	5–10 min

Wochentrainingsplan

	Aktivität
Tag 1	Muay Thai
Tag 2	Krafttraining
Tag 3	Pause
Tag 4	Muay Thai
Tag 5	Kraft- und/oder Ausdauertraining
Tag 6	Pause oder Beweglichkeitstraining
Tag 7	Pause

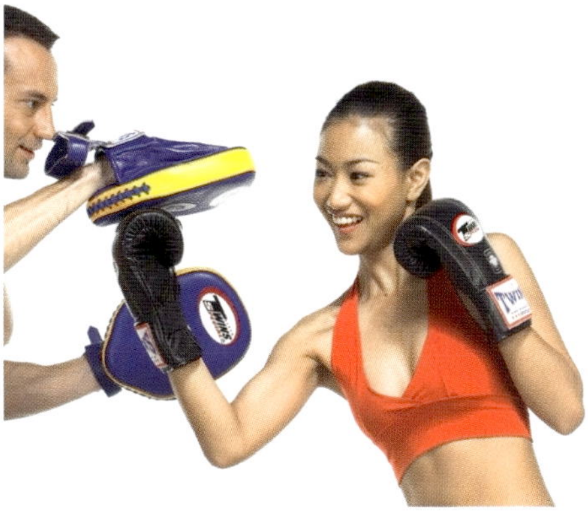

Trainingsplan für Amateursportler

Du erreichst schnell deutliche Leistungsverbesserungen, wenn du dreimal pro Woche Muay Thai trainierst und zusätzlich Fitnesseinheiten ausführst. Das Ausdauertraining bewirkt, dass du im sportartspezifischen Training lange aufnahmefähig bist, und das Krafttraining ermöglicht, dass du die Techniken wirkungsvoller ausführen kannst.
Im Amateurbereich werden mit 5–6 sechs wöchentlichen Einheiten aus Muay Thai-Training und Fitnesstraining gute Resultate erzielt und es können sogar schon hohe Wettkampfziele erreicht werden. Dies setzt allerdings voraus, dass du vor einem Wettkampf nicht umfangreich Gewicht machen musst, um deine Gewichtsklasse zu erreichen. In einem solchen Fall muss auch schon ein Amateursportler mehr als 6 Trainingseinheiten ausführen.

Trainingseinheit

Die beschriebene Intensität bietet sich für ein Training von 90–120 Minuten an. Wenn du Muay Thai im Solotraining betreibst und kein Trainingspartner verfügbar ist, dann verlängere das Schattenboxen und das Boxsacktraining. Zudem kannst du im Solotraining dein Aufwärmprogramm nach deinen eigenen Erfahrungen gestalten. Im Anschluss an das Techniktraining können noch einige Übungen zur Kräftigung gemacht werden.

Aktivität	**Intensität**
Lockeres Aufwärmen mit Joggen oder Seilspringen	10 min
Mobilisieren und/oder Dehnen	5–10 min
Schattenboxen	2 Runden á 3–4 min
Pratzentraining	3 Runden á 3–4 min
Boxsacktraining	3 Runden á 3–4 min
Partnertraining	10–15 min
Sparring	15 min, 2 Einheiten pro Woche
Clinchen	5–10 min
Optional: Kraftübungen	5–10 min
Dehnen	5–10 min
Optional: Abrollen mit der Faszienrolle	5–10 min

Wochentrainingsplan

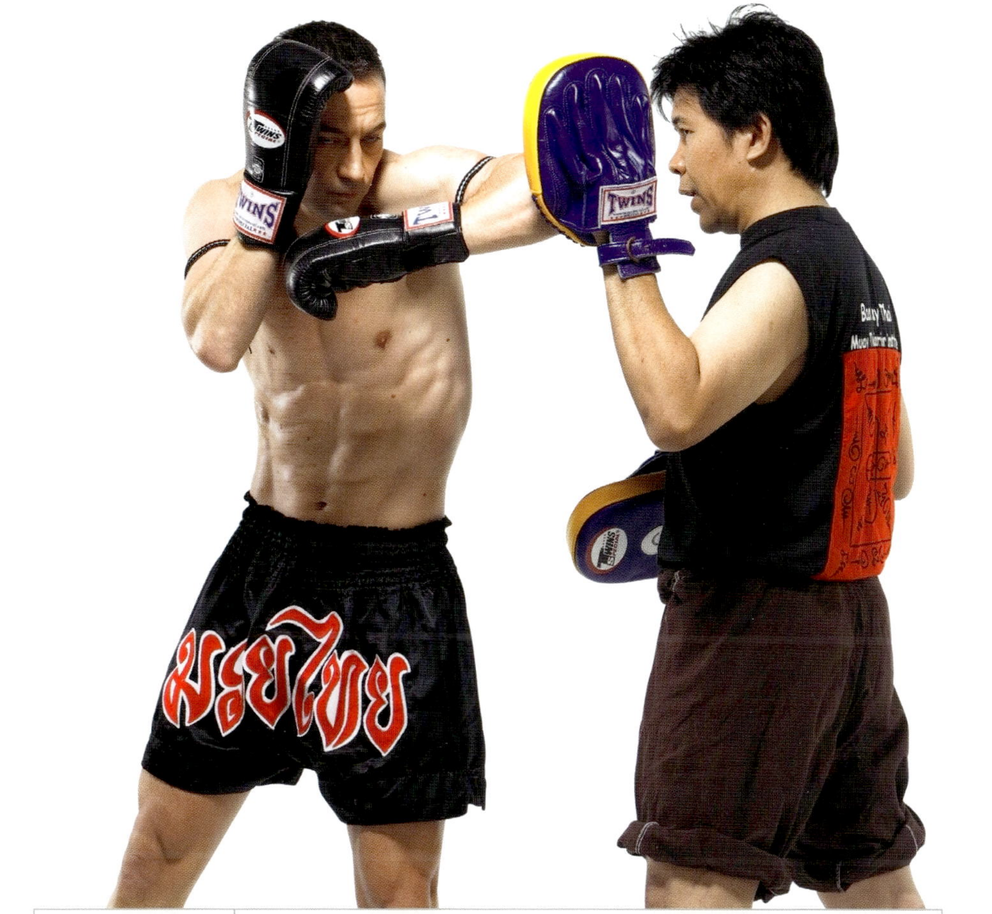

	Aktivität
Tag 1	Muay Thai
Tag 2	Krafttraining, bei Bedarf noch 30 min Ausdauertraining anhängen
Tag 3	Muay Thai
Tag 4	Pause oder Ausdauertraining
Tag 5	Muay Thai
Tag 6	Krafttraining, bei Bedarf noch 30 min Ausdauertraining anhängen
Tag 7	Pause

10-Wochen-Zyklus

Du musst im Trainingsplan immer wieder Änderungen vornehmen, um deinen Körper neu zu fordern. Wenn du dich hingegen an die Anforderungen gewöhnst, stagniert die Leistungsentwicklung. Lege deshalb immer wieder Trainingszyklen über Zeiträume von 6–12 Wochen fest, wie beispielsweise der unten abgebildete Zyklus über 10 Wochen. Nach Beendigung eines Zyklus trainierst du nach einem leicht geänderten Plan.

Nutze ein Trainingsbuch und mache darin Notizen zu den Plänen und Leistungen, sodass du die Entwicklung deiner körperlichen Leistungsfähigkeit langfristig mitverfolgen kannst.

Hier ist ein 10-Wochen-Zyklus vorgestellt, der zum Ziel hat, das sportartspezifische Leistungsvermögen intensiv zu verbessern, wofür er zuerst die Grundlagenausdauer aufbaut und dann das Krafttraining intensiviert.

In den **Wochen 1–6** ist eine Leistungsverbesserung im Muay Thai angestrebt, wozu 3 wöchentliche Einheiten ausgeführt werden. Zusätzlich wird die Ausdauer mit 2 Einheiten verbessert. Es erfolgt eine Gewöhnung an das Krafttraining beziehungsweise der Erhalt der bisher erreichten Leistungsfähigkeit mit einer Einheit pro Woche.

In den **Wochen 7–10** wird die Intensität des Muay Thai-Trainings beibehalten. Im Ausdauertraining ist der Leistungserhalt das vorrangige Ziel, wozu einer Einheit pro Woche genügt. Das Krafttraining wird auf 2 Einheiten pro Woche gesteigert.

	Tag 1	Tag 2	Tag 3	Tag 4	Tag 5	Tag 6	Tag 7
Woche 1	MT	A	MT	K	MT	A	P
Woche 2	MT	A	MT	K	MT	A	P
Woche 3	MT	A	MT	K	MT	A	P
Woche 4	MT	A	MT	K	MT	A	P
Woche 5	MT	A	MT	K	MT	A	P
Woche 6	MT	A	MT	K	MT	A	P
Woche 7	MT	K	MT	A	MT	K	P
Woche 8	MT	K	MT	A	MT	K	P
Woche 9	MT	K	MT	A	MT	K	P
Woche 10	MT	K	MT	A	MT	K	P

MT = Muay Thai. In dieser Einheit wird Muay Thai trainiert.
A = Ausdauer. In dieser Einheit förderst du deine Ausdauer, z. B. mit Laufen, Radfahren oder Schwimmen.
K = Kraft. In dieser Einheit wird die Kraft trainiert, wozu sich ein Ganzkörperprogramm empfiehlt.
P = Pause. An diesem Tag pausierst du, um deinen Körper zu regenerieren.

Trainingspläne von Profis

Professionelle Thai-Boxer gestalten ihr Leben nach den Anforderungen des Kampfsports. Sie erzielen ihren Lebensunterhalt mit den Muay Thai-Kämpfen und müssen deshalb das größtmögliche Leistungsvermögen abrufen können. Auf die richtige Ernährung muss ebenso wie auf die Regeneration geachtet werden. Üblicherweise wird sechsmal pro Woche morgens eine Trainingseinheit und eine Trainingseinheit am frühen Abend ausgeführt. Am Sonntag wird meistens pausiert, um den Körper zu erholen. Thai-Boxer nutzen häufig einen Trainingsplan über 8–12 Wochen, um sich auf den nächsten Wettkampf vorzubereiten. Sobald Gegner und Rahmenbedingungen für den Kampf festgelegt sind, entwickelt der Trainer ein Programm, nach dem der Wettkämpfer nun trainiert. Dieses Programm wird entsprechend der individuellen Anforderungen des Kämpfers ausgearbeitet. Es werden beispielsweise das zu reduzierende Gewicht und der Kampfstil des Kontrahenten berücksichtigt. Nach dem Wettkampf wird dann die Trainingsintensität verringert, damit sich der Sportler regenerieren kann. Dann trainiert er einige Wochen nach einem neuen Zyklus mit dem Ziel, das erreichte Leistungsniveau zu halten und die Schwachstellen zu beseitigen. Nachdem der nächste Kampftermin festgelegt ist, entwickelt der Trainer ein neues Programm zur Wettkampfvorbereitung. Ein Wettkampf kann aber auch kurzfristig beschlossen werden, wenn z. B. ein Thai-Boxer ausfällt und der Promoter einen Ersatz finden muss, weshalb die Sportler immer eine gute Form halten sollten. Es treten beispielsweise thailändische Sportler sehr häufig zu Wettkämpfen an und sie trainieren deshalb das ganze Jahr über mit hoher Intensität, um für einen Wettkampf schnellstmöglich fit zu sein, und kurzfristige Angebote annehmen zu können.

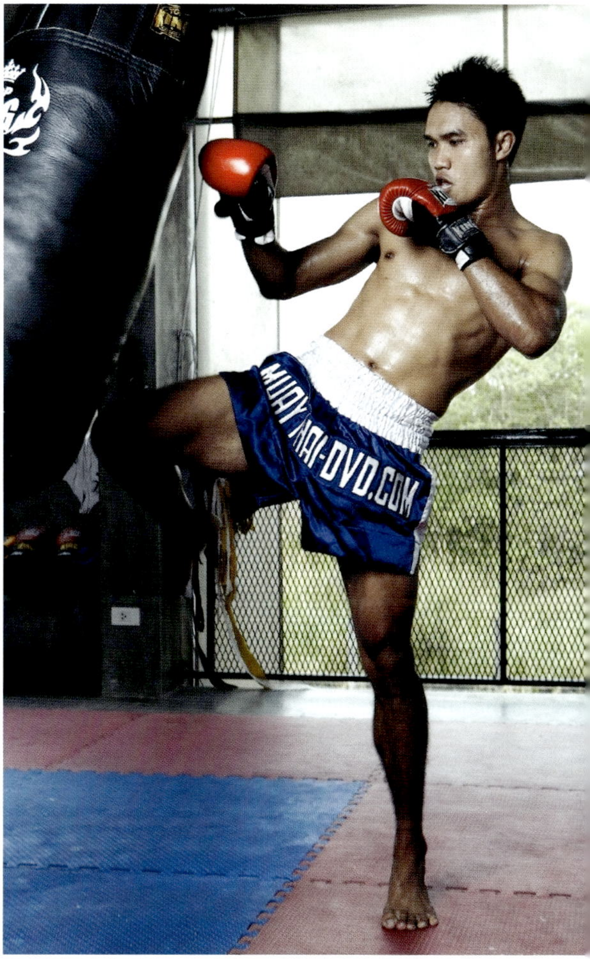

Training thailändischer Sportler

In den thailändischen Gyms trainieren die Wettkämpfer nach einem Trainingsprogramm, das diesem Plan entspricht oder zumindest sehr ähnelt. Üblicherweise wird sechsmal pro Woche morgens und abends mit abwechselnden Intensitäten trainiert. Am Sonntag wird pausiert oder mit reduzierter Intensität geübt.

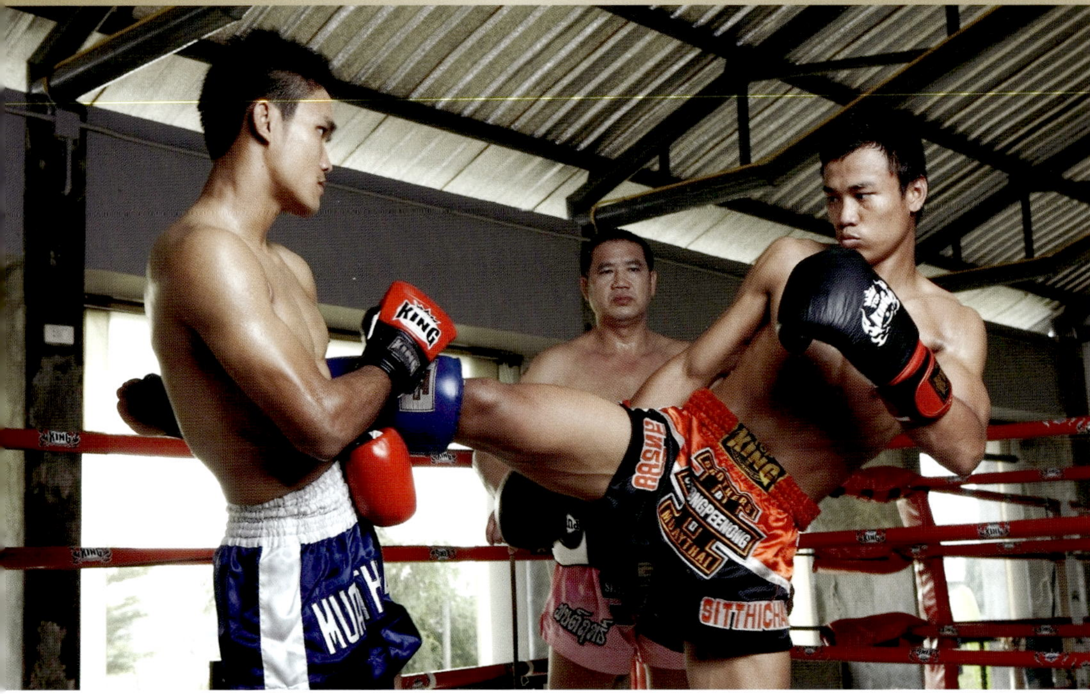

Die Weltmeister Kem und Sitthichai Sitsongpeenong beim Partnertraining.

Nur professionelle Thai-Boxer können mit einer solchen Intensität zweimal täglich üben. Dieses Training erfordert u. a. eine Mittagspause zur Erholung.

Semi-professionelle Sportler hingegen müssen ihre Trainingsziele mit einer intensiven täglichen Einheit erreichen, da sie auch noch ihren eigentlichen Beruf berücksichtigen müssen.

	Hart	**Weich**
Morgens		
Laufen oder Seilspringen	6 km/15 min	3 km/10 min
Schattenboxen	15 min	10 min
Boxsacktraining	5 Runden	3 Runden
Pratzentraining	5 Runden	3 Runden
Partner- und Clinchtraining	20 min	15 min
Kraftübungen	nach Bedarf	nach Bedarf
Abwärmen	nach Bedarf	nach Bedarf
Abends		
Seilspringen oder Laufen	20 min/8 km	15 min/4 km
Schattenboxen	15 min	10 min
Boxsacktraining	5 Runden	3 Runden
Pratzentraining	5 Runden	3 Runden
Sparring mit leichter oder mittlerer Intensität	20 min	15 min
Partner- und Clinchtraining	15 min	10 min
Kraftübungen	20 min	15 min
Abwärmen	nach Bedarf	nach Bedarf

Wettkampfvorbereitung

Hohe sportliche Ziele verlangen, dass du dein Trainingsprogramm detailliert ausarbeitest, um ein größeres Leistungsvermögen als dein Kontrahent zu erreichen. Es gibt allerdings kein Programm, das für jeden Thai-Boxer gültig ist. Vielmehr musst du ein Programm gestalten, dass deinen individuellen Bedürfnissen gerecht wird.

Hier bekommst du einen Trainingsplan vorgestellt, der zeigt, wie du dich als fortgeschrittener Thai-Boxer sinnvoll auf einen Wettkampf vorbereiten kannst. Nutze den Plan als Anregung und passe ihn an deine Anforderungen an.

Professionelle Thai-Boxer hingegen können 2 Trainingseinheiten täglich an 6 Tagen pro Woche ausführen, was erfordert, dass sie genügend Regenerationszeit einplanen.

Beachte beim Zusammenstellen eines individuellen Trainingsprogramms, dass du deinen Körper im kampfsportspezifischen Bereich, ebenso in allen Fitnessbereichen auf den Wettkampf vorbereiten musst, insbesondere im Ausdauer-, Kraft- und Schnelligkeitsbereich. Es können sich harte und weiche Trainingseinheiten täglich abwechseln, was aber nicht zwingend ist. Einige Tage vor dem Wettkampf muss die Trainingsintensität reduziert werden und zudem gilt es dann auf das Sparring zu verzichten, um eine Verletzung zu vermeiden. Am letzten Tag vor dem Kampf ruhen sich die Sportler aus.

Im thaiboxspezifischen Training wird, sobald der nächste Gegner feststeht, das Training auf den Wettkampf zugeschnitten und die Intensität erhöht. Der Trainer bestimmt die Kampftaktik und wählt darauf basierende Kontertaktiken und Kombinationen aus. Hat der Kontrahent beispielsweise in seinen früheren Wettkämpfen viele kraftvolle Schläge eingesetzt, kann die übende Kampftaktik darin bestehen, hohe runde Kicks auf den Oberarm immer wieder einzusetzen und dies gilt es im Training zu per-

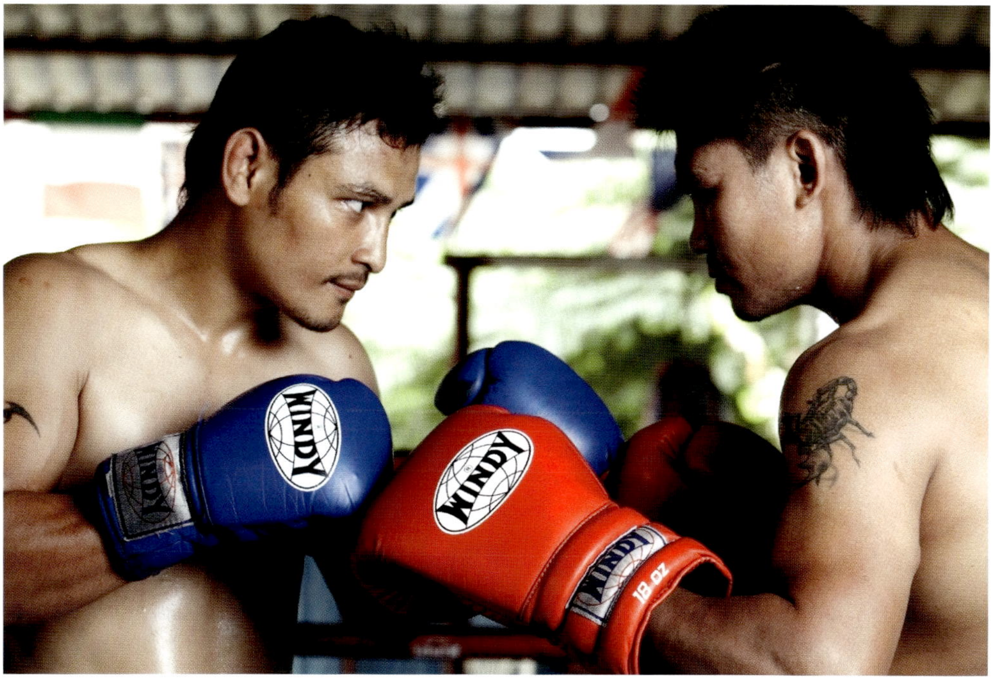

fektionieren. Der Trainer lässt dazu den Wettkämpfer beim Pratzentraining in den verschiedensten Positionen immer wieder solche Kicks ausführen. Außerdem eignen sich gegen einen Gegner mit sehr guter hinterer Schlagtechnik, die wiederholte Anwendung von Kniestößen und Vorwärtstritten mit der gegenüberliegenden Seite. Der Wettkämpfer muss seine Kampftaktik immer wieder einsetzen, bis er sie verinnerlicht hat, und sie automatisiert und somit schnell und mit dem richtigen Timing einsetzt. Der Partner im Sparring sollte dazu den Kampfstil des Kontrahenten simulieren.

Beispiel: 8-Wochen-Trainingsprogramm für den Wettkampf

Das Programm zeigt wie fortgeschrittene Thai-Boxer einen Trainingszyklus für 8 Wochen gestalten können. Der Plan dient als Anregung, da individuelle Besonderheiten wie die Gewichtsreduzierung zum Erreichen der Kampfgewichtsklasse nicht berücksichtigt sein können.

Unter Intervallläufe werden Läufe verstanden, die über eine vorgegebene Zeitdauer mit unterschiedlichen Geschwindigkeiten ausgeführt werden. Laufe abwechselnd schnell, z. B. eine Distanz von 400 Meter, und einige Minuten sehr langsam, bis sich der Puls wieder gesenkt hat.
Für das Krafttraining empfiehlt sich ein Ganzkörperprogramm aus 8-10 Übungen. Reduziere in den letzten Wochen vor dem Wettkampf die Intensität im Krafttraining.
Ernähre dich gesund, bedarfsgerecht und eiweißhaltig, damit du optimale Ergebnisse erreichst und die Verletzungs- und Infektgefahr reduzierst. Iss zudem viel Gemüse, um genügend Basenträger einzunehmen.
Schlafe mehr wie sonst üblich, um den Körper zu erholen. Auch sind regenerative Maßnahmen wie Massagen zumindest einmal pro Woche empfehlenswert.
Nach dem Wettkampf pausierst du einige Tage, um dich zu erholen. Spätestens nach einer Woche beginnst du wieder mit leichtem Training, wie Laufen mit geringer Intensität. Danach legst du einen neuen Trainingszyklus fest.

Woche 1	**Tag 1**	Thai-Box-Training (alle Inhalte)
	Tag 2	Laufen mit mittlerer Intensität für 40–60 min
	Tag 3	Krafttraining (Ganzkörperprogramm)
	Tag 4	Thai-Box-Training (alle Inhalte)
	Tag 5	Laufen mit geringer Intensität für 40–60 min
	Tag 6	Thai-Box-Training (Schwerpunkt Sparring)
	Tag 7	Pause
Woche 2	**Tag 1**	Thai-Box-Training (alle Inhalte)
	Tag 2	Intervallläufe für 40–60 min
	Tag 3	Krafttraining (Ganzkörperprogramm)
	Tag 4	Thai-Box-Training (alle Inhalte)
	Tag 5	Krafttraining (Ganzkörper) und Laufen mit geringer Intensität für 20–30 min
	Tag 6	Thai-Box-Training (Schwerpunkt Sparring)
	Tag 7	Pause

Woche 3	Tag 1	Thai-Box-Training (alle Inhalte)
	Tag 2	Intervallläufe für 40–60 min
	Tag 3	Krafttraining (Ganzkörperprogramm)
	Tag 4	Thai-Box-Training (alle Inhalte)
	Tag 5	Krafttraining (Ganzkörper) und Laufen mit geringer Intensität für 20–30 min
	Tag 6	Thai-Box-Training (Schwerpunkt Sparring)
	Tag 7	Pause
Woche 4	Tag 1	Thai-Box-Training (alle Inhalte)
	Tag 2	Intervallläufe mit kurzen Sprints für 40–60 min
	Tag 3	Thai-Box-Training (alle Inhalte)
	Tag 4	Krafttraining (Ganzkörperprogramm)
	Tag 5	Thai-Box-Training (Schwerpunkt Sparring)
	Tag 6	Schwimmen
	Tag 7	Pause
Woche 5	Tag 1	Thai-Box-Training (Schwerpunkt Wettkampftaktik)
	Tag 2	Krafttraining (Ganzkörperprogramm)
	Tag 3	Thai-Box-Training (Schwerpunkt Sparring)
	Tag 4	Thai-Box-Training (Schwerpunkt Wettkampftaktik)
	Tag 5	Intervallläufe mit kurzen Sprints für 40–60 min
	Tag 6	Thai-Box-Training (Schwerpunkt Sparring)
	Tag 7	Pause
Woche 6	Tag 1	Thai-Box-Training (Schwerpunkt Wettkampftaktik)
	Tag 2	Intervallläufe mit kurzen Sprints für 40–60 min
	Tag 3	Krafttraining (Ganzkörperprogramm)
	Tag 4	Thai-Box-Training (Schwerpunkt Sparring)
	Tag 5	Schwimmen oder Laufen mit geringer Intensität für 40–60 min
	Tag 6	Thai-Box-Training (Schwerpunkt Wettkampftaktik)
	Tag 7	Pause
Woche 7	Tag 1	Thai-Box-Training (Schwerpunkt Sparring)
	Tag 2	Sprinttraining (Sprints über 60 m, dazwischen lockeres Laufen)
	Tag 3	Krafttraining (Ganzkörperprogramm)
	Tag 4	Thai-Box-Training (Schwerpunkt Wettkampftaktik)
	Tag 5	Intervallläufe für 40 min
	Tag 6	Thai-Box-Training (Schwerpunkt Sparring)
	Tag 7	Pause
Woche 8	Tag 1	Thai-Box-Training (Wettkampftaktik wiederholen)
	Tag 2	Schattenboxen (Wettkampftaktik wiederholen)
	Tag 3	Laufen mit geringer Intensität für 30 min
	Tag 4	Lockeres Schattenboxen mit Kampftaktik
	Tag 5	Pause (oder lockeres Schattenboxen mit Kampftaktik)
	Tag 6	Wettkampf
	Tag 7	Pause

Tagestrainingspläne von Saiyok und Kem

Saiyok und Kem machen viele Wettkämpfe, weshalb sie nahezu das ganze Jahr mit Wettkampfintensität trainieren.
Saiyok macht nur am Sonntag einen Unterschied zwischen normaler Intensität und Wettkampfintensität. Zudem ist bei Saiyok zu beachten, dass er nur viermal wöchentlich Clinchen trainiert und die Liegestütze zwischen den Trainingsrunden an den Pratzen und am Boxsack ausführt.
Mobilisieren, Dehnen und Abwärmen erfolgt individuell nach Bedarf.

Morgens

	Saiyok Standard	**Saiyok Wettkampfvorbereitung**	**Kem Standard**	**Kem Wettkampfvorbereitung**
Laufen	10 km (Sprints 10 x 100 m)	10 km (Sprints 10 x 100 m)	90 min	120 min
Seilspringen	20 min	20 min	20 min	20 min
Schattenboxen	3–4 x 4 min	3–4 x 4 min	1 x 5 min	1 x 5 min
Pratzentraining	3–4 x 4 min	3–4 x 4 min	4 x 4 min	5 x 4 min
Boxsacktraining	4–5 x 4 min	4–5 x 4 min	4 x 4 min	5 x 4 min
Partnertraining und Sparring	30 min	30 min	15 min	15 min
Clinchen	/	/	20 min	30 min
Klimmzüge	4–5 x 20 Wdh.	4–5 x 20 Wdh.	15 x 10 Wdh.	15 x 10 Wdh.
Liegestütze	zirka 10 x 20 Wdh.	zirka 10 x 20 Wdh.	1 x 100 Wdh.	1 x 100 Wdh.
Sit-ups	3 x 100 Wdh.	3 x 100 Wdh.	2 x 100 Wdh.	3 x 100 Wdh.

Nachmittags

	Saiyok Standard	**Saiyok Wettkampfvorbereitung**	**Kem Standard**	**Kem Wettkampfvorbereitung**
Laufen	5 km (Sprints 5 x 100 m)	5 km (Sprints 5 x 100 m)	/	/
Seilspringen	30 min	30 min	20 min	20 min
Schattenboxen	3–4 x 4 min	3–4 x 4 min	1 x 5 min	1 x 5 min
Pratzentraining	4–5 x 4 min	4–5 x 4 min	4 x 4 min	6 x 4 min
Boxsacktraining	4–5 x 4 min	4–5 x 4 min	4 x 4 min	5 x 4 min
Partnertraining und Sparring	30–60 min	30–60 min	20 min	20 min
Clinchen	15–20 min	15–20 min	30 min	30 min
Klimmzüge	4–5 x 20 Wdh.	4–5 x 20 Wdh.	15 x 10 Wdh.	15 x 10 Wdh.
Liegestütze	10 x 20 Wdh.	10 x 20 Wdh.	1 x 100 Wdh.	1 x 100 Wdh.
Sit-ups	3 x 100 Wdh.	3 x 100 Wdh.	3 x 100 Wdh.	3 x 100 Wdh.

Wochentrainingspläne Saiyok und Kem

Morgens

	Saiyok Standard	Saiyok Wettkampf-vorbereitung	Kem Standard	Kem Wettkampf-vorbereitung
Montag	Laufen 10 km mit Sprints und MT 2 Std.	Laufen 10 km mit Sprints und MT 2 Std.	Laufen 1½ Std. und MT 1½ Std.	Laufen 2 Std. und MT 2 Std.
Dienstag	Laufen 10 km mit Sprints und MT 2 Std.	Laufen 10 km mit Sprints und MT 2 Std.	Laufen 1½ Std. und MT 1½ Std.	Laufen 2 Std. und MT 2 Std.
Mittwoch	Laufen 10 km mit Sprints und MT 2 Std.	Laufen 10 km mit Sprints und MT 2 Std.	Laufen 1½ Std. und MT 1½ Std.	Laufen 2 Std. und MT 2 Std.
Donnerstag	Laufen 10 km mit Sprints und MT 2 Std.	Laufen 10 km mit Sprints und MT 2 Std.	Laufen 1½ Std. und MT 1½ Std.	Laufen 2 Std. und MT 2 Std.
Freitag	Laufen 10 km mit Sprints und MT 2 Std.	Laufen 10 km mit Sprints und MT 2 Std.	Laufen 1½ Std. und MT 1½ Std.	Laufen 2 Std. und MT 2 Std.
Samstag	Laufen 10 km mit Sprints und MT 2 Std.	Laufen 10 km mit Sprints und MT 2 Std.	Laufen 1½ Std. und MT 1½ Std.	Laufen 2 Std. und MT 2 Std.
Sonntag	30 min lockeres Training	Laufen 10 km mit Sprints und MT 2 Std.	/	Laufen 2 Std. und MT 2 Std.

Nachmittags

	Saiyok Standard	Saiyok Wettkampf-vorbereitung	Kem Standard	Kem Wettkampf-vorbereitung
Montag	Laufen 5 km mit Sprints und MT 3 Std.	Laufen 5 km mit Sprints und MT 3 Std.	MT 2½ Std.	MT 3 Std.
Dienstag	Laufen 5 km mit Sprints und MT 3 Std.	Laufen 5 km mit Sprints und MT 3 Std.	MT 2½ Std.	MT 3 Std.
Mittwoch	Laufen 5 km mit Sprints und MT 3 Std.	Laufen 5 km mit Sprints und MT 3 Std.	MT 2½ Std.	MT 3 Std.
Donnerstag	Laufen 5 km mit Sprints und MT 3 Std.	Laufen 5 km mit Sprints und MT 3 Std.	MT 2½ Std.	MT 3 Std.
Freitag	Laufen 5 km mit Sprints und MT 3 Std.	Laufen 5 km mit Sprints und MT 3 Std.	MT 2½ Std.	MT 3 Std.
Samstag	Laufen 5 km mit Sprints und MT 3 Std.	Laufen 5 km mit Sprints und MT 3 Std.	MT 2½ Std.	MT 3 Std.
Sonntag	30 min lockeres Training	Laufen 5 km mit Sprints und MT 3 Std.	/	MT 3 Std.

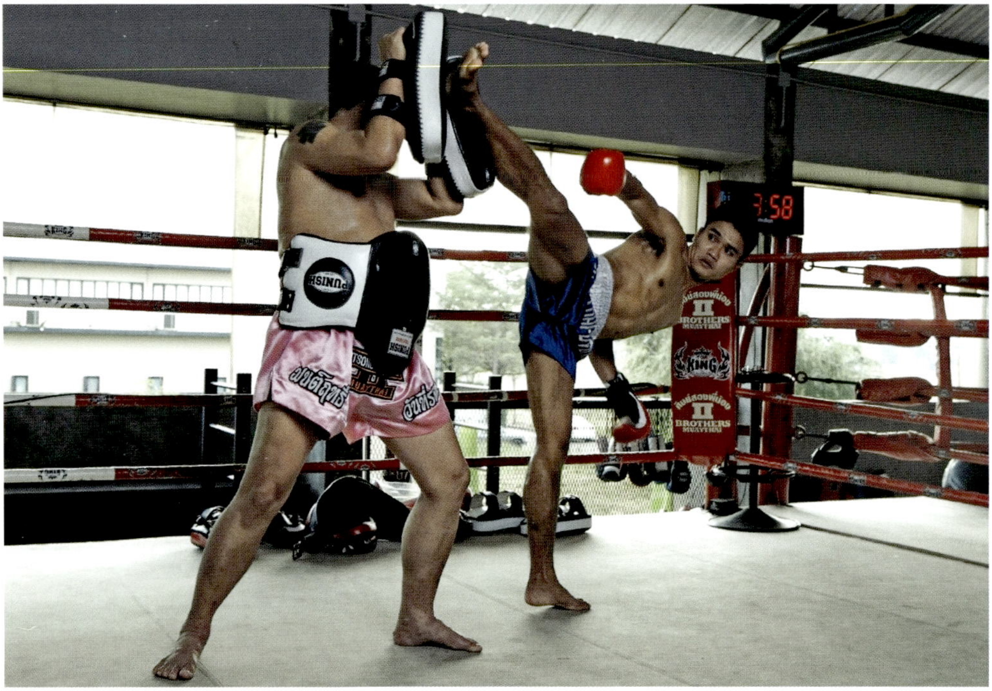

Kem zeigt Chorakee Fard Hang (Fersenkick aus der Drehung).

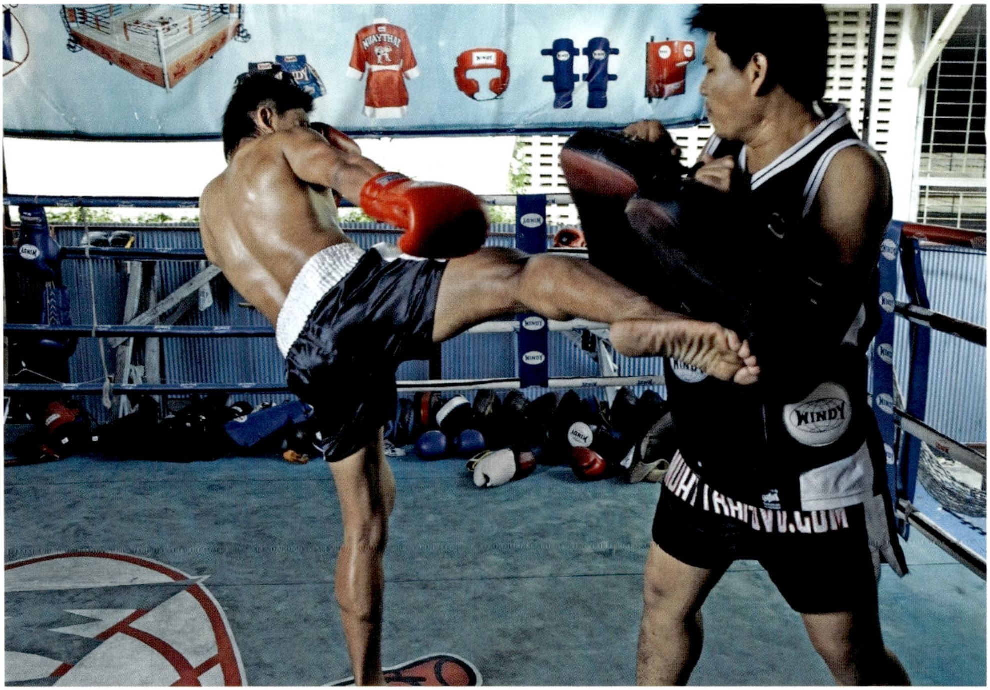

Khru Pit trainiert Nonsai.

Quellenverzeichnis

Bücher

Delp, C.: Bodyweight-Training, Stuttgart 2024.
Delp, C.: Perfektes Hanteltraining, 7. Aufl., Stuttgart 2024.
Delp, C.: Krafttraining ab 40, Stuttgart 2023.
Delp, C.: Perfektes Training mit Fitnessbändern, Stuttgart 2023.
Delp, C.: Kraft Solotraining, Stuttgart 2022.
Delp, C.: Dehnen für Kampfsportler, 4. Aufl., Stuttgart 2021.
Delp, C.: Beweglichkeit durch Dehnen, Faszienmassage und Mobility-Training, Stuttgart 2020.
Delp, C.: Kampfsport Solotraining, 2. Aufl., Stuttgart 2018.
Delp, C.: Selbstverteidigung für Kerle, Stuttgart 2018.
Delp, C.: Thai-Boxen basics, 3. Aufl., Stuttgart 2018.
Delp, C.: Wehr Dich!: Wie du gefährliche Situationen erkennst und abwehrst, München 2017.
Delp, C.: Kickboxen Basics, 3. Aufl., Stuttgart 2016.
Delp, C.: Funktionelles Hanteltraining, München 2016.
Delp, C.: Krafttraining für Kampfsportler, Stuttgart 2016.
Delp, C.: Medizinball-Training, München 2015.
Delp, C.: Fitness für Kampfsportler, 3. Aufl. Stuttgart 2013.
Delp, C.: Muay Thai Counter Techniques, Berkeley 2013.
Delp, C.: Muay Thai Training Exercises: The Ultimate Guide to Fitness, Strength, and Fight Preparation, Berkeley 2013.
Delp, C.: Muay Thai: Traditionen - Grundlagen – Techniken des Thai-Boxens, 2. Aufl., Stuttgart 2011.
Delp, C.: Thai-Boxen fight, Stuttgart 2008.

DVDs

Delp, C.: Muay Thai DVD – Die komplette Serie, 7. Aufl., Lampertheim 2022.
Delp, C.: Muay Thai DVD – Grundtechniken, 4. Aufl., Lampertheim 2022.
Delp, C.: Muay Thai DVD – Konter gegen Ellbogen-, Knie und Clinchtechniken, 3. Aufl., Lampertheim 2022.
Delp, C.: Muay Thai DVD – Konter gegen Faust- und Kicktechniken, 3. Aufl., Lampertheim 2022.
Delp, C.: Muay Thai DVD – Training mit Weltmeistern: Saiyok und Kem, 3. Aufl., Lampertheim 2022.
Delp, C.: Muay Thai DVD – Training und Technik, 3. Aufl., Lampertheim 2022.

Internetadressen

www.christophdelp.de
www.muaythai.de
www.muaythai-app.com

Darsteller

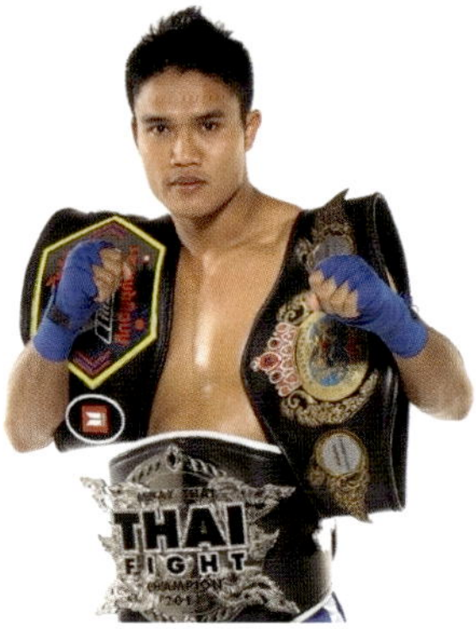

Surasak Pakcotakang

Kampfname: Kem Sitsongpeenong
Ca. 140 professionelle Kämpfe
Titel: Weltmeister (WMC), 2-facher Thailand Champion, Rajadamnern Champion, Thai Fight Champion.

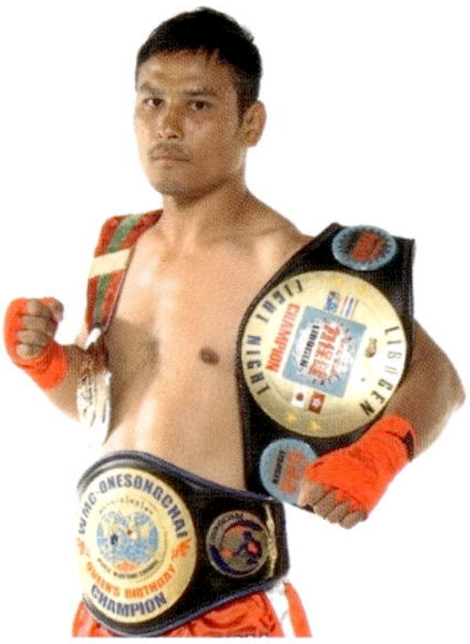

Sakda Neamhom

Kampfname: Saiyok Pumphanmuang/Windysport
Ca. 250 professionelle Kämpfe
Titel: Weltmeister (WMC), Lumpini Champion, Rajadamnern Champion, Thailand Champion, Thai Fight Champion

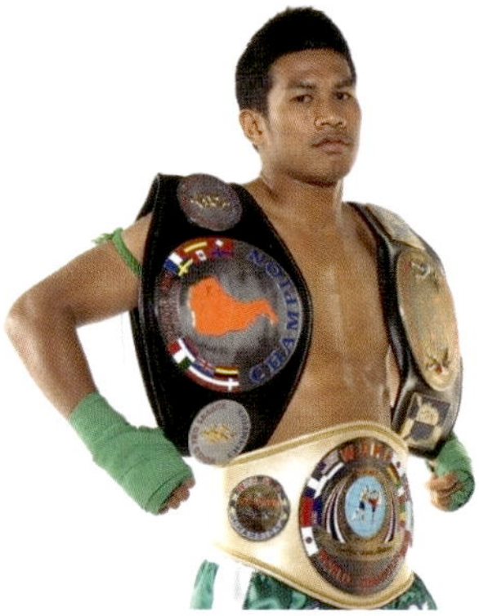

Armin Matli

Kampfnahme: Armin Torprantaksin/Black Dragon Swiss
Ca. 130 professionelle Kämpfe
Titel: Weltmeister, 2-facher Thailand-Champion

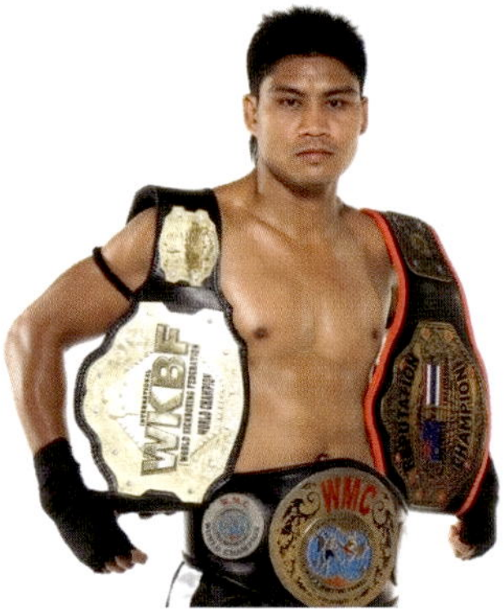

Nonsai Srisuk

Kampfnahme: Nonsai Sor. Sanyakorn
Ca. 150 professionelle Kämpfe
Titel: u.a. WMC intern. Champion, Champion WPMF, Isaan Champion

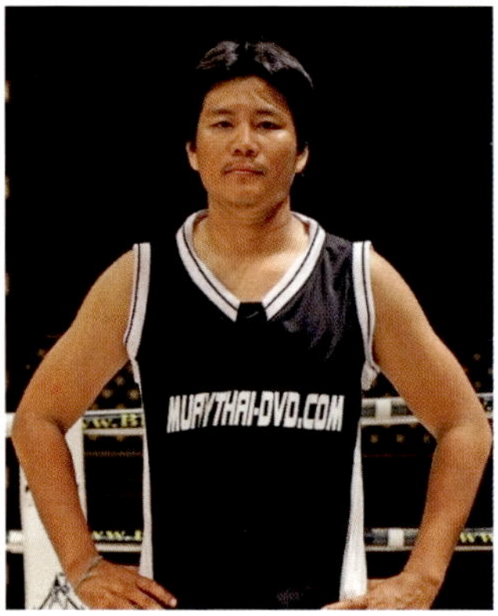

Pit Khaisaeng

Trainer von zahlreichen Weltmeistern wie Saiyok, Nonsai, Armin und Jaochalam

Zum Schluss

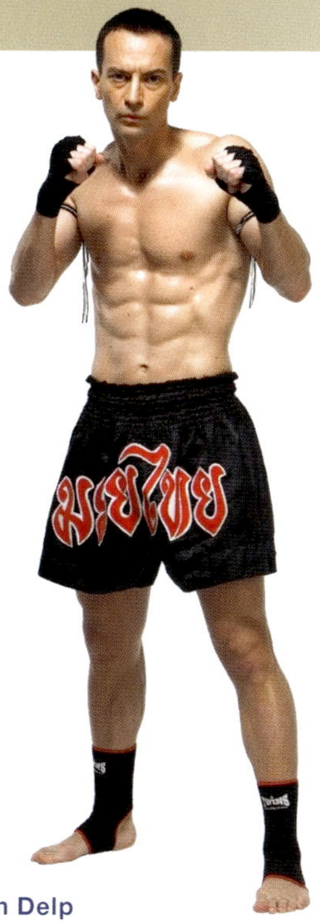

Christoph Delp
Autor und Diplom-Betriebswirt
Personal Trainer für Muay Thai und Fitness
Muay Thai-Trainerausbildung in Thailand
von 1995–2001 mit Kampferfahrung.

Ich hatte mich bereits seit einigen Jahren mit Vollkontaktkampfsport beschäftigt, als ich im Jahr 1995 beschloss, zum Training nach Thailand zu fahren. Ich reiste in die Provinz Maha Sarakham (Nordosten von Thailand), um Muay Thai von Grund auf wie die Thais zu erlernen. Master Deycha nahm mich in seinem Camp auf. Ich lebte einige Monate in dem Camp und hatte so fortlaufendem Kontakt mit meinen Trainern, was mir ermöglichte, Muay Thai intensiv zu studieren. Meinem Trainer Saknipon Pitakvarin gilt besonderen Dank für das intensive Training. Während diesem Zeitraum entwickelte ich das Konzept für mein erstes Buch »Muay Thai – Kampf und Selbstverteidigung«. Meine Begeisterung für Muay Thai und die freundschaftliche Beziehung zu dem Gym waren Gründe für meine von nun an regelmäßigen Trainingsreisen nach Thailand. In den folgenden Jahren habe ich das Gym noch einige Mal aufgesucht, und auch in zahlreichen anderen Gyms trainiert. Dabei hatte ich u. a. das Glück von Apideh Sit Hiran über einige Wochen hinweg trainiert zu werden, für viele Liebhaber des Muay Thais einer der besten Sportler aller Zeiten. Nach einer Trainerausbildung mit erfolgreicher Wettkampfteilnahme habe ich einige Zeit ein Muay Thai-Gym im Süden Thailand geleitet. Heute bin ich als Personal Trainer und Autor tätig. Zudem besuche ich gern Gyms in Thailand, um mich fortzubilden. Besonders schön waren in den letzten Jahren die Trainingserfahrungen mit Samart Payakaroon (Muay Thai-Legende) und Chatchai Sasakul (Box-Legende und Trainer vieler Box-Champions).
Ein für mich besonders wichtiges Projekt ist die Filmserie über Muay Thai, in der die Techniken und das Training ausführlich gezeigt werden. Die Serie konnte ich über zwei Jahre hinweg mit einigen der besten thailändischen Trainern und Sportlern zusammen produzieren.
Muay Thai wird immer ein wichtiger Bestandteil in meinem Leben sein. Ich möchte, dass Muay Thai, ein Teil der thailändischen Kultur, einer breiten Öffentlichkeit zugänglich wird und dabei die typischen Traditionen bewahrt bleiben. Muay Thai hat mir so viel Freude gegeben, die ich mit meinen Büchern, DVDs, Online-Kursen und Apps weitergeben möchte. Weitere Informationen findest du auf meiner Homepage.
Ich wünsche dir viel Erfolg mit deinem Training und hoffe, dass dir Muay Thai ebenso viel Freude bereitet wie mir selbst!

www.christophdelp.de
www.muaythai.de
www.instagram.com/chris_delp_trainer/

Weiterführende Arbeiten

Dieses Buch zeigt dir die Trainingsmethoden und die Techniken von einigen der besten thailändischen Kämpfer und Trainer. Lass dich von dem gezeigten inspirieren, um dich zu einem fortgeschrittenen Thai-Boxer zu entwickeln.
Ich werde gefragt, welche Arbeiten für das Training eingesetzt werden können. Ich nenne hier einige und beschreibe mit welchen Zielen du sie nutzen kannst. Sie sind als Optionen zu verstehen. Die Auflistung bedeutet nicht, dass du alles für dein Training benötigst. Du kannst mit den Informationen in dem vorliegenden Buch dein Solotraining gestalten und ebenso kannst du das Buch als Ergänzung und zum Nachlesen für dein Vereinstraining nutzen.
Die Thai-Box-Grundtechniken findest du in »Muay Thai DVD – Grundtechniken« (2023), der App und in dem Buch »Thai-Boxen Basics« (2018). Viele Trainingsinformationen sind enthalten in »Muay Thai DVD – Training und Technik« (2023), »Muay Thai DVD – Training mit Weltmeistern« (2023) und der Muay Thai-App. Zudem gibt es dort Filme der im Buch beschriebenen Techniken.
Wenn du weitere Informationen über das Verteidigen und Kontern möchtest, dann kannst du »Muay Thai DVD – Konter gegen Faust- und Beintechniken« (2023), »Muay Thai DVD – Konter gegen Ellbogen, Knie- und Clinchtechniken" (2023) und die App nutzen. In Buchform gibt es diese Informationen in »Thai-Boxen fight« (2008) sowie in »Muay Thai Counter Techniques« (2013).
Detaillierte Informationen zum Kraft- und Fitnesstraining erfährst du in den Büchern »Krafttraining für Kampfsportler« (2016), »Fitness für Kampfsportler« (2013). Weitere Kraftübungen findest du in »Bodyweight-Training« (2024), »Kraft Solotraining" (2022), »Perfektes Hanteltraining« (2024), »Training mit Fitnessbändern« (2023) und »Medizinball-Training« (2015).

Liegen bei dir Einschränkungen in deiner Beweglichkeit vor, dann lohnt es diese mit gezielten Dehneinheiten zu verbessern. Informationen bieten die Bücher »Beweglichkeit durch Dehnen, Faszienmassage und Mobility-Training« (2022) und »Dehnen für Kampfsportler« (2019).
Informationen zum Selbstschutz sind in den Büchern »Selbstverteidigung für Kerle« (2018), »Wehr Dich« (2017) und »Kampfsport Solotraining« (2018).
Weitere Informationen zu DVDs, Büchern, App und Online-Training findest du auf meiner Homepage.
Ich freue mich und bin dankbar über Rückmeldungen von Lesern. Du kannst dich gern zum Buch ebenso wie für Trainingsanfragen für Personal Training und Trainingsreisen an mich wenden über **christophdelp@t-online.de** und **christophdelp@hotmail.com**.

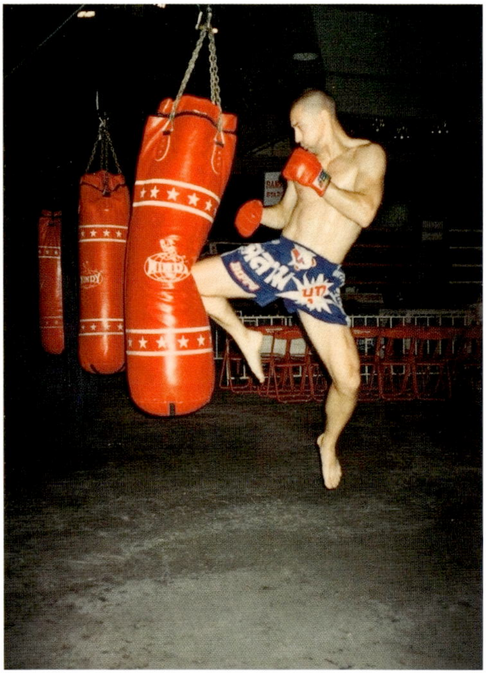

PERSONAL TRAINING

Du kannst Personal Training von mir erhalten.
Das Programm wird
ganz auf deine Wünsche ausgerichtet.
Für alle Leistungs- und Altersklassen.
Trainingsangebote: Muay Thai & Fitness

SPORT REISEN

Ich biete Trainingsreisen für
Muay Thai & Fitness an.
Training & Urlaub in einer kleinen Gruppe.
Auch eine Individualreise nach
deinen Wünschen ist möglich.

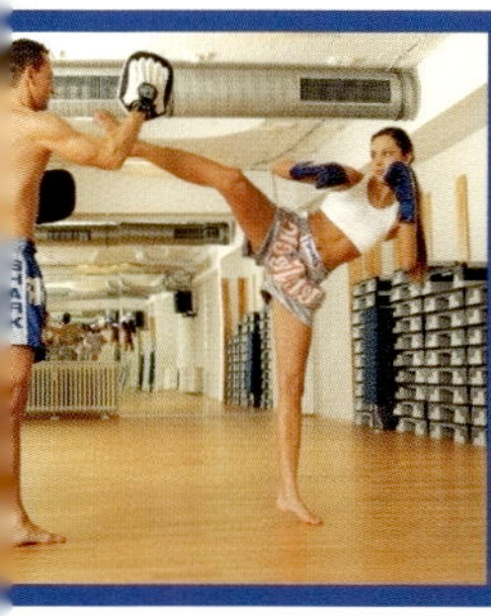

CHRISTOPHDELP.DE
PERSONAL TRAINER
MUAY THAI & FITNESS

Anfragen zu Trainingsort,
Verfügbarkeit und
Trainingsreisen:
christophdelp@t-online.de

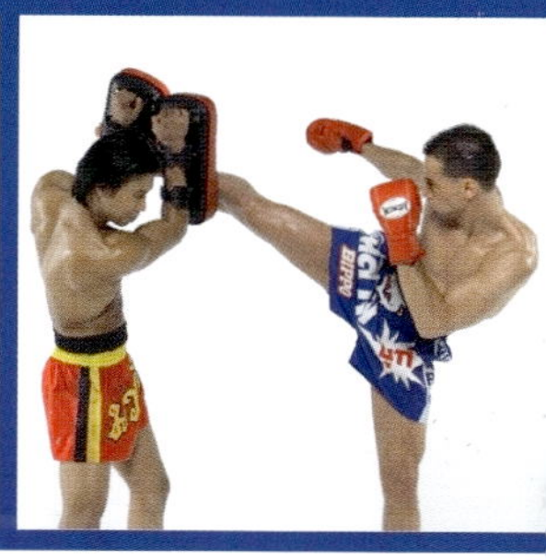

Die Muay Thai Serie ist verfügbar bei **www.motorbuch-versand.de**

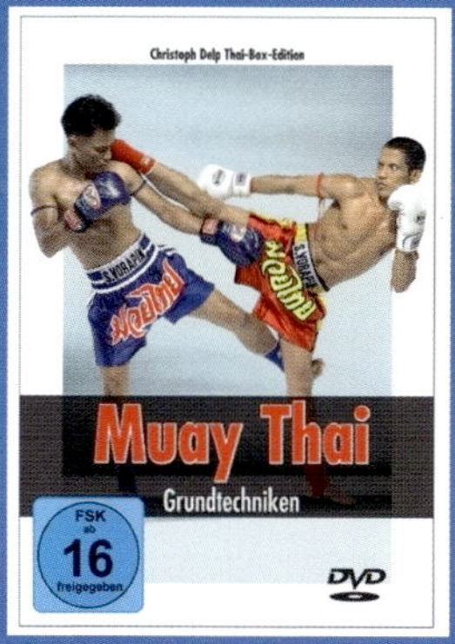

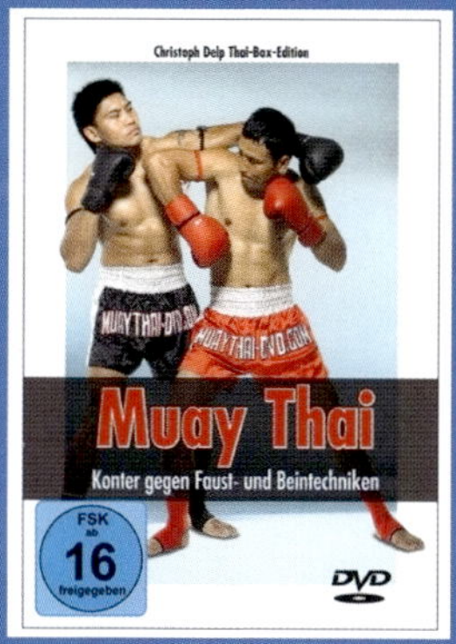

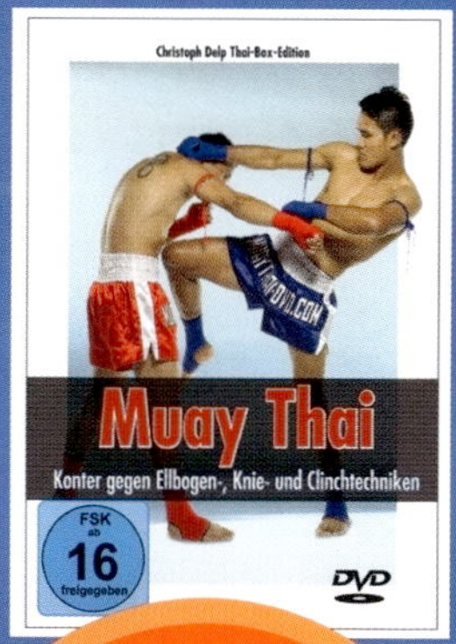

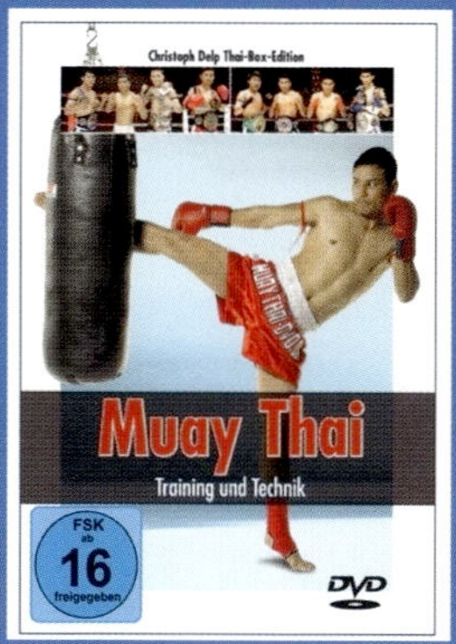

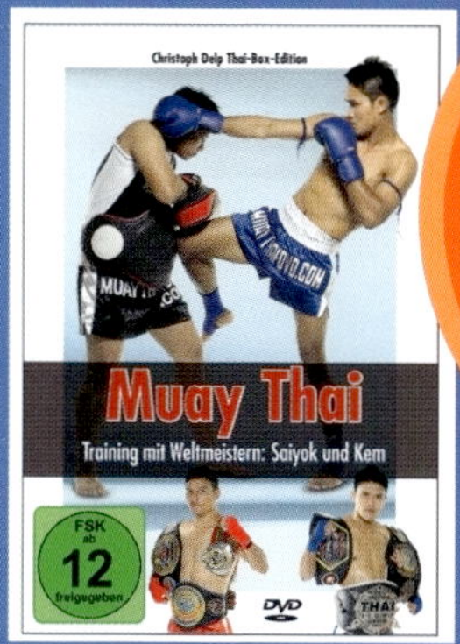

Die Serie ist als App,
zum Streamen auf Vimeo
und als Online-Training bei
Udemy und Teachable
verfügbar.

ZUM WEITERLESEN

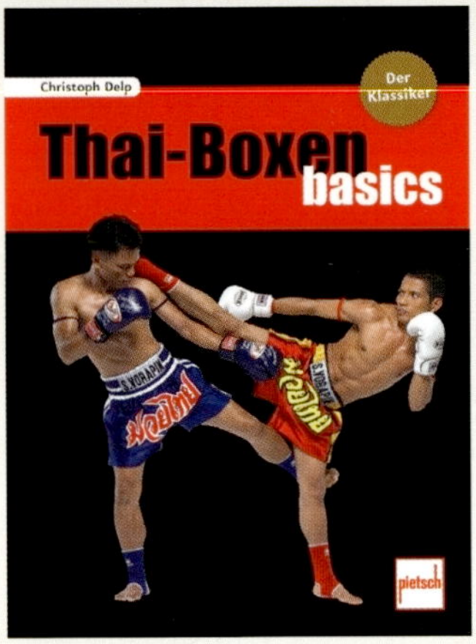

Das Buch nimmt den Leser mit auf eine Reise durch die ganze Welt des Muay Thai. Von den Hintergründen des Kampfsports über Angriffstechniken bis hin zum Training erfährt der Leser hier alles Wissenswerte.

192 Seiten, 400 Bilder, 170 x 240 mm
ISBN 978-3-613-50859-0
€ 24,90 / € (A) 25,60

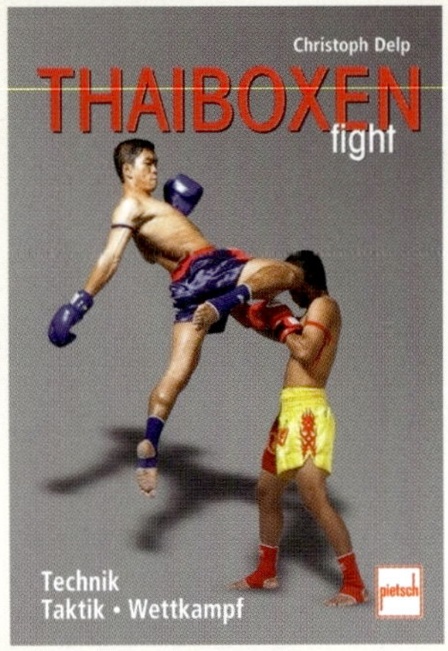

In dieser komplett überarbeiteten und mit neuem Bildmaterial ausgestatteten Neuausgabe von »Thaiboxen professional« schreibt der erfahrene Thai-Boxer Christoph Delp alles, was man wissen muss, um im sportlichen Zweikampf erfolgreich zu sein. Alle Techniken werden anschaulich erklärt.

176 Seiten, 495 Bilder, 170 x 240 mm
ISBN 978-3-613-50578-0
€ 24,90 / € (A) 25,60

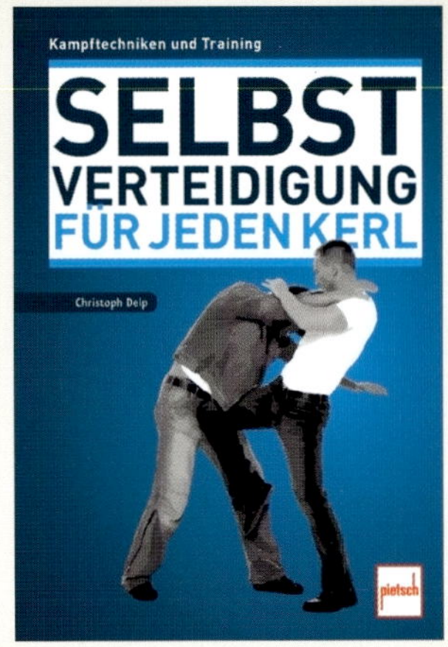

Dieser Ratgeber bietet Strategien zur Selbstverteidigung für jedermann. Christoph Delp zeigt, wie man körperliche Auseinandersetzungen vermeidet bzw. ihnen aus dem Weg geht. Er vermittelt einfache, auch unter Stress abrufbare Techniken, für die man nicht den Schwarzen Gürtel besitzen muss.

256 Seiten, 444 Bilder, Format 170 x 240 mm
ISBN 978-3-613-50857-6
€ 24,90 / € (A) 25,60

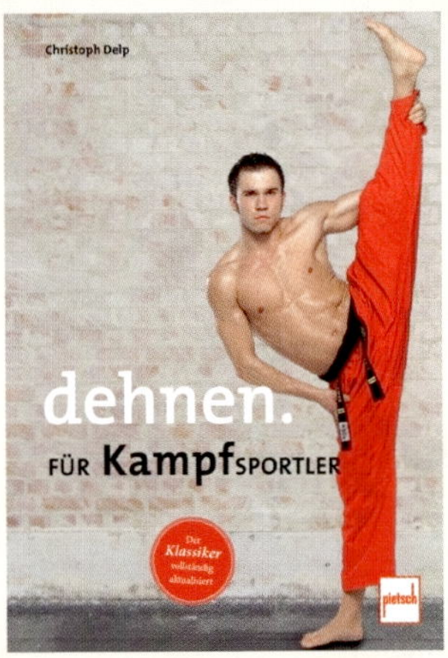

Für eine erfolgreiche Ausübung der Bewegungen und zur Vermeidung von Verletzungen sind Kampfsportler auf ein wirksames Dehntraining angewiesen. Dieser Ratgeber liefert die Grundlagen und stellt die wichtigsten Dehnmethoden und -programme für die populärsten Kampfsportarten vor.

144 Seiten, 240 Bilder, 170 x 240 mm
ISBN 978-3-613-50890-3
€ 19,95 / € (A) 20,60

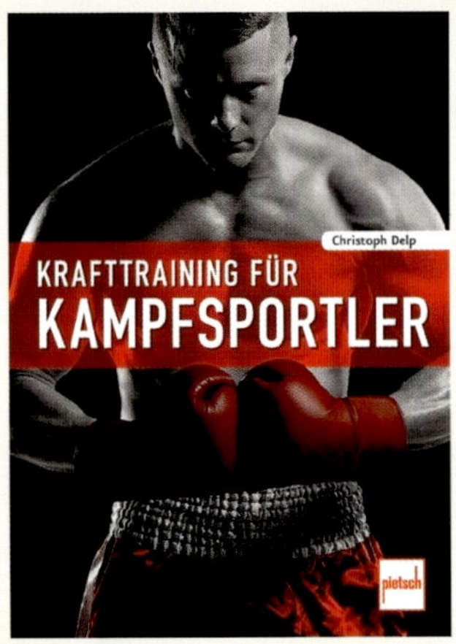

In diesem Ratgeber zeigt Christoph Delp alles Wichtige zum Krafttraining für Kampfsportler. Gleich, ob man im Kampfsportverein aktiv ist oder sich daheim selbstständig mit Kampfsporttraining fit hält – mit diesem Ratgeber lässt sich langfristig erfolgreich trainieren.

192 Seiten, 383 Bilder, 170 x 240 mm
ISBN 978-3-613-50797-5
€ 19,95 / € (A) 20,60

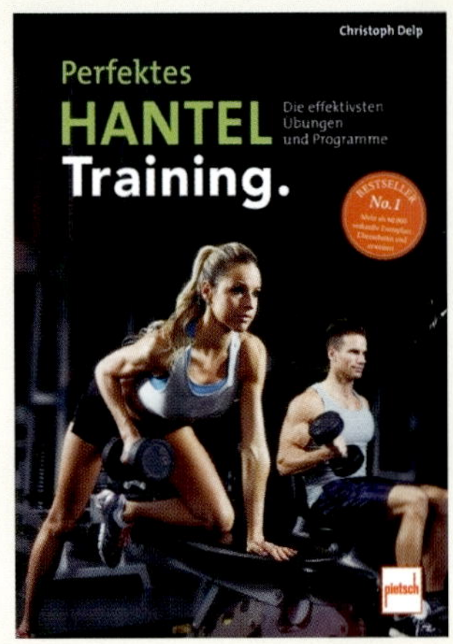

Hanteltraining definiert die Figur, sorgt für ein positives Körpergefühl, mehr Kraft und schafft Selbstvertrauen. Autor und Profi Christoph Delp erklärt alles, was man über ein effektives Training wissen muss – inklusive detaillierte Trainingspläne. Der Klassiker, überarbeitet und erweitert.

144 Seiten, 240 Bilder, 170 x 240 mm
ISBN 978-3-613-50964-1
€ 19.95 / € (A) 20,60